まえがき

相続税における小規模宅地等の特例は、課税価格の減額幅が大きく、使用する頻度も高い重要な特例です。この特例は、近年税制改正が重ねられて益々複雑化してきており、特例適用に当たって様々なケースが考えられることから、判断に迷うことが多い特例だということができるでしょう。

特に近年においては、本来の趣旨を逸脱して、小規模宅地等の特例を租税回避的に適用する事例に対応する改正が立て続けになされています。

平成30年度税制改正においては、いわゆる家なき子特例に関して、自己が居住する家屋を実質的に維持したまま、被相続人が居住していた宅地等の課税価格を減額することや、相続開始直前に貸付用不動産を購入することにより金融資産を不動産に変換し、金融資産で保有する場合に比し、相続税評価額が圧縮され、かつ、小規模宅地等の特例も適用できるという節税策に対応した税制改正が行われました。

令和元年には平成30年度において講じた貸付事業用宅地等に係る見直しにならい、特定事業用宅地等について、節税を目的とした駆け込み的な適用など、本来の趣旨を逸脱した適用を防止するための措置が講じられました。

これに加えて、後継者不足に起因する事業承継問題に対応した個人版事業承継税制、配偶者の保護を目的とした民法改正による配偶者居住権の創設など、社会問題を解決するための法整備が次々となされる中で、小規模宅地等の特例の適用に当たっては、これらの新制度との関連も考慮すべき状況となっています。

本書は、このような社会的背景の中で、納税者が、複雑化する小規模宅地等の特例を適切に適用することに資するため、多面的な観点から解説を試みたものです。

第１編で小規模宅地等の特例を概観し、第２編においては、特定事業用宅地等、特定同族会社事業用宅地等、貸付事業用宅地等、一定の郵便局舎の敷地の用に供されている宅地等、特定居住用宅地等の各項目について解説し、複数の利用区分が存する場合についても章立てして解説しています。

また、解説に当たっては、読みづらい措置法通達のポイントの要点解説を行うとともに、具体的な【設例】による解説を加えることで、より理解が深まるように工夫したつもりです。

第３編においては、本特例の適用に当たって留意すべき項目として、財産評価通達との相違点や特例対象宅地等の選択方法、特例活用のための生前対策、配偶者居住権との関連、個人版事業承継税制や遺留分制度との関連など、実務上重要な項目をピックアップして解説しています。特に、配偶者居住権との関係については、最新の通達改正や国税庁の質疑応答事例を取り入れて解説を試みています。

また、本特例の適用に当たっては、手続き的なミスからトラブルが生じることも多いと思われるため、第４編では、特例適用の手続きと留意点について解説し、第５編においては、本制度の理解をより深めるために、本特例の沿革についても整理して、簡潔に要点をご紹介しています。

小規模宅地等の特例の趣旨は、被相続人の生活の基盤としての宅地等に対する相続税の課税を軽減することにあります。具体的には、残された親族の「事業」と「居住」が保護対象となります。したがって、小規模宅地等の特例を適用するに当たっては、立法趣旨を鑑み、宅地等を取得した親族の「事業」と「居住」が、税負担の軽減による保護を受けるか否かを理解することが早道です。

相続税の実務に携わる方々が、このような観点から本書をお読みいただき、ご活用いただければ幸いです。

本書の内容につきましては、可能な限り条文、通達、国税庁発表資料に基づいて解説しておりますが、意見にわたる部分については、あくまでも私見に過ぎませんのでご了承ください。

最後になりましたが、本書の刊行に当たっては、菊池幸夫税理士、池内淳夫社長をはじめとする実務出版の方々から多大なご尽力をいただいたことについて深く感謝する次第です。

令和３年３月　春暖

税理士・不動産鑑定士　吉村　一成

目　次

第1編　小規模宅地等の特例の概要と適用要件

第2編 特例の対象となる宅地等の判定

第1章 特定事業用宅地等

第2章 特定同族会社事業用宅地等

第3章 貸付事業用宅地等

第4章
日本郵便株式会社に賃貸している一定の郵便局舎の敷地の用に供されている宅地等

第5章
特定居住用宅地等

第６章

複数の利用区分が存する場合

第3編 特例活用のポイントと他の制度との関係

第1章 財産評価通達との相違点

第2章 特例対象宅地等が複数ある場合の選択方法と活用例

第3章 小規模宅地等の特例活用のための生前対策

第４章 配偶者居住権と小規模宅地等特例との関係

第５章 令和元年度改正に伴うその他の留意点

第4編 特例の適用手続

第5編 特例の沿革

昭和の時代

平成の時代

平成の終り令和の始り

【凡　例】

本書で使用する法令等は、下記の略語を用いて表記しています。

1．引用法令の表示

本文文末及び項目末尾の参照法令等の表示は、原則として以下の表示としています。

民法	民法
通法	国税通則法
通令	国税通則法施行令
通規	国税通則法施行規則
所法	所得税法
所令	所得税法施行令
所規	所得税法施行規則
相法	相続税法
相令	相続税法施行令
相規	相続税法施行規則
措法	租税特別措置法
措令	租税特別措置法施行令
措規	租税特別措置法施行規則
所基通	所得税基本通達
相基通	相続税法基本通達
評基通	財産評価基本通達
措通	租税特別措置法（相続税）関係通達
最高裁判	最高裁判所判決
高裁判	高等裁判所判決
地裁判	地方裁判所判決
裁決	国税不服審判所裁決

【引用例】

所法38②	所得税法第38条第２項
措法37の５③二	租税特別措置法第37条の５第３項第２号
令２改法附１	令和２年３月法律第８号「所得税法等の一部を改正する法律」附則第１条
東京地裁判H12.11.30:	東京地方裁判所平成12年11月30日判決（〇〇事件）

2．条文等の本文での引用例

本文中での主な法令通達等の表記は、下記によっています。

例えば、
所得税法38条２項《譲渡所得金額の計算上控除する取得費》
相続税法21条の11《適用除外》
措置法８条２項《譲渡所得金額の計算上控除する取得費》
措置法通達69の４－６《使用人の寄宿舎等の敷地》　　　　など

【備考】 本書は、令和３年３月25日現在の法令通達等により作成しています。

第1編　小規模宅地等の特例の概要と適用要件

この編でお伝えしたいこと

この編では、「小規模宅地等の特例制度」をより効果的に活用するには、この特例を適用する直前までに是非とも確認しておきたい事項があることをご紹介しています。例えば、この特例の適用対象者となる「生計を一にしていた親族」には、誰と誰が該当するのか。

また、「適用対象宅地等」には、どの宅地が該当するのか。では、誰が、どの宅地を「特例適用宅地等」として選択するのが最善なのか。その選択理由は、明確か。このような、ごく基本的な確認事項でありながら、判断ミスを犯しがちな問題点を取り上げて、解決の糸口になるヒントを提示しています。

Ⅰ　特例の概要と適用要件

個人が、相続又は遺贈により取得した財産のうちに、その相続の開始の直前において①被相続人等（※１）の事業の用に供されていた宅地等又は②被相続人等の居住の用に供されていた宅地等（※２）のうち、一定の選択をしたもので限度面積までの部分（以下「**小規模宅地等**」といいます。）については、相続税の課税価格に算入すべき価額の計算上、一定の割合を減額します。この特例を「小規模宅地等についての相続税の課税価格の計算の特例」（以下、「**小規模宅地等の特例**」又は「**本特例**」等と略称します。）といいます。

本特例は、被相続人の有していた宅地等を相続又は遺贈により取得した相続人の事業又は生活を維持するために設けられているもので（措置法69の４）、相続人等による事業又は居住の継続への配慮を制度趣旨とするものです。

用語の説明

（※１）**「被相続人等」とは**、被相続人又は被相続人と生計を一にしていた被相続人の親族をいいます。なお、「生計を一にしていた被相続人の親族」の意義については、次ページの１の⑴を参照してください。

（※２）**「宅地等」とは**、土地又は土地の上に存する権利で、一定の建物又は構築物の敷地の用に供されているものをいいます。ただし、棚卸資産及びこれに準ずる資産に該当しないものに限られています。また、相続開始前３年以内に贈与により取得した宅地等や相続時精算課税に係る贈与により取得した宅地等については、本特例の適用を受けることはできません。

1 「生計を一にしていた被相続人の親族」の意義

(1) 「生計を一にする」の意義

「被相続人と生計を一にしていた親族」の定義は法文上規定されていないため、次の通達や判決・裁決の解釈が参考となります。

所得税基本通達　2−47（生計を一にする意義）

法に規定する**「生計を一にする」とは**、必ずしも同一の家屋に起居していることをいうものではないから、次のような場合には、それぞれ次による。

（1）勤務、修学、療養等の都合上他の親族と日常の起居を共にしていない親族がいる場合であっても、次に掲げる場合に該当するときは、これらの親族は生計を一にするものとする。

　イ　当該他の親族と日常の起居を共にしていない親族が、勤務、修学等の余暇には当該他の親族のもとで起居を共にすることを常例としている場合

　ロ　これらの親族間において、常に生活費、学資金、療養費等の送金が行われている場合

（2）親族が同一の家屋に起居している場合には、明らかに互いに独立した生活を営んでいると認められる場合を除き、これらの親族は生計を一にするものとする。

＜判決・裁決例＞（抄）　「生計を一にしていた」とは

○福岡高裁平成19年7月19日判決

「生計を一にしていた」とは、日常生活の糧を共通にしたことを意味するのが相当である。

○平成19年6月14日裁決

「生計を一にしていた」とは、同一の生活単位に属し、相助けて共同の生活を営み、ないしは日常の糧を共通にしている場合をいう。

○平成20年6月26日裁決

「生計を一にしていた」とは、同一の生活単位に属し、相助けて共同の生活を営み、ないしは日常生活の資を共通にしている場合をいい、「生計」とは、暮らしを立てるための手立てであって、通常、日常生活の経済的側面を指すものと解される。したがって、被相続人と同居していた親族は、明らかにお互いに独立した生活を営んでいると認められる場合を除き、一般に「生計を一にしていた」ものと推認されるが、別居していた親族が「生計を一にしていた」ものとされるためには、その親族が被相続人と日常生活の資を共通にしていたことを要し、その判断は社会通念に照らして個々になされるところ、少なくとも居住費、食費、光熱費その他日常の生活に係る費用の全部又は主要な部分を共通にしていた関係にあったことを要すると解される。

アドバイス　「同居」と「生計一」との関係

上記の通達及び判決を見ると、「同居」しているとは、「生計を一にする」ことを推認させるものですが、それは判断基準の一つに過ぎません。「生計一」と判断されるためには、必ずしも「同居」を要するものではありませんが、「別居」の場合で「生計一」と判断されるケースは限定的と解されます。

⑵　「親族」の意義

相続人等による事業又は居住の継続への配慮という本特例の制度趣旨から、小規模宅地等の特例を受けることができる人は、相続又は遺贈により本特例の対象となる宅地等を取得した被相続人の親族等に限られています。

用語の説明

「親族」とは、６親等以内の血族（※１）、配偶者、３親等以内の姻族（※２）をいいます（民法725条）。（次ページの「**親族関係図**」参照）

（※１）「血族」とは、血縁のつながっている者であり、血族関係は、出生によって発生するほか、養子縁組によっても発生します。

（※２）「姻族」とは、配偶者の一方からみて他方配偶者の血縁関係にあたる者のことを言います。

2　適用要件　～継続要件・同意要件とその手続～

小規模宅地等の特例を適用するためには、以下に掲げる実質的な要件（継続要件と同意要件）のほか、一定の手続を踏む必要があります。

なお、事業の用に供されていた宅地等又は居住の用に供されていた宅地等に係る各要件については、**第２編**（40ページ）において解説します。

⑴　申告期限までの「継続要件」

小規模宅地等の特例を適用するためには、特例適用対象となる宅地等に応じて、申告期限までの保有継続要件と、事業継続要件又は居住継続要件を満たす必要があります。ただし、配偶者がその宅地等を取得する場合には、これらの継続要件は課されません。

❶　保有継続要件

遺言で特例適用対象宅地等を取得した場合には、受遺者等は相続開始時点からその土地を保有し、遺産分割協議によって特例適用対象宅地等を取得した場合には、民法909条によって相続開始時の時に遡って所有権を取得することになります。したがって、財産の取得者がそのまま申告期限まで保有していれば保有継続要件は満たすことになります。

❷　事業継続要件

被相続人の事業の用に供されていた宅地等を取得した親族が、①被相続人の事業を申告期限までに承継した場合、又は②財産を取得した生計一の親族が自己の事業を申告期限まで継

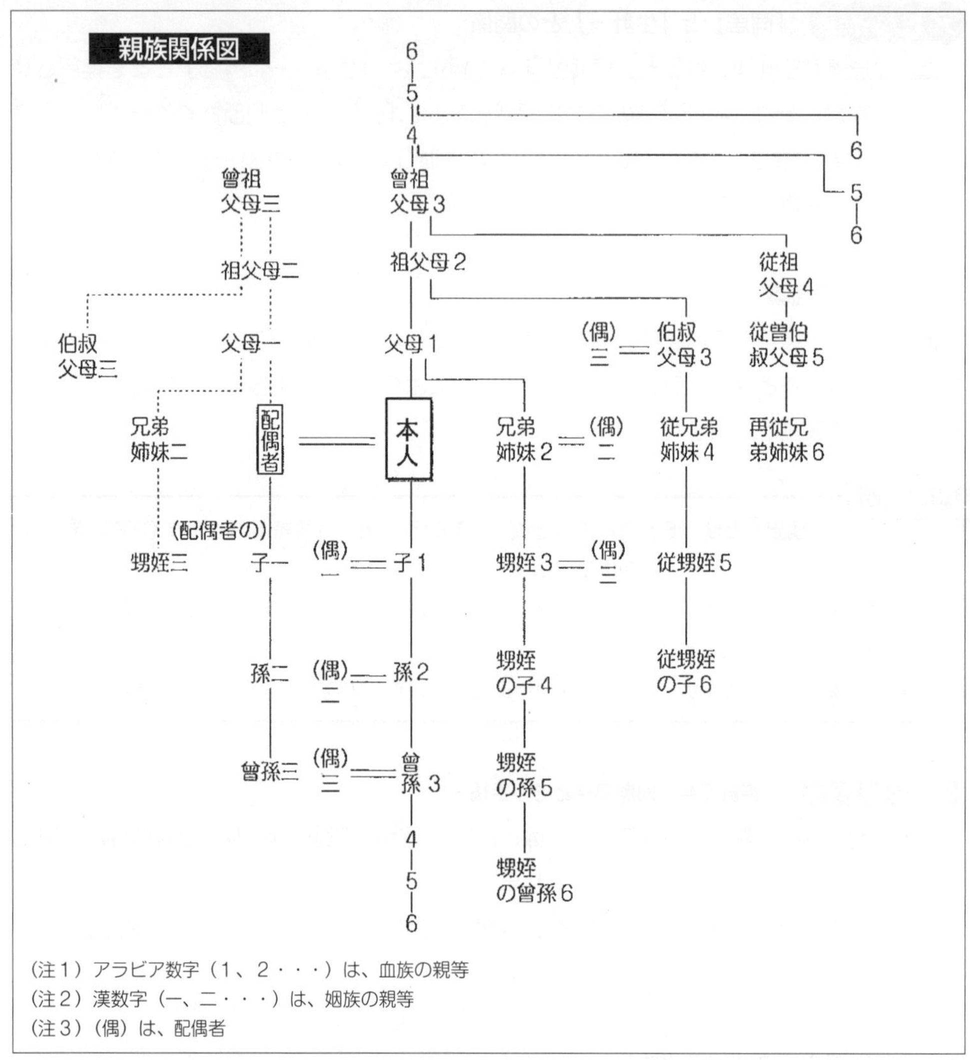

(注1) アラビア数字（1、2・・・）は、血族の親等
(注2) 漢数字（一、二・・・）は、姻族の親等
(注3) (偶) は、配偶者

続した場合には事業継続要件は満たすことになります。

ただし、遺産分割協議が調わず、申告期限時点で事業を休止していた場合には、特例適用は困難になると考えられるので、注意が必要です。

なお、特定同族会社事業用宅地等の場合は「申告期限まで引き続きその会社の事業の用に供されていること」が要件です。

❸ 居住継続要件

被相続人の居住の用に供されていた宅地等を取得した親族が本特例の適用を受けるためには、相続開始前から相続税の申告期限まで引き続きその家屋に居住していなければなりません。

この場合においても、遺産分割協議が調わず、申告期限時点で居住の実態がない場合には、本特例適用は困難になると考えられます。

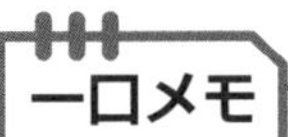

ただし、配偶者といわゆる「家なき子」には居住継続要件はありません。
「家なき子」については、103、296ページを参照してください。

⑵　同意要件

「小規模宅地等の特例」には、限度面積要件（24～26ページ参照）が定められているため、特例対象宅地等が複数ある場合は、たとえ他の要件を満たしていたとしても、本特例を適用できる部分とできない部分がでてきます。

そのため、特例適用の対象となる宅地等のうち、いずれかを選択して適用することになります。ただし、同一の被相続人に係る個々の相続人等が、特例対象宅地等のうちのそれぞれ異なる部分を選択して特例の適用を受けようとすると、相続税の課税価格が確定できない結果となってしまいます。

このことから、小規模宅地等の特例の適用を受ける場合には、他の特例適用対象宅地等を取得した相続人全員の同意があることが要件となり、相続税の申告に当たっては、その同意を証する書類（相続税申告書第11・11の２表の付表１）の添付が必要になります。

なお、相続人等が複数の場合、共同して相続税の申告書を提出するときは、申告書の押印をもって特例選択の同意を得たことになりますが、相続人等が個々別々に申告書を提出する場合には、上記の特例選択同意書に特例の対象となりうる財産を取得したすべての人の氏名欄に全員が押印することによって、初めて全員が同意したものとみなされます。

⑶　手続要件

この小規模宅地等の特例の適用を受けるためには、相続税の申告書に、上記（2）で説明した本特例の適用を受ける旨を記載した一定の書類を添付して提出しなければなりません（措法69の４⑥）。

（著者注）詳細については、**第４編**（264ページ）で解説します。

Ⅱ 減額される割合と面積制限

小規模宅地等の特例の適用を受ける場合には、その宅地等の利用区分に応じた限度面積や減額割合が設けられているほか、令和元年度改正によって創設された個人版事業承継税制との重複適用及び平成30年の民法改正に伴い創設された配偶者居住権に基づく居住家屋の敷地利用権との重複適用関係にも留意する必要があります。

1　減額される割合

平成27年１月１日以後に相続の開始のあった被相続人に係る相続税について、小規模宅地等の特例の適用を受ける場合は、相続税の課税価格に算入すべき価額の計算上、次の**《表１》**に掲げる区分ごとに一定の割合を減額します。

《表１》　相続開始の日が「平成27年１月１日以後」の場合

<table>
<tr><th colspan="3">相続開始の直前における宅地等の利用区分</th><th colspan="2">要　件</th><th>限度面積</th><th>減額される割合</th></tr>
<tr><td rowspan="5">被相続人等の事業の用に供されていた宅地等</td><td colspan="2">貸付事業（※１）以外の事業用の宅地等</td><td>①</td><td>特定事業用宅地等に該当する宅地等</td><td>400㎡</td><td>80%</td></tr>
<tr><td rowspan="4">貸付事業（※１）用の宅地等</td><td rowspan="2">一定の法人（※２）に貸し付けられ、その法人の事業（貸付事業を除く）用の宅地等</td><td>②</td><td>特定同族会社事業用宅地等に該当する宅地等</td><td>400㎡</td><td>80%</td></tr>
<tr><td>③</td><td>貸付事業用宅地等に該当する宅地等</td><td>200㎡</td><td>50%</td></tr>
<tr><td>一定の法人（※２）に貸し付けられ、その法人の貸付事業用の宅地等（※２）</td><td>④</td><td>貸付事業用宅地等に該当する宅地等</td><td>200㎡</td><td>50%</td></tr>
<tr><td>被相続人等の貸付事業用の宅地等</td><td>⑤</td><td>貸付事業用宅地等に該当する宅地等</td><td>200㎡</td><td>50%</td></tr>
<tr><td colspan="3">被相続人等の居住の用に供されていた宅地等</td><td>⑥</td><td>特定居住用宅地等に該当する宅地等</td><td>330㎡</td><td>80%</td></tr>
</table>

用語の説明

（※１）**「貸付事業」とは**、「不動産貸付業」、「駐車場業」、「自転車駐車場業」及び事業と称するに至らない不動産の貸付けその他これに類する行為で相当の対価を得て継続的に行う「準事業」をいいます。（以下、同じです。）

（※２）**「一定の法人」とは**、相続開始の直前において被相続人及び被相続人の親族等が法人の発行済株式の総数又は出資の総額の50％超を有している場合におけるその法人（相続税の申告期限において清算中の法人を除きます）をいいます。

■≪表 1≫のイメージ図

≪表 1≫の①の「特定事業用宅地等に該当する宅地等」

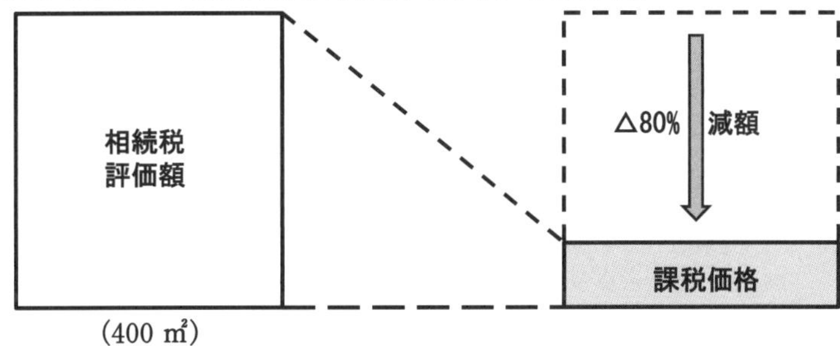

≪表 1≫の③④の「貸付事業用宅地等に該当する宅地等」

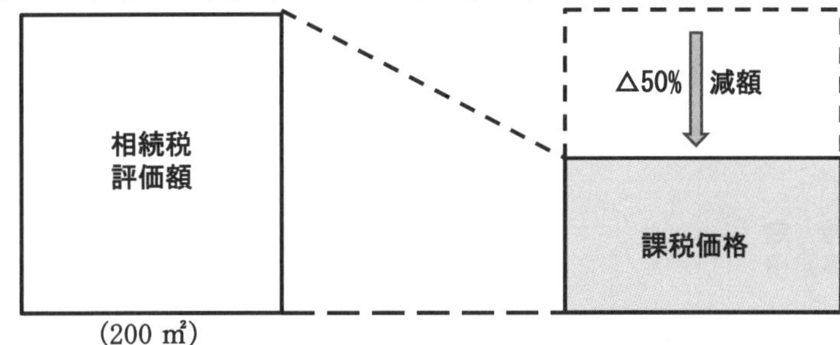

≪表 1≫の⑥の「特定居住用宅地等に該当する宅地等」

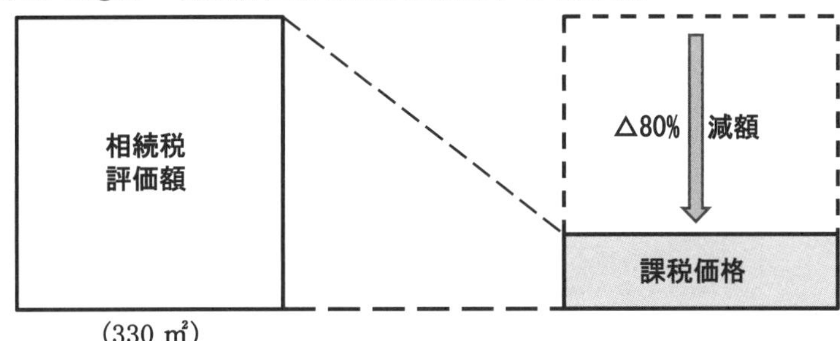

2　限度面積

特例の適用を選択する宅地等が、上記 1 の《**表 1**》のいずれに該当するかに応じて、次ページの**≪表 2≫**の限度面積を判定することになります。

《表２》 限度面積の調整計算

特例の適用を選択する宅地等		限度面積
貸付事業用宅地等がない場合	特定事業用等宅地等（①又は②）及び特定居住用宅地等（⑥）	（①＋②）≦400㎡、⑥≦330㎡ 両方を選択する場合は、それぞれの合計面積(730㎡)まで　可
貸付事業用宅地等がある場合	貸付事業用宅地等（③、④又は⑤）及びそれ以外の宅地等（①、②又は⑥）	（①＋②）×200/400＋⑥×200/330＋（③＋④＋⑤）≦200㎡

（注） ①〜⑥は**≪表１≫**に対応しています。

■≪表 2≫のイメージ図

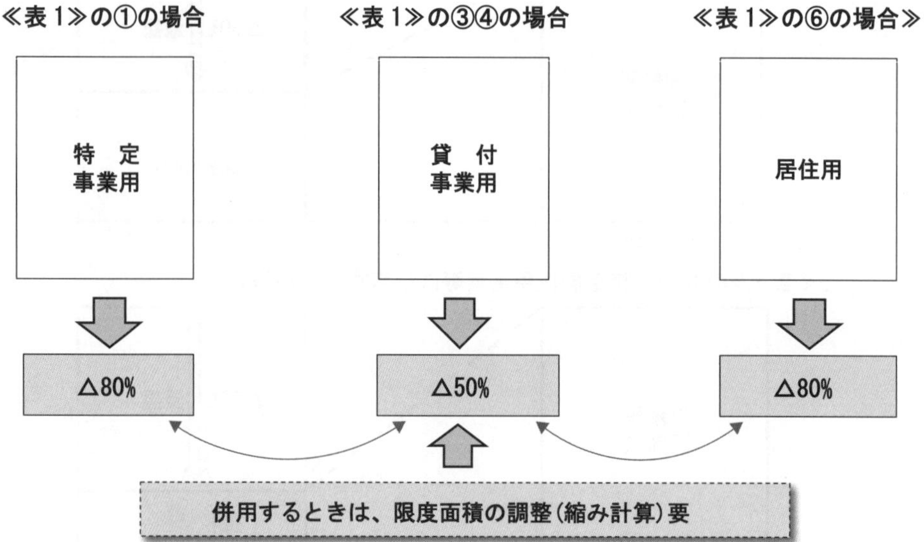

◆課税価格を求める計算式

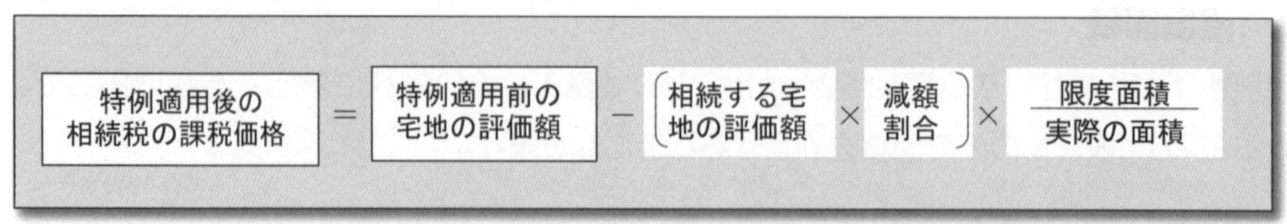

特例適用後の
相続税の課税価格
＝
特例適用前の
宅地の評価額
−
相続する宅
地の評価額
×
減額
割合
×
限度面積
実際の面積

3　個人版事業承継税制との調整

令和元年度改正によって、いわゆる個人版事業承継税制が創設されましたが、後継者が取得した宅地等について小規模宅地等の特例の適用を受ける者がある場合、その適用を受ける小規模宅地等の区分に応じて、次の**《表３》**に掲げる制限を受けることになりました。

《表３》　個人版事業承継税制との調整

適用を受ける小規模宅地等の区分	個人版事業承継税制との適用関係
①特定事業用宅地等	個人版事業承継税制との併用はできないので、いずれか一方の選択適用となります。
②特定同族会社事業用宅地等	「400㎡－②の面積」が個人版事業承継税制の適用対象となる宅地等の限度面積となります。
③④⑤ 貸付事業用宅地等	「200㎡－（⑥の面積×200/330＋②の面積×200/400＋③④⑤の面積）」が個人版事業承継税制の適用対象となる宅地等の限度面積となります。
⑥特定居住用宅地等	適用制限はありません。個人版事業承継税制と特定居住用宅地等の特例は完全併用が可能です。

（注）上記①～⑥は、**≪表１≫**に対応しています。

4　配偶者居住権との調整

配偶者居住権は、平成30年の民法改正により創設された制度で、配偶者の居住権を保護するための方策であり、令和２年４月１日から施行されています。

配偶者居住権そのものは、建物に居住することを目的とする権利であることから、小規模宅地等の特例の対象とはなりませんが、その敷地を利用する権利≪居住建物の敷地利用権≫については、本特例を適用することができます。配偶者居住権に基づく「敷地利用権」が「土地の上に存する権利」に該当することになるからです。

このため、配偶者と同居する親族が居住していた宅地等について、その敷地の所有権部分を同居親族が取得し、その敷地上の建物について配偶者居住権を設定した場合には、配偶者と同居親族のいずれについても、小規模宅地等の特例の適用が可能となります。

したがって、本特例の適用に当たっては、配偶者居住権に基づく敷地利用権と居住建物の敷地所有権に区分して適用することが必要となり、限度面積については、それぞれの価額の比率に応じて按分して判定することになります。

この場合の限度面積の計算は、下記のとおりとなります。

<算式>

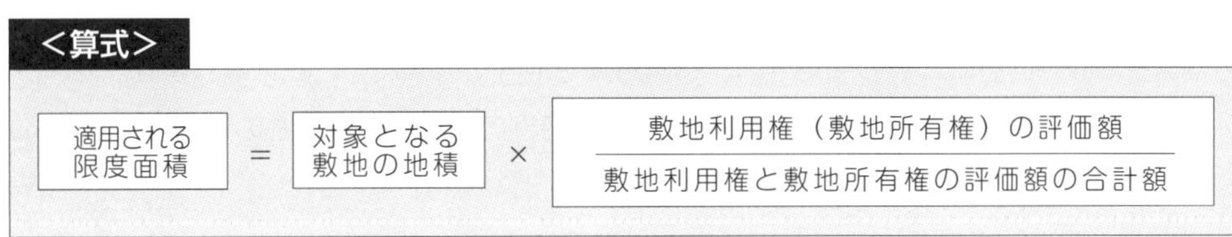

適用される限度面積 ＝ 対象となる敷地の地積 × 敷地利用権（敷地所有権）の評価額 ／ 敷地利用権と敷地所有権の評価額の合計額

Ⅲ 措置法通達のポイント

租税特別措置法（相続税関係）通達（以下、「措置法通達」と表示します）において、小規模宅地等の「特例対象宅地等」に該当するか否かの判断基準が記されている箇所をピックアップし、そのポイントとなる部分をご紹介します。ただし、特例適用に際しては、通達本文の参照も欠かさないようにしてください。

1　特例の適用を受けられる財産・受けられない財産

ポイント1

相続開始前３年以内の贈与財産及び相続時精算課税の適用を受ける財産

措置法通達 69の４－１	特例対象宅地等は、相続又は遺贈（死因贈与を含む）により取得した宅地等に限られており、被相続人から生前贈与により取得した土地等が特例の対象となる余地はありません。

アドバイス　特例対象宅地等には、被相続人からの贈与（贈与者の死亡により効力を生じることになる死因贈与を除きます）により取得した財産は含まれないため、相続開始前３年以内に受けた贈与財産及び相続時精算課税の適用を受ける財産についても、この特例の適用は受けられないことに留意する必要があります。

ポイント2

信託に関する権利

措置法通達 69の４－２	信託に関する権利（信託受益権）を取得した者は、当該信託に係る信託財産に属する資産及び負債を取得し又は承継したものとみなされ（相法９の２⑥）、信託財産に宅地等が含まれる信託に関する権利についても、特例の適用対象財産とみなされます。

アドバイス　個人が相続又は遺贈（死因贈与を含みます）により取得した信託に関する権利で当該信託の目的となっている信託財産に属する宅地等（土地又は土地の上に存する権利で、小規模宅地等の特例の適用対象となる建物等の敷地の用に供されているものに限られます）が、相続開始直前にその被相続人等の事業の用又は居住の用に供されていた宅地等である場合には、当然に、その宅地等は、特例対象宅地等に含まれることになります。

したがって、相続対策等による信託の設定は、本特例の適用を妨げるものではありません。

【参考／信託税制の基本】

1　信託制度

信託とは、財産を有する者（委託者）が、自己または第三者（受益者）のために、その財産（信託財産）の管理、処分等を管理者（受託者）に委ねる仕組みのことです。そのため、委託者が受託者に対して財産権の移転その他の処分を行います。この場合の受託者は家族でも構いません（家族信託）。

このように、信託の当事者には、委託者、受託者及び受益者の三者が存在し、その特徴は次のとおりです。

＜特徴＞

①　委託者から受託者に信託財産が完全に移転すること

②　信託財産を受益者のために管理処分する制約を受託者に課すこと

そして、受益者の観点から、信託は次の二つの類型に区分されます。

＜区分＞

他益信託	委託者本人のためにではなく、第三者たる受益者の利益のためになされる場合
自益信託	委託者本人（委託者兼受益者）のためになされる場合

例えば、委託者が所有する土地を受託者に信託し、受託者がその土地の上に賃貸事務所用ビルを建設・管理し、これにより得た賃料収入を受益者に給付する、という形で用いられます。

＜信託のスキーム＞

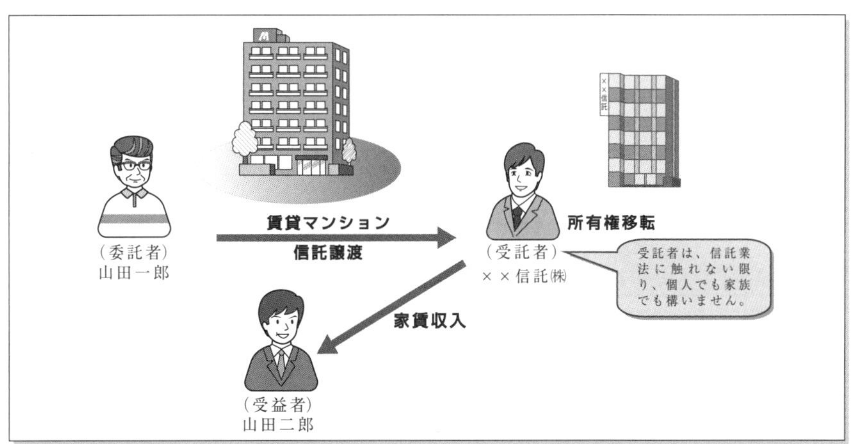

2　受益者等課税信託

信託については、原則として、受益者に対して課税が行われます。これは、法律上、信託した財産の所有権が委託者から受託者に移転しているとしても、税法上は、実質的な信託財産の所有権は受益者にあると考えるためです。従って、信託財産に属する資産及び負債は、受益者が有するものとみなし、その信託財産から生じる収益及び費用も受益者の収益及び費用とみなして、所得税及び法人税が課されることになります（所得税法13、法人税法12）。

このように受益者に対して課税が行われる信託を、受益者等課税信託と呼びます。

なお、受益者等課税信託では、受託者は信託財産を預かっているだけですので、受託者に課税関係は生じません。

３　信託設定時の課税関係

信託設定時には、法制上は委託者から受託者へ信託財産が移転します。このときの課税関係は、①委託者＝受益者の自益信託と②委託者≠受益者の他益信託で異なります。

①の自益信託では、課税関係は生じません。これは、税法上、受益者が信託財産を有しているものとみなされるため、委託者から受益者への財産の移転が観念できないためです。

一方、②の他益信託では、委託者から受益者へ信託財産そのものの移転があったものとみなされます。したがって、信託設定時に受益者から委託者へ適正な対価が支払われない場合には、受益者に贈与税や法人税が課されることになります。

また、不動産を信託財産とする信託設定時には、不動産移転登記と信託登記の２つの登記が必要になります。信託登記には、以下の登録免許税が必要となりますが、不動産移転登記に伴う不動産取得税と登録免許税は、登記簿上の形式的な所有権移転に過ぎないとされているため課税されません（登録免許税法７①、地方税法73の７③）。

【信託の登記】

	土地	建物
登録免許税	0.4%（注）	0.4%

（注）令和５年３月31日まで、0.3%の軽減税率となります。

◆信託登記のイメージ

権利部（甲区）　（所有権に関する事項）				
【順位番号】	【登記の目的】	【受付年月日 受付番号】	【原因】	【権利者その他の事項】
1	所有権移転	平成○年○月○日 第○○○号	平成○年○月○日売買	所有者　大阪市北区西天満○○○　山田一郎
2	所有権移転	令和○年○月○日 第○○○号	令和○年○月○日　信託	受託者　大阪市○○○　××信託株式会社
	信託			信託目録第○○○号

四			三	二	一
信託条項			受益者に関する事項	受託者に関する事項	委託者に関する事項
３信託の終了事由	２信託財産の管理	１信託の目的	受益者の氏名及び住所	受託者の氏名及び住所	委託者の氏名及び住所
本信託は次の各号のいずれかに該当した……	受託者は本信託契約の規定及び受益者の……	本信託の目的は、本契約の定めに従い、受託者が……	大阪市北区西天満○丁目○番○号	大阪市中央区大手前○丁目○番○号	大阪市北区西天満○丁目○番○号
			山田二郎	××信託…	山田一郎

■信託契約書のサンプル

信託契約書

山田一郎を委託者、××信託株式会社を受託者として、委託者が所有する末尾記載の不動産を次の条項で信託する。

1　信託の目的　後記不動産を信託財産として管理すること。

2　信託期間　受託者が信託を引き受けた日から10年間。

3　受益者　委託者の長男山田二郎。信託期間中に受益者が死亡した場合には、受益者に子がいる場合は子とし、子がいない場合は受益者の弟。

4　信託終了の際の権利帰属者　受益者

5　その他条項

①　信託不動産について信託による所有権移転の登記及び信託の登記をすること。

②　保存に必要な修繕は受託者が適当と認める時期と範囲において行う。

③　建物については受託者において火災保険に付し、これを継続する。

④　受託者は信託不動産を賃貸のために利用し、信託不動産から生ずる賃料、敷金その他の収入から公租公課、保険料その他必要経費及び信託報酬を控除し、毎月末に精算し、剰余金を受益者に支払う。

⑤　精算日現在における収益の100分の10を信託報酬とする。

6　信託の終了　期間満了により終了の際は、受託者は信託不動産を権利帰属者に引渡し、かつ所有権移転登記をなす。また、賃貸借関係や保険関係などの一切の権利関係を権利帰属者に引き継ぐ。

7　信託不動産の表示（省略）

令和○年○月○日

住所　大阪市北区西天満○丁目○番○号

委託者　山田　一郎

住所　大阪市中央区大手前○丁目○番○号

受託者　××信託株式会社

（注１）所有権の移転登記について登録免許税は課税されません。

（注２）信託登記については0.4％（土地については0.3％《令和３年３月まで》）の登録免許税が課税されます。

（注３）信託を理由とする所有権移転登記には不動産取得税は課税されません。

（注４）信託受益権の譲渡の登記は不動産１個につき1,000円です。（登録免許税法別表１）

４ 信託設定期間中の課税関係

受益者が、信託財産を有しているものとして課税関係が生じます。例えば、賃貸物件を信託財産として信託設定した場合、受益者にその賃料収入や必要経費が帰属するため、受益者が不動産所得を申告することになります。この場合、収益等は、受領時ではなく、発生時に認識します。

通常の申告と異なる点は、信託から生じた不動産所得の損失について制限が課されている点です（措置法41条の４の２）。このため、受益者が個人の場合には、受益者の不動産所得の計算上、信託で生じた損失は切り捨てられ、純損失としての繰越や他の所得との損益通算ができません。

法人が受益者の場合にも、信託から生じる損失に対する規制はありますが、個人の場合とは少し異なります。具体的には、受益者が負う責任限度額に対応して、信託財産の価額までの損失を認め、これを超える部分については、信託終了時まで損金としないという仕組みになっています。ただし、その後の期間で生じる信託利益との相殺は認められます。

なお、法人が受益者の場合には、不動産を信託した場合に限らず、その他の財産から生じる損失についても制限の対象になることに注意が必要です。

５ 信託終了時の課税関係

信託終了時には、残余財産の給付を受ける権利が確定し、残余財産受益者又は権利帰属者に信託財産が移転します。そのため、残余財産の給付を受ける権利が確定した時に、その時における価額で信託財産を移転したものとして課税関係が生じます（所得税法67の３⑥、相続税法９条の２④）。

ただし、残余財産受益者については、信託設定時に課税を受けていない残余財産受益者のみが、このタイミングで課税を受けることになります。

なお、自益信託の終了によって信託財産を取得する者が委託者となっていれば、信託設定時から実質的な信託財産の移転がないため、これらの課税関係は生じません。

２ 要件を満たせば特例の適用が可能になる宅地等

ポイント３

公共事業の施行により従前地及び仮換地の使用収益が禁止されている場合

措置法通達 69の４－３	居住用従前地及び仮換地について相続開始の直前に使用収益が共に禁止されている場合であっても、相続開始から相続税の申告期限までの間に被相続人等が仮換地を居住の用に供する予定がなかったと認めるに足りる特段の事情がないときは、居住用従前地については、本特例の適用があります（最高裁平成19年１月23日）。

アドバイス　「被相続人等が仮換地を居住の用に供する予定がなかったと認めるに足りる特段の事情」とは、例えば、次に掲げる事情がある場合をいいます。

①従前地について売買契約を締結していた場合

②被相続人等の居住用等に供されていた宅地等に代わる宅地等を取得（売買契約中のものを含みます）していた場合

③従前地又は仮換地について物納をし又は物納の許可を得ている場合

ポイント4

限度面積要件を満たさない場合

措置法通達 69の4－11 69の4－12	特例適用要件の一つとして、選択特例対象宅地等のすべてについて限度面積要件を満たすことが必要ですが、限度面積要件を満たしていない場合は、限度面積を超える部分についてだけ特例が適用できないのではなく、そのすべてについて、特例は適用できません。 この場合、期限後申告書又は修正申告書で改めて選択した選択特例対象宅地等について、要件を満たせば本特例が適用できます。

（筆者注）措置法通達69の４－12は、令和元年度税制改正によるものです。

アドバイス　令和元年度税制改正において創設された個人の事業用資産の相続税の納税猶予（個人版事業承継税制）を重複適用する場合において、一定の特例事業用資産の限度面積を超えるとき又は期限後申告書若しくは修正申告書により限度面積を超えないこととなったときについても、同様です。

注意!!　相続税の申告時に選択していない宅地等は、本特例の適用を受けることができないため、その後における宅地の選択替えは原則として認められません。当初申告の評価額に誤りがあった場合でも、そのことを理由に選択替えをすることはできません。

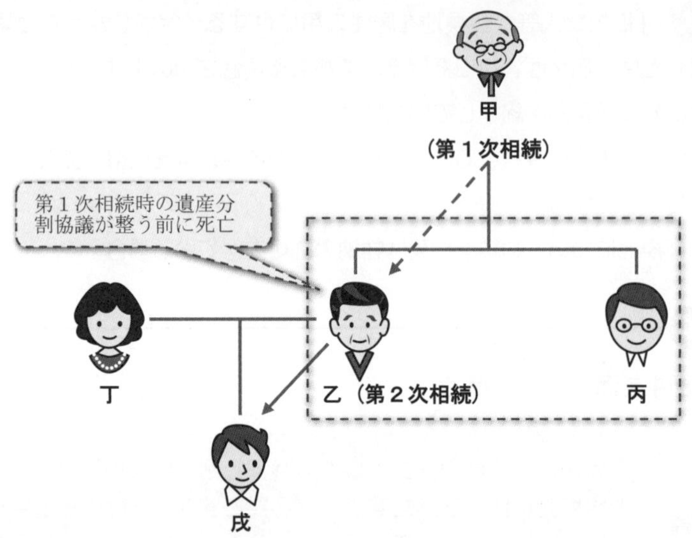

コメント 第１次相続人である乙と丙の間で遺産分割協議が整う前に乙が死亡した場合、乙の相続人である丁と戊が乙に代わって第１次相続の遺産分割協議が行われたケースがこの事例に該当します。

ポイント５

宅地等を取得した親族が申告期限までに死亡した場合

措置法通達 69の4－15	相続開始の直前において被相続人の事業（不動産貸付業を含みます。）の用に供されていた宅地等を取得した親族が相続の申告期限までに死亡した場合であっても、一定の要件を満たせば、当該宅地等は特定事業用宅地等又は貸付事業用宅地等に該当します。

アドバイス 具体的には、被相続人の事業の用に供されていた宅地等を取得した親族が相続税の申告期限までに申告書を提出しないで死亡した場合には、当該宅地等を取得した当該親族の相続人が①相続税法27条２項の規定により10か月延長された申告期限まで引き続き当該宅地等を有し、かつ、②事業を営んでいるときは、特定事業用宅地等又は貸付事業用宅地等に該当します。

なお、被相続人の事業を引き継ぐというのは、被相続人から被相続人の親族へ事業が引き継がれ、更に被相続人の親族から当該親族の相続人へ事業が引き継がれた場合に限らず、当該相続人が被相続人の親族の相続人の事業を直接引き継ぐ場合も含まれます。

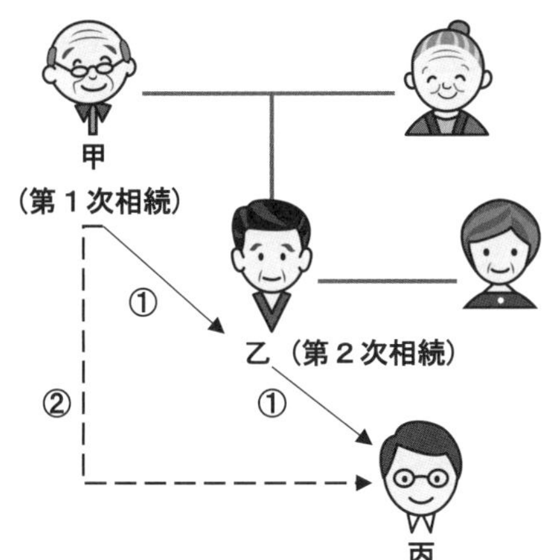

◆本特例が適用できるパターン

この特例が適用できるのは、次の二つのパターンの場合です。

① 甲 ──→乙 ──→ 丙

② 甲 ─ ─ ─ ─ ─→ 丙

ポイント6

共同相続人等が特例対象宅地等の分割前に死亡している場合

措置法通達 69の4−25	遺産分割前に死亡した親族の共同相続人等及び第１次相続に係るその分割前に死亡した親族以外の共同相続人又は包括受遺者によって被相続人に係る遺産の分割協議が行われ、その分割前に死亡した親族の取得した特例対象宅地等として確定させたものがあるときは、本特例の適用が認められます。

アドバイス　家庭裁判所における調停又は審判に基づいて遺産が分割されている場合において、当該死亡した者の具体的相続分のみが金額又は割合によって示されているに過ぎないときであっても、その親族の共同相続人の合意によって、当該分割前に死亡した親族の具体的相続分に対応する財産として特定させたものの中に特例対象宅地等がある場合には、その特例対象宅地等について本特例を適用することができます。

Ⅳ　設例による解説　（国税庁質疑応答事例）

1　小規模宅地等の特例の適用を受けることができる者の範囲（人格のない社団）

Q　**人格なき社団Ａは、被相続人甲から遺贈により被相続人の居住用宅地等を取得しました。この場合、人格なき社団Ａには、相続税法第66条により個人とみなされて相続税の納税義務が生じますが、小規模宅地等の特例の適用を受けることができますか。**

A　小規模宅地等の特例の適用を受けることができる者は個人に限られており、「人格なき社団」は個人ではなく、法人とみなされますので、「人格なき社団Ａ」は、小規模宅地等の特例の適用を受けることはできません。

【関係法令通達】措法69の４①

2　相続開始の年に被相続人から贈与を受けた宅地に係る小規模宅地等の特例の適用の可否

Q　**令和２年中に、甲は父から貸家建付地の敷地（276㎡）の持分２分の１の贈与を受けましたが、同年中に父が死亡しました。**

この場合、その贈与により取得した土地の価額は贈与税の課税価格に算入されずに、相続税の課税価格に加算されることになります（相法19）が、この土地について小規模宅地等の特例を適用する場合には、甲が贈与を受けた持分に対応する面積を含めて200㎡まで適用することができると考えて差し支えありませんか。

（注）　甲は、父から遺産を相続しています。

A　小規模宅地等の特例が適用される財産は、個人が相続又は遺贈により取得した財産に限られています。

したがって、甲が贈与を受けた土地の持分は、相続又は遺贈により取得したものではありませんから、その贈与を受けた財産の価額が相続税法第19条の規定により相続税の課税価格に加算されたとしても、その贈与を受けた財産については、小規模宅地等の特例の適用はありません。

また、甲が贈与を受けた土地の持分について相続時精算課税を適用する場合も、その土地の持分は相続又は遺贈により取得したものではありませんから、その贈与を受けた財産については、小規模宅地等の特例の適用はありません。

【関係法令通達】 措法69の４①、措通69の４－１

小規模宅地等の特例の対象となる私道

Q　**下の図のような場合に、被相続人は相続開始直前においてＢ土地に居住していたことから小規模宅地等の特例の適用があるものと考えますが、私道であるＡ土地の共有持分についてもこの特例の対象になりますか。**

なお、私道Ａは、Ｂ、Ｃ及びＤ土地の所有者の共有であり、同人らの通行の用に供されています。

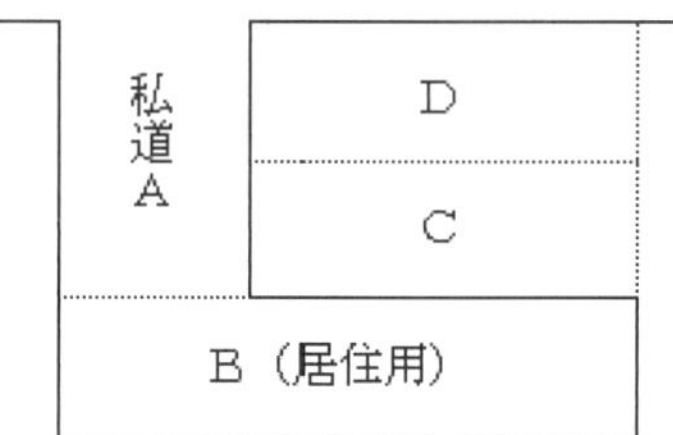

A　私道Ａ土地は、被相続人の居住用宅地等であるＢ土地の維持・効用を果たすために必要不可欠なものですから、この土地の共有持分についても被相続人の居住用宅地として小規模宅地等の特例の対象となります。

【関係法令通達】 措法69の４①、措令40の２④

アドバイス　私道には、次の２つがあります。

① 公共の用に供するもの、例えば、通抜け道路のように不特定多数の者の通行の用に供されている場合
② 専ら特定の者の用に供するのもの、例えば、袋小路のような場合

私道のうち、①に該当するものは、その私道の価額は評価しないことになっています。②に該当する私道の価額は、その宅地が私道でないものとして路線価方式又は倍率方式によって評価した価額の30%相当額で評価します。この場合、倍率地域にある私道の固定資産税評価額が私道であることを考慮して付されている場合には、その宅地が私道でないものとして固定資産税評価額を評定し、その金額に倍率を乗じて評価した価額の30%相当額で評価します。（評基通24）

（注１）**専用利用している路地状敷地の評価方法**
専用利用している路地状敷地については、私道に含めず、隣接する宅地とともに１画地として評価します。

（注２）**路線価方式による場合の評価方法**
私道の価額は、原則として、正面路線価を基として、次の算式によって評価しますが、その私道に設定された特定路線価を基に評価（特定路線価×0.3）しても差し支えありません。

正面路線価 × 奥行価格補正率 × 間口狭小補正率 × 奥行長大補正率 × 0.3 × 地積 ＝ 私道の価額

4 選択特例対象宅地等に係る同意書の提出

相続させる旨の遺言により相続した宅地について、遺言の効力が争われています。

このような場合に、①他の相続人は、遺言無効確認等訴訟が終了したときには、小規模宅地等の特例を適用することに反対していない、あるいは②遺言書の効力について訴訟で争われている場合には、当該宅地を選択特例対象宅地等とすることについて相続人全員の同意を必要とすることは、不可能なことを要求するものであることなど、特殊な事情がある場合には、相続人全員の同意を証する書類の提出がなくても、本件について、小規模宅地等の特例の適用が認められるでしょうか。

（平成26年８月８日東裁（諸）平26第19号参照）

A

本特例を適用するためには、特例対象宅地等のうち本特例の適用を受けるものの選択について、当該特例対象宅地等を取得した全ての個人の同意を証する書類の提出が必要とされているところ、審査請求人は、当該宅地につき特例対象宅地等を取得した全ての個人の同意を証する書類を提出していないから、当該宅地に本件特例を適用することはできないとされたものです。上記のような個別事情がある場合においても、例外的に同意を証する書類の提出は必要でないとする規定はなく、また、租税特別措置法の規定をみだりに拡張解釈することは許されないとされています。

【関連条文】 措令40の２（平成22年政令第58号による改正前のもの）

第2編　特例の対象となる宅地等の判定

この編でお伝えしたいこと

小規模宅地等の特例が適用できる宅地等は、①特定事業用宅地等、②特定同族会社事業用宅地等、③貸付事業用宅地等、④特定居住用宅地等の４種類のいずれかに該当することが要件とされています。この編では、この４種類の宅地等には、どのような宅地が該当するかについて、宅地の種類別にその判定の仕方等を確認していきます。

具体的には、措置法通達に適用宅地の判定要件として記載されているポイントを抽出してご紹介したうえ、さらに、実務上留意すべき要点をアドバイスしています。また、通達には収録されていませんが、実務で重視される個別事案等については、『設例による解説』項目を設けて「Q&A」で解説を加えています。

第１章　特定事業用宅地等

I　特定事業用宅地等の要件と令和元年度改正に伴う経過措置

1　特定事業用宅地等の要件

相続開始の直前において被相続人等の事業（貸付事業を除きます。以下同じです。）の用に供されていた宅地等で、次の表の区分に応じて、それぞれに掲げる要件の全てに該当する被相続人の親族が相続又は遺贈により取得したものをいいます。

ただし、次の表の区分に応じ、それぞれに掲げる要件の全てに該当する部分で、それぞれの要件に該当する被相続人の親族が相続又は遺贈により取得した持分の割合に応ずる部分に限られます。共有の場合は、その持分に応じた部分ということです。

■特定事業用宅地等の要件

区分	特例の適用要件	
被相続人の事業の用に供されていた宅地等	事業承継要　　件	その宅地等の上で営まれていた被相続人の事業を相続税の申告期限までに引き継ぎ、かつ、その申告期限までその事業を営んでいること。
	保有継続要　　件	その宅地等を相続税の申告期限まで保有していること。
被相続人と生計を一にしていた被相続人の親族の事業の用に供されていた宅地等	事業継続要　　件	相続開始の直前から相続税の申告期限まで、その宅地等の上で事業を営んでいること。
	保有継続要　　件	その宅地等を相続税の申告期限まで保有していること。

一口メモ

令和元年度改正において、特定事業用宅地等の範囲から、相続開始前３年以内に新たに事業の用に供された宅地等が除外されました（措置法69の４③一、措置法令40の２⑧）。

この改正は、平成31年４月１日以後に相続又は遺贈により取得する財産に係る相続税について適用され、同日前に相続又は遺贈により取得した財産に係る相続税については、従前どおりとされています。

また、同日前から事業の用に供されている宅地等についても、この特例の適用除外とはなりません。（改法附79①②）【次ページの《**参考図**》参照】

2　令和元年度改正と経過措置

令和元年度改正によって特定事業用宅地等の範囲から、相続開始前３年以内に新たに事業の用に供された宅地等（特定宅地等）が除外されました。このような新たに事業の用に供された宅地等を「特定宅地等」と呼びます。

ただし、特定事業に該当する場合には、上記の除外規定の適用除外となって、本特例を適用することができます。特定事業とは、その宅地等（特定宅地等）の上で事業の用に供されている次に掲げる資産で、被相続人等が有していたものの相続開始の時の価額が、その宅地等の相続開始の時の価額の15%以上であるものをいいます。これは、小規模宅地等の特例の平均的な減税効果（宅地価額の概ね15%程度と推計）を上回る程度の投資を行った事業者については、本特例が認められるよう配慮したためです。

なお、この場合における適用除外は、その事業の用以外の用に供されていた部分に限られます。（措法69の４③一、措令40の２⑧）

■15%基準が適用される資産

①	その宅地等の上に存する建物（その附属設備を含みます。）又は構築物
②	所得税法第２条第１項第19号に規定する減価償却資産でその宅地等の上で行われるその事業に係る業務の用に供されていたもの（①に掲げるものを除きます。）

ただし、相次（２次）相続の場合には、被相続人が相続開始前３年以内に開始した相続又はその相続に係る遺贈により事業の用に供されていた宅地等を取得し、かつ、その取得の日以後その宅地等を引き続き事業の用に供していた場合におけるその宅地等については、被相続人が相続により取得した事業用宅地等の上で事業を営んでいた期間が３年未満の場合であっても、特定事業用宅地等の範囲から除外されません。（措令40の２⑨）

なお、小規模宅地等の特例の適用を受けようとする宅地等が相続開始前３年以内に新たに被相続人等の事業の用に供されたものである場合には、その事業の用に供されていた上の表の①及び②に掲げる資産の相続開始の時における種類、数量、価額及びその所在場所その他の明細を記載した書類でその資産の相続開始の時の価額がその宅地等の相続開始の時の価額の15%以上である事業であることを明らかにするものを相続税の申告書に添付しなければなりません。この場合の価額は、相続税評価額です。（措規23の２⑧）

《参考図》特定事業用宅地等に係る経過措置

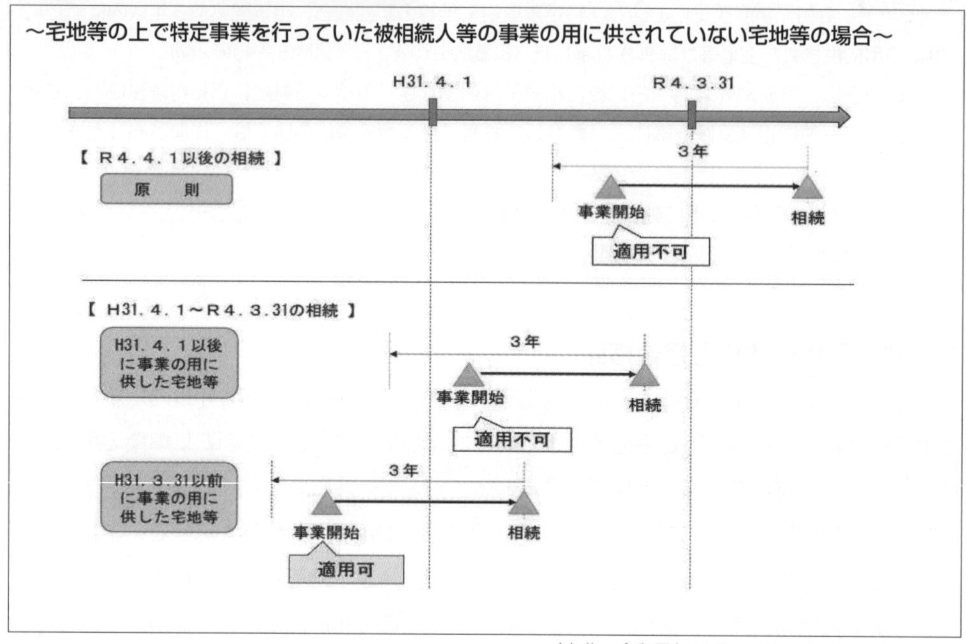

（出典：令和元年11月５日資産課税課情報第17号）

Ⅱ 措置法通達のポイント

「特定事業用宅地等の特例」の適用対象となる宅地等に該当するか否かの判定については、措置法通達で、次の取扱い規定が設けられています。

ポイント7

被相続人等の事業の用に供されていた宅地等の範囲

措置法通達69の4－4

特例適用可能な事業用宅地等は、次のように整理できます。

⑴　**他に貸し付けられている宅地等**（当該貸付が事業に該当する場合に限ります。）

⑵　**上記⑴に掲げる以外の宅地等**

① **建物所有者が生計一親族の場合**

建物の利用状況		取扱い
a　建物の利用者が被相続人で被相続人の事業の用に供されているとき	➡	土地及び建物の貸借がいずれも使用貸借である場合に限り、特定事業用宅地等の適用を受けることができる可能性があります。
b　建物の利用者が生計一親族で生計一親族の事業の用に供されているとき	➡	事業を営んでいる者が、被相続人又は生計一親族である場合で、かつ、土地及び建物の貸借がいずれも使用貸借であるときに限り、特定事業用宅地等の適用を受けることができる可能性があります。

② **建物所有者が生計別親族の場合**

事業を営んでいる者が、被相続人又は生計一親族である場合で、かつ、土地及び建物の貸借がいずれも使用貸借であるときに限り、特定事業用宅地等の適用を受けることができる可能性があります。

③ **建物所有者が被相続人である場合**

建物の利用状況		取扱い
a　建物の利用者が被相続人で被相続人の事業の用に供されているとき	➡	特定事業用宅地等の適用を受けることができる可能性があります。
b　建物の利用者が生計一親族で生計一親族の事業の用に供されているとき	➡	生計一親族がその建物を無償で借りている場合には、特定事業用宅地等の適用を受けることができる可能性があります。

まとめ

上記の**措置法通達69の4－4のポイント**を表にまとめると、次のようになります。

❶　他に貸し付けられている宅地等の取扱い

土地所有者	建物所有者	地代	小規模宅地等の特例適用
被相続人	被相続人以外の第三者	有償	50%
		無償	×

❷　上記以外の宅地の取扱い

土地所有者	建物所有者	地代	建物利用者	家賃	特例の減額割合	〈ポイント⑥〉の適用関係
被相続人	被相続人	－	被相続人	－	80%	⑵③a
			生計一親族	有償	50%	⑴
				無償	80%	⑵③b
	生計一親族	無償	被相続人	有償	50%	⑴
				無償	80%	⑵①a
			生計一親族	－	80%	⑵①b
		有償	被相続人	有償	50%	⑴
				無償	50%	⑴
			生計一親族	－	50%	⑴
	生計別親族	無償	被相続人	有償	×	
			生計一親族	有償	×	
			被相続人	無償	80%	⑵②
			生計一親族	無償	80%	⑵②
		有償	被相続人	有償	50%	⑴
			生計一親族	有償	50%	⑴
			被相続人	無償	50%	⑴
			生計一親族	無償	50%	⑴

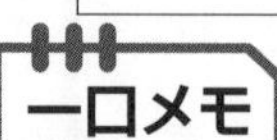

80%　→　特定事業用宅地等として本特例の適用の可能性がある。

50%　→　貸付事業用宅地等として本特例の適用の可能性がある。

×　→　小規模宅地等の特例の適用対象とならない。

ポイント8

事業用建物等の建築中等に相続が開始した場合

措置法通達 69の4－5	事業用建物等の建築中等に相続が開始した場合には、次の①②③又は①②④のすべてに該当するものの敷地の用に供されていた宅地等は、事業用宅地等に該当します。 ①　被相続人等の事業の用に供されていた建物等の移転又は建替えのためその建物等を取壊し又は譲渡した場合において、建築中の建物等が、従前の被相続人の建物等に代わるべき建物等であること。 ②　被相続人又は被相続人の親族の所有に係る建物等であること。 ③　相続開始直前において、その被相続人等のその建物等に係る事業の準備行為の状況からみて、その建物等を速やかにその事業の用に供することが確実であったと認定できること。 ④　次に掲げるいずれかの者が、その建物等を申告期限までに事業の用に供していること。 ・被相続人と生計を一にしていた被相続人の親族 ・その建物等若しくはその建物等の敷地の用に供されていた宅地等を相続若しくは遺贈により取得した被相続人の親族

アドバイス　この通達で定める被相続人等の事業の用に供されている建物等とは、措置法第69条の４第１項に規定する財務省令で定める建物又は構築物をいいます。

したがって、被相続人等の事業の用に供されている建物等の建替えだけでなく、当該建物等の移転の場合もその取扱いの対象としていますが、当該建物等の移転先の宅地等は移転前の宅地等とは異なることから、当該移転先の宅地等は相続開始前３年以内に新たに貸付事業の用に供された宅地等に該当することとなり、小規模宅地等の特例適用の対象外となります。

ただし、当該被相続人等が相続開始の日まで３年を超えて引き続き特定貸付事業（※）を行っていた場合には、当該移転先の宅地等は当該特定貸付事業の用に供されたものに該当することから、所要の要件を満たす場合には、貸付事業用宅地等に該当することとなります。

（※）「相続開始前３年を超えて事業的規模で貸付（特定貸付事業）を行っている者」の貸付事業の用に供されたものをいいます（55ページ参照）。

ポイント9

使用人の寄宿舎等の敷地

措置法通達 69の4－6	被相続人の営む事業に従事する使用人の寄宿舎等の敷地の用に供されていた宅地等は、事業用宅地に該当します。ただし、被相続人の親族のみが使用している場合は除きます。

アドバイス 使用人の誰かがその寄宿舎等として使用していた宅地等であれば、福利厚生施設の敷地となり、事業用宅地に該当しますので、被相続人の親族がその一部を使用している場合であっても事業用に該当することになります。

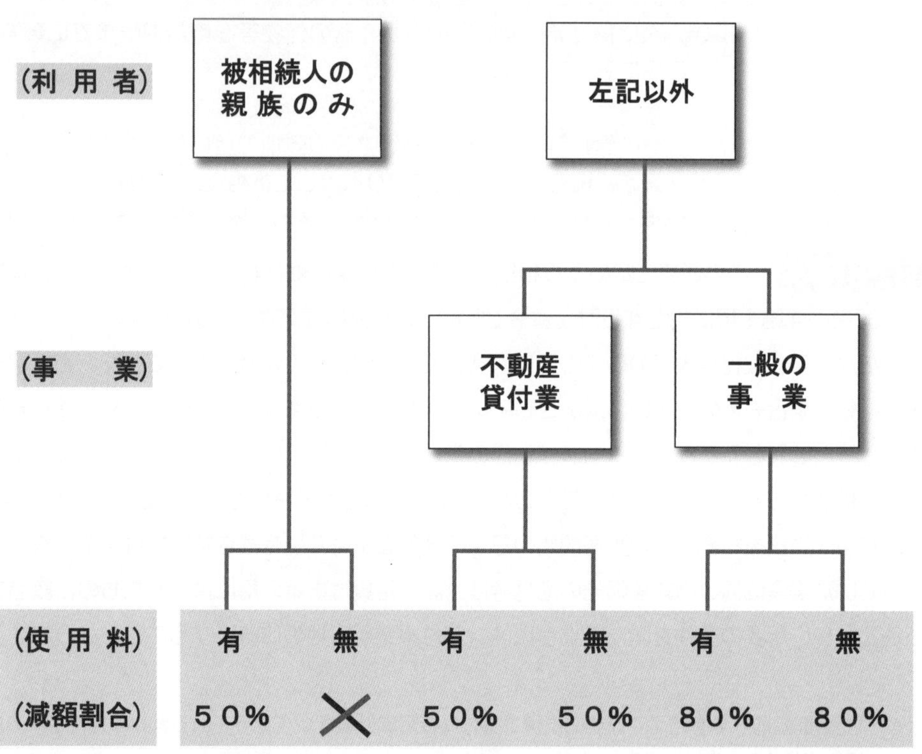

ポイント10

小規模宅地等の特例、特定計画山林の特例又は個人の事業用資産についての納税猶予及び免除を重複適用する場合に限度額要件等を満たさないとき

措置法通達 69の4－12	小規模宅地等の特例と特定計画山林の特例を重複適用する場合において、選択山林の価額が限度額を超える場合は、特例の重複適用はできず、小規模宅地等の特例の適用を受けることができません。 この場合、修正申告書で小規模宅地等が限度面積要件を満たし、かつ、選択山林について限度額を超えない選択を行ったときは、小規模宅地等について特例の適用があります。

アドバイス　特定計画山林の特例（措置法69条の５①）の適用を受けようとする場合に、小規模宅地等の特例や個人版事業承継税制の特例を重複して適用する場合の限度面積の計算は、次に掲げる「相続税申告書第11・11の２表」の「付表２」によって算定することができます。

■「相続税申告書第11・11の2表」の「付表2」

2　特定計画山林の特例の対象となる特定計画山林等の調整限度額の計算

この表は、「特定計画山林の特例」を適用し、かつ、「小規模宅地等の特例」又は「個人の事業用資産の納税猶予」を適用する場合に記入します。
なお、「特定事業用資産の特例」の適用を受ける場合の「特定計画山林の対象となる特定（受贈）森林経営計画対象山林の調整限度額等の計算」については、第11・11の２表の付表２の２で計算します。

(1) 小規模宅地等の特例及び個人の事業用資産の納税猶予の適用を受ける面積

① 限度面積	② 小規模宅地等の特例の適用を受ける面積 （裏面２(1)参照）	③ 納税猶予の適用を受ける面積 （裏面２(2)参照）	④ 特例適用残面積 (①－②－③)
200㎡	㎡	㎡	㎡

(2) 特定計画山林の特例の対象となる特定（受贈）森林経営計画対象山林の調整限度額等の計算

⑤ 特定計画山林の特例の対象として選択することのできる特定（受贈）森林経営計画対象山林である立木又は土地等の価額の合計額	⑥ 特例の対象となる特定（受贈）森林経営計画対象山林の調整限度額 $(⑤\times\frac{④}{①})$	⑦ ⑥のうち特例の適用を受ける価額（第11・11の２表の付表４の「３　特定（受贈）森林経営計画対象山林である選択特定計画山林の価額の合計額」の「A＋B」欄の金額）	
円	円	円	

(注)　④欄が0となる場合には、特定（受贈）森林経営計画対象山林について特定計画山林の特例の適用を受けることはできません。

ポイント11

申告期限までに転業又は廃業があった場合

措置法通達 69の4－16	申告期限までに転業又は廃業があった場合でも、次の①又は②に該当するときは、特定事業用宅地等に該当します。 ① その宅地等で営まれていた被相続人の事業の一部を他の事業（不動産貸付業等以外の事業に限ります。）に転業し、相続税の申告期限まで被相続人の事業と転業後の事業の双方を営んでいる場合 ② その宅地等が被相続人の営む２以上の事業の用に供されていた場合において、相続税の申告期限までにそれらの事業の一部を廃止したが、その廃止した事業以外の事業の用に供されている当該宅地等

アドバイス 例えば、被相続人が「飲食業と小売業」を行っていた場合、事業の一部である小売業を飲食業に転業あるいは廃止したとしても、特定事業用宅地等に該当します。

ただし、貸付事業への転業を除きます。

また、この通達の定めは、事業の一部転業又は一部廃止をした場合の措置であることから、事業の全部を転業したり廃止した場合には、特例適用の対象とはなりません。したがって、事業を法人成りした場合などは、個人事業の廃止に当たるので、特例は適用できないことになります。（次ページの図参照）

ポイント12

災害のため事業が休止された場合

措置法通達 69の4－17	被相続人等の事業の用に供されていた施設が災害により損害を受けたため、相続税の申告期限において事業が休業中であっても、財産を取得した親族等により事業再開のための準備が進められていると認められる場合には、相続税の申告期限においても親族の事業の用に供されるものとされます。

アドバイス ここでいう「災害」とは、震災、風水害、火災のほか、雪害、落雷、噴火その他の自然現象の異変及び火薬類の爆発、その他の人為による異常な災害、並びに害虫その他の生物による異常な災害も含まれます。したがって、昨今のコロナ禍も含まれるものと考えられます。

【ポイント⑪の図】

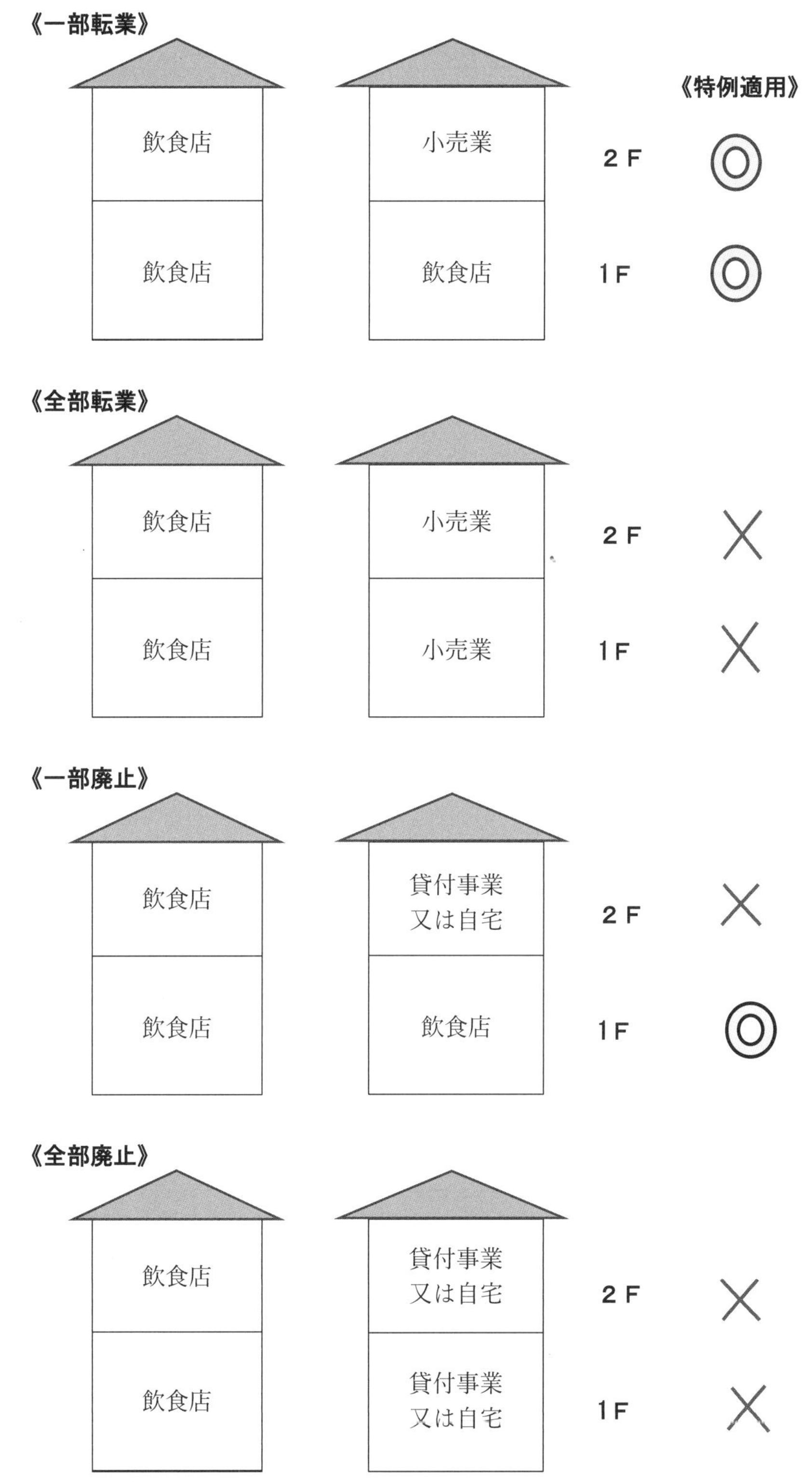
《一部転業》
《特例適用》
飲食店
飲食店
小売業
飲食店
２Ｆ
１Ｆ
◎
◎
《全部転業》
飲食店
飲食店
小売業
小売業
２Ｆ
１Ｆ
×
×
《一部廃止》
飲食店
飲食店
貸付事業
又は自宅
飲食店
２Ｆ
１Ｆ
×
◎
《全部廃止》
飲食店
飲食店
貸付事業
又は自宅
貸付事業
又は自宅
２Ｆ
１Ｆ
×
×

ポイント13

申告期限までに宅地等の一部の譲渡又は貸付けがあった場合

措置法通達 69の4−18	譲渡され又は貸付けられた宅地等の部分以外の宅地等の部分については、事業承継等親族が一定の要件を満たす限り、特定事業用宅地等に該当します。

アドバイス 相続人が、相続税の申告期限までに相続により取得した宅地等の一部を譲渡した場合や、貸し付けた場合において、残りの部分の取扱いがどのようになるのかが問題となります。

本稿は、このような場合の残りの部分について、要件を満たしている限りは特例事業用宅地等に該当することを明らかにしたものです。

ポイント14

申告期限までに事業用建物等を建て替えた場合

措置法通達 69の4−19	被相続人の事業の用に供されていた建物等が相続開始の日から相続税の申告期限までに建替工事に着手されたときは、当該宅地等のうち親族により当該事業の用に供されると認められる部分については特例適用することができます。

アドバイス 対象となる宅地等が①不動産貸付事業にも、②それ以外の事業にも供されている場合には、その部分の大きさによって次のように取り扱います。

(1) ②のそれ以外の部分が建替前>建替後の場合 ➡ 建替え後の部分が特定事業用宅地等に該当します。

(2) ②のそれ以外の部分が建替前<建替後の場合 ➡ 建替え前の部分が特定事業用宅地等に該当します。

ポイント15

宅地等を取得した親族が事業主となっていない場合

措置法通達 69の4−20	就業中であることその他当面事業主となれないことについてやむを得ない事情があるときは、当該親族が事業を営んでいるものとして取り扱われます。

アドバイス　事業を営んでいるかどうかは、その事業の事業主になっているか否かによって判定します。したがって、会社等に勤務するなどして他に職を有している場合や、当該事業の他に主たる事業を有している場合などにおいても、その事業を営む事業主となっている限り、「事業を営んでいる場合」に該当します。

ポイント16

新たに事業の用に供されたか否かの判定

措置法通達 69の4−20の2	小規模宅地等の特例の適用に当たっては、被相続人等の事業の用に供されていた宅地等が、相続開始前３年以内に新たに事業の用に供された宅地等に該当するか否かの判定が必要となりますが、この「新たに事業の用に供された宅地等」とは、次のものをいいます。ただし、建物等が一時的に事業の用に供されていなかったと認められる一定の場合は、「新たに事業の用に供された宅地等」には該当しません。 ①　事業の用以外の用に供されていた宅地等が事業の用に供された場合の当該宅地等 ②　宅地等若しくはその上にある建物等につき「何らの利用がされていない場合」の宅地等が事業の用に供された場合の当該宅地等 ③　継続的に事業の用に供されていた建物等につき建替えが行われ、建物等が一時的に事業の用に供されていなかった場合であっても、建替え後の建物等の敷地の用に供された宅地等のうちに、建替え前において建物等の敷地の用に供されていなかった宅地等の部分 ④　建物等が一時的に事業の用に供されていなかった場合であっても、当該事業に用に供する建物等が移転する場合の当該移転先の宅地等 なお、上記の判定は、被相続人又は生計一親族のそれぞれの利用状況により行います。

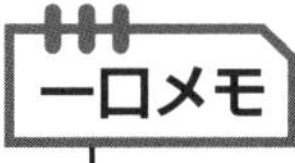

上記の通達は、令和元年度改正により新設されたものです。

アドバイス　上記《**ポイント⑯**》については、次の定めがあることに注意する必要があります。

1　原則

新たに事業の用に供されたか否かについては、例えば次のような例が挙げられます。

(1)　**新たに事業の用に供されたとして、特例適用の対象外となる例**

・居住の用又は貸付事業の用など、事業の用に供されていなかった宅地等が事業の用に供された場合

・未利用の宅地等が、例えば、支店の敷地などとして事業の用に供された場合におけるこれらの事業の用に供された部分

・他の者が事業を行っている宅地等を被相続人等が取得して、その事業を継続した場合（従前の事業は被相続人等が行っていたものではないケース）

・生計一親族の事業の用に供されている宅地等を被相続人が取得して、その事業を被相続人が継続した場合

⑵　特例適用の対象となる例

・転業した場合など、既に被相続人等の事業の用に供されていた宅地等が当該被相続人等の他の事業の用に供された場合の当該他の事業の用に供された部分

・被相続人等が借地を事業の用に供していた場合において、当該被相続人等がその借地を取得して引き続き事業の用に供したときの当該事業の用に供された部分

・被相続人が相続開始前３年以内に開始した相続又はその相続に係る遺贈により事業の用に供されていた宅地等を取得したような相次（２次）相続の場合で、かつ、その取得の日以後当該宅地等を引き続き事業の用に供していた場合

・建物等が一時的に事業の用に供されていなかったと認められる場合（次項参照）

（措法69の４③一、措令40の２⑨）

２　建物等が一時的に事業の用に供されていなかったと認められる場合

⑴　事業に係る建物等が一時的に事業の用に供されていなかったと認められる場合

事業に係る建物等が一時的に事業の用に供されていなかったと認められるのは、次に掲げるような場合です。

①	**継続的に事業の用に供されていた建物等につき建替えが行われた場合において、建物等の建替後速やかに事業の用に供されていたとき** ただし、当該建替え後の建物等を事業の用以外の用に供していないときに限ります。 この場合における当該宅地等に係る「新たに事業の用に供された」時は、建替え前に行ってた事業に係る事業の用に供された時となります。また、その行っていた事業の前に「新たに事業の用に供された宅地等」に該当していた場合には、その行っていた事業の前の事業に係る事業の用に供された時に、順次遡ることとなります
②	**継続的に事業の用に供されていた建物等が災害により損害を受けたため、当該建物等に係る事業を休業した場合において、事業の再開のための当該建物等の修繕その他の準備が行われ、事業が再開されていたとき** ただし、休業中に当該建物等を事業の用以外の用に供していないときに限ります。 この場合における当該宅地等に係る「新たに事業の用に供された」時は、休業前に行っていた事業に係る事業の用に供された時となります。また、その行っていた事業の前に「新たに事業の用に供された宅地等」に該当していた場合には、その行っていた事業の前の事業に係る事業の用に供された時に、順次遡ることとなります。

⑵　趣旨

建物等を建て替える場合には、新たな建物等が建築され、事業の用に供されるまでは、当該建物等の敷地である宅地等は利用されていない状態となりますが、相続開始の時において被相続人等の事業の用に供されていたかどうかの判定に当たっては、事業用建物等の建築中

等に相続が開始した場合など、従前から営んでいた事業が一時的に中断されたに過ぎない場合には、被相続人等によって営まれていた事業が継続しているとみることができますから、当該宅地等については被相続人等の事業の用に供されていたものと取り扱われます。（措置法通達の《**ポイント⑧**（事業用建物等の建築中等に相続が開始した場合）》等）。このため、「新たに事業の用に供された宅地等」かどうかの判定に当たっても、相続開始の時における取扱いと整合性が図られたものです。

ポイント17

政令で定める規模以上の事業（＝特定事業）の意義等

措置法通達 69の４－20の３	相続開始前３年以内に新たに事業の用に供された宅地等（特定宅地等）であっても、特定事業に該当する場合は、本特例を適用することができます。 特定事業に該当するか否かの判定は、特定宅地ごとに、次の算式を満たすか否かによって行います。この場合において、特定事業は、相続開始の時における減価償却資産の価額及び特定宅地等の価額を基に判定されるため、算式中の「事業の用に供されていた減価償却資産」に該当するか否かの判定は、特定宅地等を新たに事業の用に供した時ではなく、相続開始の直前における現況によって行うこととなります。 $$\frac{\text{事業の用に供されていた減価償却資産（※１）のうち被相続人等が有していたもの（※２）の相続の開始の時における価額の合計額}}{\text{新たに事業の用に供された宅地等（特定宅地等）（※３）の相続の開始の時における価額}} \geqq \frac{15}{100}$$

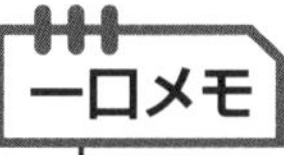

この通達は、令和元年度改正により新設されたものです。

用語の説明

算式中の用語の意味するところは、次のとおりです。

（※１）分子の「減価償却資産」について

「減価償却資産」とは、特定宅地等に係る被相続人等の事業の用に供されていた次に掲げる資産をいい、当該資産のうちに当該事業の用以外の用に供されていた部分がある場合には、当該事業の用に供されていた部分に限ります。

① 特定宅地等の上に存する建物及びその附属設備又は構築物

② 所得税法第２条第１項第19号（(定義)）に規定する減価償却資産で特定宅地等の上で行われる当該事業に係る業務の用に供されていたもの（①に掲げるものを除く。）

上記②に掲げる資産が、特定宅地等の上で行われる事業に係る業務に加え、他の事業所での業務でも使用している場合など、共通してその業務の用に供されていた場合には、特定宅地等の上で行われる事業に係る業務の用に供されていた部分に限ることなく、当該業務以外の業務の用に供されていた部分も含め、その資産の全部が上記②に掲げる資産に該当することとなります。

（※2）分子の「被相続人等が有していたもの」について

「被相続人等が有していたもの」とは、事業を行っていた被相続人又は事業を行っていた生計一親族が、自己の事業の用に供し、所有していた減価償却資産となります。したがって、例えば、被相続人が保有していた減価償却資産について、被相続人の事業の用に供されていたものはこれに該当しますが、生計一親族の事業の用に供されていたものはこれに該当しないこととなります。

（※3）分母の「特定宅地等」について

「特定宅地等」は、相続開始の直前において被相続人が所有していた宅地等であるため、当該宅地等が数人の共有に属していた場合には当該被相続人の有していた持分の割合に応ずる部分となります。

アドバイス　令和元年度税制改正では、特定事業用宅地等について節税を目的とした駆け込み的な適用など本来の趣旨を逸脱した小規模宅地等の特例の適用を防止するため、特定事業用宅地等の範囲から、被相続人等の事業の用に供されていた宅地等で、相続開始前３年以内に新たに事業の用に供されたもの（以下69の４－20の３において「特定宅地等」という。）を除くこととされました。しかし、「相続開始前３年以内に新たに事業の用に供された宅地等」であっても、当該宅地等の上で被相続人等が政令で定める規模以上の事業（以下69の４－20の３において「特定事業」という。）を行っていた場合の当該宅地等については、特定事業用宅地等の範囲から除かれないこととされました（措法69の４③一）。

この特定事業は、措置法令第40条の２第８項で定められており、本通達では、この特定事業に該当する要件等を算式等で明らかにしたものです。具体的には、特定事業とは、上記に掲げる算式を満たす場合におけるその事業をいい、特定宅地等が複数ある場合や相続開始前３年を超えて既に事業の用に供している他の宅地等がある場合であっても、この特定事業に該当するか否かの判定は、それぞれの特定宅地等ごとに当該算式を満たすか否かで判定することとなります。したがって、例えば、特定宅地等が甲宅地と乙宅地の複数ある場合には、甲宅地と乙宅地のそれぞれで上記算式を満たすか否かを判定し、当該算式を満たさないときのその算式の分母に係る宅地等については、特定事業用宅地等の範囲から除かれないこととなります。

ポイント18

相続開始前３年を超えて引き続き事業の用に供されていた宅地等の取扱い

措置法通達 69の4－20の4	被相続人等の事業の用に供されていた宅地等で「相続開始前３年以内に新たに事業の用に供されたもの」については、特定事業用宅地等の対象となる宅地等から除かれますが、被相続人等が当該宅地等の上で行っていた事業が特定事業に該当するか否かで、小規模宅地等の特例の適用の可否が異なります。 しかし、「相続開始前３年を超えて引き続き被相続人等の事業の用に供されていた宅地等」については、当該宅地等の上で被相続人等の行っていた事業が特定事業であるかどうかにかかわらず、他の要件を満たす限りは、特定事業用宅地等に該当することとなります。

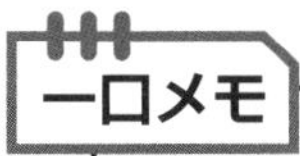

この通達は、令和元年度改正により新設されたものです。

アドバイス　被相続人等の事業の用に供されていた宅地等が「相続開始前３年を超えて引き続き」事業の用に供されていたかどうかの判定に当たり、措置法通達の《**ポイント⑯**》で解説した「新たに事業の用に供されたか否かの判定」を参照してください。

ポイント19

個人の事業用資産についての納税猶予及び免除の適用がある場合

措置法通達 69の4－26の2	被相続人が次に掲げる者のいずれかに該当する場合には、当該被相続人から相続又は遺贈により取得をした全ての特定事業用宅地等について、小規模宅地等の特例の適用を受けることができません。 (1)　個人版事業承継税制を適用した場合における特例事業受贈者に係る贈与者 (2)　個人版事業承継税制を適用した場合における特例事業相続人等に係る被相続人

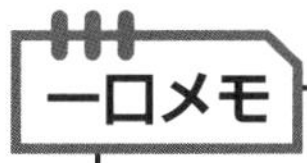

この通達は、令和元年度改正により新設されたものです。

アドバイス　令和元年度税制改正において個人版事業承継税制が創設されましたが、その納税猶予制度と特定事業用宅地等に係る小規模宅地等の特例とは選択制とされました。具体的には、上記のポイントに掲げるとおりですが、例えば、被相続人から相続又は遺贈により特定事業用宅地等を取得した者が個人版事業承継税制の適用を受けない場合であっても、その者又はその者以外の者が次に掲げる場合に該当するときのその被相続人は、上記⑴又は⑵に掲げる者に該当することになるため、当該被相続人から相続又は遺贈により取得をした特定事業用宅地等については、小規模宅地等の特例を適用することができません。

①　当該取得した者以外の者が個人版事業承継税制適用を受けるとき

②　当該取得した者又はその者以外の者が既に被相続人からの贈与により取得した財産について個人版事業承継税制の適用を受けていたとき

上記の①及び②については、建物及び減価償却資産など特定事業用宅地等に該当しない特定事業用資産について、「個人版事業承継税制」の適用を受けた場合も含まれます。

Ⅲ　設例による解説

Q&A 5　農機具置き場や農作業を行うための建物の敷地

Q

小規模宅地等の特例は宅地等に係る特例ですが、農業を営んでいる場合で、農機具を収納している小屋がある場合、その敷地は本特例の適用対象となりますか。

また、ビニールハウスの敷地は、適用対象となりますか。

A

農機具等の収納又は農作業を行うことを目的とした建物の敷地は、他の要件を満たす限り小規模宅地等の特例の対象となる事業用宅地等に該当します。

しかし、建物又は構築物の敷地であっても、①温室その他の建物でその敷地が耕作の用に供されているもの及び②暗きょその他の構築物でその敷地が耕作・養畜等の用に供されるものについては、たとえ建物等の敷地であっても同特例の対象となる事業用宅地等には該当しません。ただし、これらの土地は建物等の敷地とはいえ、農地又は採草放牧地に該当するため、一定の要件を満たす場合には、農地等の納税猶予の特例を適用することができます。

【関係法令通達】 措法69の４、措規23の２

6　申告期限までに宅地等の一部の譲渡があった場合

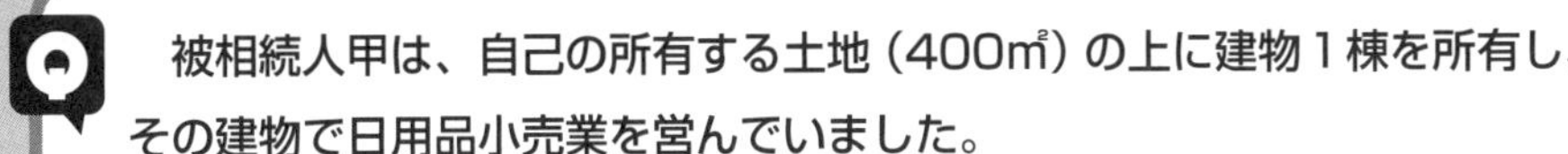

Q

被相続人甲は、自己の所有する土地（400㎡）の上に建物１棟を所有し、その建物で日用品小売業を営んでいました。

配偶者乙は、この土地の共有持分の４分の３と建物の全部を相続により取得し、甲が営んでいた日用品小売業を承継して、申告期限まで引き続き営んでいます。

また、子丙は、土地の共有持分の４分の１を相続により取得しましたが、甲が営んでいた日用品小売業は承継していません。

乙及び丙は、この宅地等の一部（50㎡）について隣地所有者から譲渡してほしいとの申込みを受けたことから、申告期限までに譲渡契約を締結し、引渡しを完了しました。

このような場合において、乙が相続により取得した宅地等のうち譲渡をしていない部分について、小規模宅地等の特例の適用はどのように考えられますか。

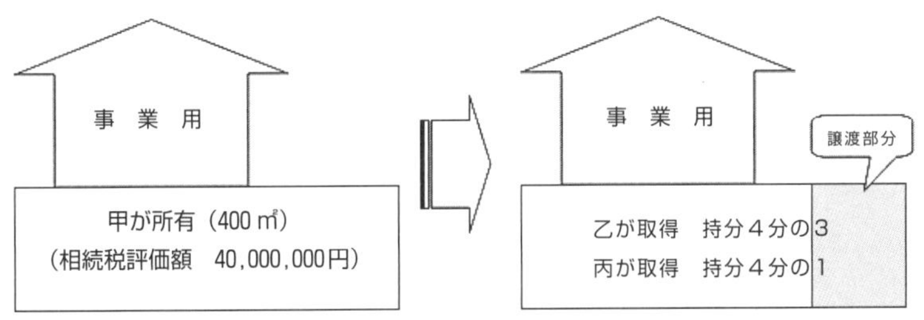

（平成22年７月13日　資産課税情報第18号を一部編集）

A

特定事業用宅地等に該当するためには、「申告期限まで引き続き当該宅地等を有していること」という要件があります（措置法69の４③一）。このため、相続人が相続税の申告期限までに相続により取得した宅地等の一部を譲渡している場合には、譲渡した部分は特定事業用宅地等に該当しないこととなりますが、残りの部分については要件を満たしている限り特定事業用宅地等に該当します。

本件の場合は、乙が申告期限まで引き続き保有している部分

{(400㎡×3/4)－(50㎡×3/4)}＝262.5㎡

については、特定事業用宅地等として小規模宅地等の特例の適用を受けることができます。

本特例の対象となる宅地等の範囲～財産管理人による事業～

Q

民法25条１項の規定により家庭裁判所は失踪者甲の財産管理人Ａを選任しました。Ａは、甲の財産保全のため、従来、空き地であった土地にアスファルト舗装等を施し駐車場経営を開始しました。その後、甲が失踪してから７年が経過したため、甲の親族は家庭裁判所に対して失踪宣告を申立て、認められました。

この場合、その駐車場の敷地の用に供されている土地は、甲の事業用宅地として小規模宅地等の特例の対象に該当しますか。

（国税庁ＨＰ質疑応答事例）

A

不在者の財産管理人は失踪者甲の法定代理人に当たり、その行為の効果は甲に帰属することとなります。

したがって、駐車場用地は甲の事業用宅地として小規模宅地等の特例の対象になります。

【関係法令通達】 民法25①、27、措法69の４①

特定事業の判定(1)
～事業の用以外の用に供されていた部分がある場合～

Q　被相続人甲は、その相続開始前３年以内に宅地等（600㎡）と建物を取得し、取得後直ちに下図のように利用し、相続開始直前まで居住の用及び事業の用に供していました。この場合の特定事業は、どのように計算して判定するのでしょうか。

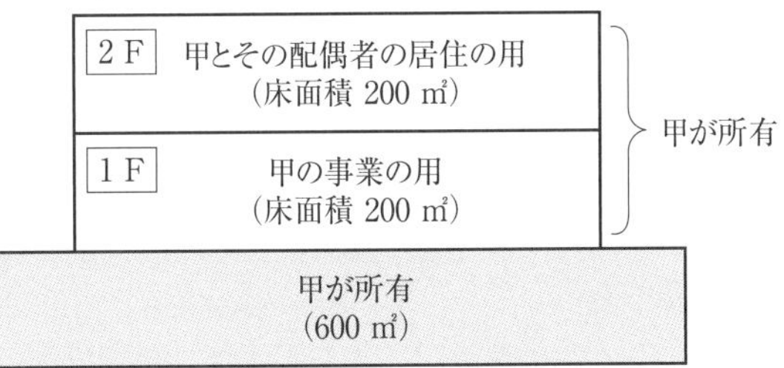

【前提】

・建物の相続税評価額　7,000,000円

・宅地等の相続税評価額　20,000,000円

・建物（1F）で甲の事業に係る業務で使用していた甲所有の機械装置の相続税評価額　1,000,000円

（令和元年11月５日資産課税課情報第17号を一部編集）

A　「相続開始前３年以内に新たに事業の用に供された宅地等」であっても、当該宅地等の上で被相続人が特定事業を行っていた場合の当該宅地等については、特定事業用宅地等の範囲から除かれません（措法69の４③一）。この場合において**設例**における特定事業の判定は次の算式によります。

〈算式〉

$$\frac{\text{事業の用に供されていた減価償却資産のうち被相続人等が有していたものの相続の開始の時における価額の合計額}}{\text{新たに事業の用に供された宅地等（特定宅地等）の相続の開始の時における価額}} \geqq \frac{15}{100}$$

１　算式中の分子の計算

$$7{,}000{,}000\text{円} \times \frac{200\text{㎡}}{400\text{㎡}} + 1{,}000{,}000\text{円}$$

$= \ 4{,}500{,}000$円（減価償却資産の価額の合計額）

２　算式中の分母の計算

①　宅地等のうち新たに事業の用に供された部分（特定宅地等）

$$600\text{㎡} \times \frac{200\text{㎡}}{400\text{㎡}} = 300\text{㎡}$$（特定宅地等の面積）

②　①の相続開始時における価額

$$20{,}000{,}000円 \times \frac{300㎡}{600㎡} = 10{,}000{,}000円（特定宅地等の価額）$$

3　特定事業の判定

$$\frac{4{,}500{,}000円（減価償却資産の価額の合計額）}{10{,}000{,}000円（特定宅地等の価額）} = \boxed{0.45} \geqq \boxed{0.15}$$

∴当該事業は特定事業に該当することとなり、上記2の新たに事業の用に供された部分（300㎡）について、他の要件を満たす場合には、特定事業用宅地等に該当することとなります。

（第11・11の2表の付表1（別表2）記載例）

特定事業用宅地等についての事業規模の判定明細　　被相続人　甲

○　この表は、特定事業用宅地等として小規模宅地等の特例（租税特別措置法第69条の4第1項）の適用を受けようとする宅地等のうちに特定宅地等（相続開始前3年以内に新たに被相続人等（注1）の事業（注2）の用に供されたものをいいます。以下同じです。）（注3）が含まれる場合に、その特定宅地等に係る事業が租税特別措置法施行令第40条の2第8項に規定する規模以上のものであることを判定するために使用します。
○　特定宅地等が複数ある場合には、特定宅地等ごとに作成します。
（注）1　被相続人又はその被相続人と生計を一にしていたその被相続人の親族をいいます。
2　租税特別措置法第69条の4第3項第1号に規定する事業をいいます。
3　平成31年3月31日以前に新たに被相続人等の事業の用に供された宅地等は、特定宅地等には含まれません。

1　相続開始前3年以内に新たに被相続人等の事業の用に供された宅地等の明細
（注）「②①の宅地等の面積」欄は、その宅地等が他人の共有に属していた場合には、被相続人が有していた持分に応ずる面積を記入してください。

①特定宅地等を含む一の宅地等の所在地	○○市△丁目□番◇号	②①の宅地等の面積	600 ㎡
③事業主宰者の氏名	甲　（被相続人）・生計一親族	④③の特定宅地等に係る事業内容	×××
相続開始の直前における宅地等の利用区分		面積（㎡）	相続開始時の価額（円）
⑤	②のうち④の事業の用に供されていた宅地等	300	10,000,000
⑥	⑤のうち相続開始前3年以内に新たに事業の用に供された宅地等（特定宅地等）［事業の用に供された日：平成・（令和）××年　××月　××日］	300	A　10,000,000

2　1④の事業の用に供されていた減価償却資産の明細等
（注）1　記入の対象となる減価償却資産は、1⑤の事業の用に供されていた次に掲げるもののうち1③の事業主宰者が有していたも

種類	細目	利用区分等	所在場所等	数量 / 固定資産税評価額	単価 / 倍数	① 相続開始時における価額	② 事業専用割合	③ （①×②）
家屋	家屋	自用家屋	○○市△丁目□番◇号	××× / ×××	×××	7,000,000 円	200㎡ / 400㎡	3,500,000 円
事業用財産	機械装置	×××	○○市△丁目□番◇号	××× / ×××	×××	1,000,000	1 / 1	1,000,000
							計	B　4,500,000

3　1④の事業が租税特別措置法施行令第40条の2第8項に規定する規模以上の事業であることの判定

（B　4,500,000 円　÷　A 10,000,000 円）×100　＝　45.0 %　←　15%未満になった場合には、1⑥については特例適用不可

（令元.7）　　（資4-30-11-3-8-A4統一）

第11・11の2表の付表1（別表2）（平成31年4月分以

特定事業の判定(2)　～事業を行っていた者が宅地等を新たに同じ事業の用に供した場合～

Q

被相続人甲は、その相続開始の５年前から自己の所有する宅地等(600㎡)の上に建物１棟を所有し、１Ｆ部分を事業の用に、２Ｆ部分を居住の用に供していたが、相続開始前３年以内に、居住の用に供していた２Ｆ部分を、新たに１Ｆ部分と同じ事業の用に供することとし、相続開始直前まで引き続き事業の用に供していました。この場合の措置法施行令第40条の２第８項に定める規模以上の事業（特定事業）は、どのように計算して判定しますか。

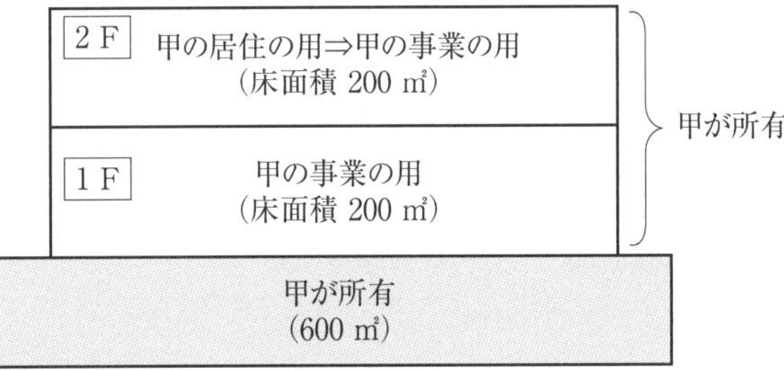

〈前提〉

- **建物の相続税評価額　1,500,000円**
- **宅地等の相続税評価額　15,000,000円**
- **宅地等の上で行われる甲の事業に係る業務で使用していた甲所有の車両の相続税評価額　500,000円**

（令和元年11月５日資産課税課情報第17号を一部編集）

A

「相続開始前３年以内に新たに事業の用に供された宅地等」であっても、当該宅地等の上で被相続人が特定事業を行っていた場合については、特定事業用宅地等の範囲から除かれません（措法69の４③一）。この場合の設例における特定事業の判定は、次の算式によります。

〈算式〉

$$\frac{\text{事業の用に供されていた減価償却資産のうち被相続人等が有していたものの相続の開始の時における価額の合計額}}{\text{新たに事業の用に供された宅地等（特定宅地等）の相続の開始の時における価額}} \geqq \frac{15}{100}$$

１　算式中の分子の計算

1,500,000円＋500,000円＝2,000,000円（減価償却資産の価額の合計額）

（注）１Ｆ部分の事業と２Ｆ部分の事業は同一の事業であるため、建物及び車両の価額の全てが分子に算入されます。

2　算式中の分母の計算

①　宅地等のうち事業の用に供されていた部分 600 ㎡（宅地等の面積）

②　①の相続開始時の価額15,000,000円（宅地等の価額）

③　①の宅地等のうち相続開始前３年以内に新たに事業の用に供された部分（特定宅地等）

$$600㎡ \times \frac{200㎡}{400㎡} = 300㎡$$（特定宅地等の面積）

④　③の相続開始時の価額

$$15{,}000{,}000円 \times \frac{300㎡}{600㎡} = 7{,}500{,}000円$$（特定宅地等の価額）

3　特定事業の判定

$$\frac{2{,}000{,}000円（減価償却資産の価額の合計額）}{7{,}500{,}000円（特定宅地等の価額）} = \boxed{0.266\cdots} \geqq \boxed{0.15}$$

したがって、設例の事業は特定事業に該当することとなり、上記２の新たに事業の用に供された部分（300㎡）について、他の要件を満たす場合には、特定事業用宅地等に該当することとなります。

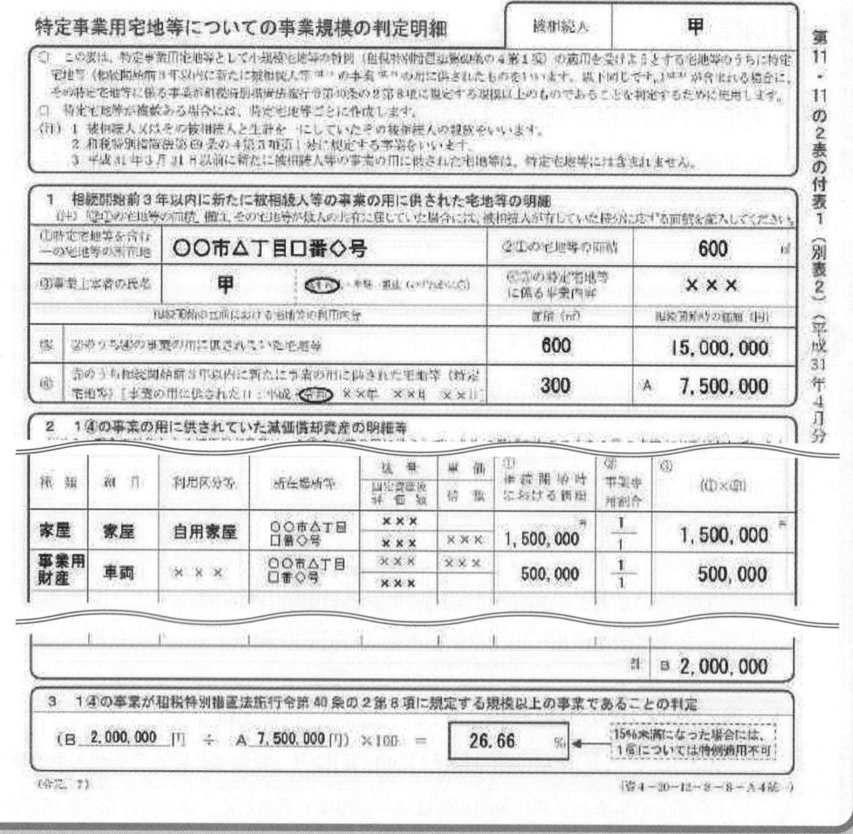

特定事業用宅地等についての事業規模の判定明細

被相続人	甲

第11・11の2表の付表1（別表2）（平成31年4月分）

○ この表は、特定事業用宅地等として小規模宅地等の特例（租税特別措置法第69条の4第1項）の適用を受けようとする宅地等のうちに特定宅地等（相続開始前3年以内に新たに被相続人等(注1)の事業(注2)の用に供されたものをいいます。以下同じです。(注3)）が含まれる場合に、その特定宅地等に係る事業が租税特別措置法施行令第40条の2第8項に規定する規模以上のものであることを判定するために使用します。
○ 特定宅地等が複数ある場合には、特定宅地等ごとに作成します。
（注）1 被相続人又はその被相続人と生計を一にしていたその被相続人の親族をいいます。
2 租税特別措置法第69条の4第3項第1号に規定する事業をいいます。
3 平成31年3月31日以前に新たに被相続人等の事業の用に供された宅地等は、特定宅地等には含まれません。

1　相続開始前３年以内に新たに被相続人等の事業の用に供された宅地等の明細
（注）②⑤⑥の宅地等の面積は、ただし、その宅地等が被相続人の共有に属していた場合には、被相続人が有していた持分に応ずる面積を記入してください。

①特定宅地等を含む一の宅地等の所在地	○○市△丁目□番◇号	②①の宅地等の面積	600 ㎡
③事業主宰者の氏名	甲　（被相続人）・生計一親族（いずれかに○）	④③の特定宅地等に係る事業内容	×××
相続開始の直前における宅地等の利用区分		面積（㎡）	相続開始時の価額（円）
⑤	②のうち④の事業の用に供されていた宅地等	600	15,000,000
⑥	⑤のうち相続開始前３年以内に新たに事業の用に供された宅地等（特定宅地等）［事業の用に供された日：平成・令和 ××年 ××月 ××日］	300	A 7,500,000

2　1④の事業の用に供されていた減価償却資産の明細等

種類	細目	利用区分等	所在場所等	数量／固定資産税評価額	単価／倍数	① 相続開始時における価額	② 事業専用割合	③ （①×②）
家屋	家屋	自用家屋	○○市△丁目□番◇号	×××／×××	×××	1,500,000 円	1/1	1,500,000 円
事業用財産	車両	×××	○○市△丁目□番◇号	×××／×××	×××	500,000	1/1	500,000
							計	B 2,000,000

3　1④の事業が租税特別措置法施行令第40条の2第8項に規定する規模以上の事業であることの判定

（B 2,000,000 円 ÷ A 7,500,000 円）×100 ＝ 26.66 %　←　15%未満になった場合には、1⑥については特例適用不可

（令元．7）　　（資4－20－12－8－8－A4統一）

10 特定事業の判定⑶　～被相続人等の事業が特定宅地等を含む一の宅地等（敷地）の上で行われていた場合～

Q 被相続人甲は、相続開始の５年前から自己の所有する宅地等（300㎡）の上に建物１棟を所有し、その建物について下図のように事業の用及び居住の用に供していましたが、相続開始前３年以内に当該宅地等に隣接する当該建物の敷地の用に供されている宅地等（200㎡）を取得して新たにこれらの用に供し、相続開始直前まで、これらの宅地等を一体として利用していました。この場合の特定事業（措置法施行令第40条の２第８項に定める規模以上の事業）は、どのように計算して判定しますか。

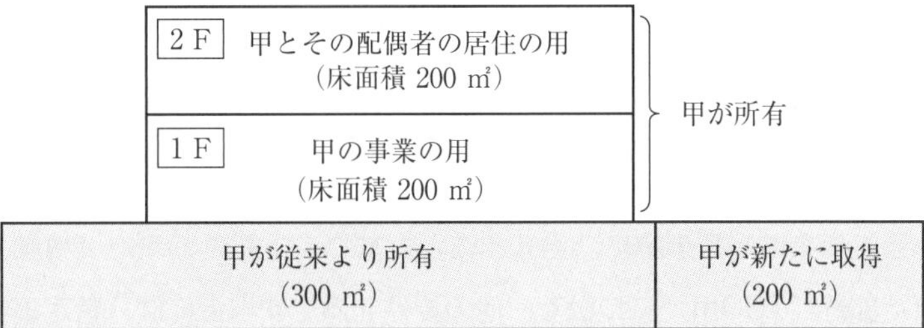

〈前提〉

・建物の相続税評価額　7,000,000円

・宅地等（500㎡）の相続税評価額　15,000,000円

・建物（1F）で甲の事業に係る業務で使用していた甲所有の機械装置の相続税評価額　1,000,000円

（令和元年11月５日資産課税課情報第17号を一部編集）

A 「相続開始前３年以内に新たに事業の用に供された宅地等」であっても、当該宅地等の上で被相続人が特定事業を行っていた場合の当該宅地等については、特定事業用宅地等の範囲から除かれません（措法69の４③一）。この場合において設例における特定事業の判定は、次の算式によります。

〈算式〉

$$\frac{\text{事業の用に供されていた減価償却資産のうち被相続人等が有していたものの相続の開始の時における価額の合計額}}{\text{新たに事業の用に供された宅地等（特定宅地等）の相続の開始の時における価額}} \geqq \frac{15}{100}$$

１　算式中の分子の計算

$$7{,}000{,}000\text{円} \times \frac{200㎡}{400㎡} + 1{,}000{,}000\text{円}$$

＝　4,500,000円（減価償却資産の価額の合計額）

2　算式中の分母の計算

①　宅地等のうち事業の用に供されていた部分

500㎡　×　$\frac{200㎡}{400㎡}$　＝　250㎡（事業部分の宅地等の面積）

②　①の相続開始時の価額

15,000,000円　×　$\frac{250㎡}{500㎡}$　＝　7,500,000円（事業部分の宅地等の価額）

③　①の宅地等のうち相続開始前３年以内に新たに事業の用に供された部分（特定宅地等）

250㎡　×　$\frac{200㎡（※）}{500㎡}$　＝　100㎡（特定宅地等）

（※）３年内供用部分の宅地等の面積

④　③の相続開始時の価額

7,500,000円　×　$\frac{100㎡}{250㎡}$　＝　3,000,000円（特定宅地等の価額）

3　特定事業の判定

$\frac{4,500,000円（減価償却資産の価額の合計額）}{3,000,000円（特定宅地等の価額）}$　＝　1.5　≧　0.15

∴当該事業は特定事業に該当することとなり、上記２の新たに事業の用に供された部分（100㎡）について、他の要件を満たす場合には、特定事業用宅地等に該当することとなります。

（第11・11の２表の付表１（別表２）記載例）

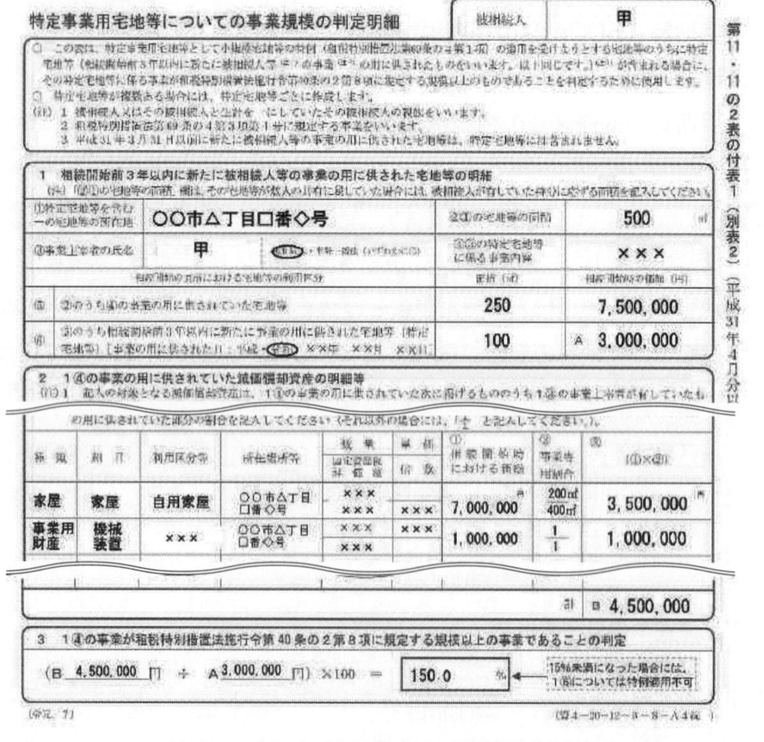

特定事業用宅地等についての事業規模の判定明細

被相続人	甲

○　この表は、特定事業用宅地等として小規模宅地等の特例（租税特別措置法第69条の4第1項）の適用を受けようとする宅地等のうちに特定宅地等（相続開始前3年以内に新たに被相続人等（注1）の事業（注2）の用に供されたものをいいます。以下同じです。）（注3）が含まれる場合に、その特定宅地等に係る事業が租税特別措置法施行令第40条の2第8項に規定する規模以上のものであることを判定するために使用します。
○　特定宅地等が複数ある場合には、特定宅地等ごとに作成します。
（注）1　被相続人又はその被相続人と生計を一にしていたその被相続人の親族をいいます。
2　租税特別措置法第69条の4第3項第1号に規定する事業をいいます。
3　平成31年3月31日以前に新たに被相続人等の事業の用に供された宅地等は、特定宅地等に該当しません。

1　相続開始前３年以内に新たに被相続人等の事業の用に供された宅地等の明細
（注）「②①の宅地等の面積」欄は、その宅地等が被相続人の共有に属していた場合には、被相続人が有していた持分に応ずる面積を記入してください。

①特定宅地等を含む一の宅地等の所在地	○○市△丁目□番◇号		②①の宅地等の面積	500 ㎡
③事業主宰者の氏名	甲	被相続人・生計一親族（いずれかに○）	④③の特定宅地等に係る事業内容	×××
相続開始の直前における宅地等の利用区分			面積（㎡）	相続開始時の価額（円）
⑤	②のうち④の事業の用に供されていた宅地等		250	7,500,000
⑥	⑤のうち相続開始前3年以内に新たに事業の用に供された宅地等（特定宅地等）〔事業の用に供された日：平成・令和 ××年 ××月 ××日〕		100	A 3,000,000

2　1④の事業の用に供されていた減価償却資産の明細等
（注）1　記入の対象となる減価償却資産は、1⑤の事業の用に供されていた次に掲げるもののうち1③の事業主宰者が有していたも
…
の用に供されていた部分の割合を記入してください（それ以外の場合には、「1/1」と記入してください。）。

種類	細目	利用区分等	所在場所等	数量／固定資産税評価額	単価／倍数	①相続開始時における価額	②事業専用割合	③（①×②）
家屋	家屋	自用家屋	○○市△丁目□番◇号	×××／×××	×××	7,000,000円	200㎡／400㎡	3,500,000円
事業用財産	機械装置	×××	○○市△丁目□番◇号	×××／×××	×××	1,000,000	1／1	1,000,000
							計	B 4,500,000

3　1④の事業が租税特別措置法施行令第40条の2第8項に規定する規模以上の事業であることの判定

（B 4,500,000円 ÷ A 3,000,000円）×100 ＝ 150.0 ％ ← 15％未満になった場合には、1⑥については特例適用不可

（令元．7）　（資4－20－12－3－8－A4統一）

11 特定事業の判定(4)
～新たに事業の用に供された宅地か否かの判定～

Q

被相続人である父は10年以上前から製造業を営んでおり、相続開始前３年以内に新たに次の宅地を取得し、相続開始直前までそれぞれ事業の用に供していました。これらの宅地は小規模宅地等の特例の特定事業用宅地等の範囲から除かれる「相続開始前３年以内に新たに事業の用に供された宅地等」に該当するのでしょうか。

- **規模拡大のため新しい工場の敷地として新たに事業の用に供した甲宅地**
- **事務所の引っ越しにより新しい事務所の敷地として新たに事業の用に供した乙宅地**
- **製造業は継続したまま、多角化の一環として新たに飲食業に進出し、飲食店の敷地として新たに事業の用に供する丙宅地**

（令和元年11月５日資産課税課情報第17号を一部編集）

A

事例における甲宅地、乙宅地、丙宅地については、いずれも相続開始前３年以内に新たに事業の用に供されたものですが、それらの宅地について、それぞれ次の算式を満たす場合のその事業の用に供された宅地等については、この「相続開始前３年以内に新たに事業の用に供された宅地等」に該当しないこととなり、他の要件を満たす限りにおいて、特定事業用宅地等に該当することとなります。

〈算式〉

$$\frac{\text{事業の用に供されていた一定の資産のうち被相続人等が有していたものの相続開始時の価額の合計額}}{\text{新たに事業の用に供された宅地等の相続開始時の価額}} \geqq \frac{15}{100}$$

（注）算式中、分子の「一定の資産」とは、次に掲げる資産をいいます。
ただし、その資産のうちにその事業の用以外の用に供されていた部分がある場合には、その事業の用に供されていた部分に限ります。

① その宅地等の上に存する建物および附属設備又は構築物

② 所得税法第２条第１項第19号に規定する減価償却資産でその宅地等の上で行われるその事業に係る業務の用に供されていたもの

【関係法令通達】 措法69の４、措令40の２、措通69の４－20の２、３

第２章　特定同族会社事業用宅地等

I 制度の概要

1　特定居住用宅地等の特例と特定同族会社事業用宅地等の特例との併用が可能

特定同族会社事業用宅地等の要件を満たす同族会社、すなわち一族で50%超の株式を保有し、相続人が役員になっている同族会社は数多く存在すると思います。このような同族会社が、自社で土地・建物を保有し、事業（貸付事業以外とします。）を行っている場合には、そのままでは小規模宅地等の特例の適用を受けられませんでした。しかし、平成27年から、特定居住用宅地等の特例と特定同族会社事業用宅地等の特例の併用ができることとなったことから、最大730㎡まで80%の減額が可能となりました。

2　特定同族会社事業用宅地等の要件

特定同族会社事業用宅地等とは、相続開始の直前から相続税の申告期限まで一定の法人の事業（貸付事業を除きます。以下同じです。）の用に供されていた宅地等で、次表の要件の全てに該当する被相続人の親族等が相続又は遺贈により取得したものをいいます。ただし、一定の法人の事業の用に供されている部分で、次表に掲げる要件の全てに該当する被相続人の親族が相続又は遺贈により取得した持分の割合に応ずる部分に限られます。共有の場合は持ち分に応じた部分ということです。

なお、この場合における親族等には、次に掲げる人も含まれます。

① 法律上の婚姻関係にはないが事実上婚姻関係と同様の事情にある人
② 被相続人の使用人など被相続人から金銭などを受けて生計を維持している人
③ 上記①と②に掲げる人の親族と同一生計にある人
④ 被相続人やその親族、及び上記①～③に掲げる人で過半数を出資する法人
⑤ 被相続人と上記④の法人で過半数を出資する法人

【特定同族会社事業用宅地等の要件】

区分	特例の適用要件	
一定の法人（※１）の事業の用に供されていた宅地等	法人役員要件	相続税の申告期限においてその法人の役員（※２）であること。
	保有継続要件	その宅地等を相続税の申告期限まで有していること。

（※１）一定の法人とは、相続開始の直前において被相続人及び被相続人の親族等が法人の発行済株式の総数又は出資の総額の50%超を有している場合におけるその法人をいいます。ただし相続税の申告期限において清算中の法人は除きます。
（※２）法人税法第２条第15号に規定する役員をいいます。ただし、清算人を除きます。

アドバイス　特定同族会社が賃料不払いの場合

小規模宅地等の特例が適用される宅地等は、そもそも事業の用又は居住の用に供されていた宅地であることが特例適用の前提となっています。（措置法69の４①）したがって、同族会社等に貸し付けていた宅地等であっても、地代又は賃料を被相続人が受け取っておらず（あるいは固定資産税相当額の支払いしかなく）、使用貸借となっていた土地使用の契約関係は、被相続人にとって事業とはいえません。このため、特定同族会社事業用宅地等としての他の要件を全て備えていたとしても、特例対象とはならないことに留意する必要があります。

Ⅱ 措置法通達のポイント

ポイント20

法人の事業の用に供されていた宅地等の範囲

措置法通達 69の4－23	法人の事業の用に供されていた宅地等の範囲は次のとおりです。 ①　特定同族会社に貸し付けられていた宅地等 ただし、事業又は準事業に限るため、使用貸借を除きます。 ②　被相続人等が所有していた建物等で特定同族会社に貸し付けられていたものの敷地となっている宅地等 ただし、生計一親族所有建物の場合は被相続人から無償で敷地を借りている場合に限ります。

まとめ　上記**「措置法通達のポイント」**を表にまとめると、次のようになります。

<貸地型の取扱い>

土地所有者	建物所有者	地代	摘要	上記通達のポイント
被相続人	特定同族会社	有償	80%	①
		無償	×	

<貸家型の取扱い>

土地所有者	建物所有者	地代	建物利用者	家賃	摘要	上記通達
被相続人	被相続人	－	特定同族会社	有償	80%	②
				無償	×	
	生計一親族	有償	特定同族会社	有償	50%	
				無償	50%	
		無償	特定同族会社	有償	80%	②
				無償	×	

（注）80% → 特定同族会社事業用宅地等として本特例適用の可能性がある。
　　50% → 貸付事業用宅地等として本特例適用の可能性がある。
　　× 　→ 本特例の適用対象とならない。

ポイント21

法人の社宅等の敷地

措置法通達 69の4－24	法人の営む事業に従事する社員等の社宅等の敷地は、法人の事業そのものとして取り扱います。ただし、被相続人の親族のみが使用していたものを除きます。 なお、法人の営む事業が不動産貸付業等である場合は、不動産貸付業となります。

アドバイス　法人の営む事業に従事する社員等の社宅等の敷地の一部を、被相続人の親族が社宅等として使用している場合は、当該法人の事業の用に供される宅地等に該当します。

Ⅲ　設例による解説

特定同族会社に貸し付けられていた建物が相続税の申告期限までに建て替えられた場合の小規模宅地等の特例

Q

特定同族会社Ａ（食品製造業）の社宅として有償で貸し付けられていた建物（被相続人所有）及びその敷地を相続により取得した相続人が、当該相続に係る相続税の申告期限までに建替え工事（建替え後の建物は、工場として、当該法人に有償で貸し付けられる。）に着手しました。

この場合、従前の建物に係る賃貸契約は解除され、新たに当該法人と賃貸契約を締結することとなりますが、租税特別措置法関係通達69の４－19（(申告期限までに事業用建物等を建て替えた場合)）の取扱いを適用して、当該建物の敷地について特定同族会社事業用宅地等である小規模宅地等に該当するとして取り扱うことができますか。

（国税庁質疑応答事例）

A

措置法通達69の４－19の取扱いは、特定同族会社事業用宅地等の判定についても準用することとしており、また、Ａ法人との賃貸契約が解除されたといっても、建物建替えに伴う一時的なものであり、実質は更改に当たるものと解されます。

したがって、建替え後の建物がＡ法人の事業の用に供されると見込まれる場合には、措置法通達69の４－19の取扱いを適用して差し支えありません。

【関係法令通達】 措法69の４③三、措通69の４－19

第3章　貸付事業用宅地等

I 制度の概要

1　貸付事業用宅地等の適用要件等

相続開始の直前において被相続人等の貸付事業の用に供されていた宅地等で、次表の区分に応じ、それぞれに掲げる要件の全てに該当する被相続人の親族が相続又は遺贈により取得したものをいいます。

ただし、それぞれの要件に該当する被相続人の親族が相続又は遺贈により取得した持分の割合に応ずる部分に限られます。すなわち、共有の場合は、共有持分が対象になるということです。

■貸付事業用宅地等の要件

区分	特例の適用要件	
被相続人の貸付事業の用に供されていた宅地等	**事業承継要件**	その宅地等に係る被相続人の貸付事業を相続税の申告期限までに引き継ぎ、かつ、その申告期限までその貸付事業を行っていること。
	保有継続要件	その宅地等を相続税の申告期限まで有していること。
被相続人と生計を一にしていた被相続人の親族の貸付事業の用に供されていた宅地等	**事業継続要件**	相続開始前から相続税の申告期限まで、その宅地等に係る貸付事業を行っていること。
	保有継続要件	その宅地等を相続税の申告期限まで有していること。

一口メモ

平成30年度改正によって、相続開始前３年以内に新たに貸付事業の用に供された宅地等(以下「３年以内貸付宅地等」といいます。)が、貸付事業用宅地等から除かれることとなりました。ただし、次項**2**に掲げる経過措置があります。

2　平成30年度改正による経過措置に要注意!!

平成30年度改正は、原則として平成30年４月１日以後に相続又は遺贈により取得する小規模宅地等に係る相続税について適用され、平成30年３月31日以前に相続又は遺贈により取得した小規模宅地等に係る相続税については、従来どおりとされていますが（改正法附則118①)、経過措置として、平成30年４月１日から令和３年３月31日までの間に相続又は遺贈により取得する宅地等については、「相続開始前３年以内に新たに貸付事業の用に供された宅地等」とあるのは、「平成30年４月１日以後に新たに貸付事業の用に供された宅地等」と読み替えられることから（平30改措法附118④)、平成30年３月31日以前から貸付けの用に供されている宅地等については、上記改正後の要件は適用されず、改正前の要件が適用されることになります。

したがって、平成30年４月１日から令和３年３月31日までの間に相続又は遺贈により取得をした宅地等については、平成30年４月１日以後に新たに貸付事業の用に供されたものが、小規模宅地等の特例における貸付事業用宅地等の対象となる宅地等から除かれます。

ただし、「相続開始前３年以内に新たに貸付事業の用に供された宅地等」であっても、相続開始の日まで３年を超えて引き続き特定貸付事業（貸付事業のうち準事業以外のものをいいます。以下同じです。）を行っていた被相続人等の、その特定貸付事業の用に供されていた宅地等については、「３年以内貸付宅地等には該当しない」ことになります。すなわち、特定貸付事業の用に供された宅地等は、３年以内に取得したものでも、本特例を適用することができます。

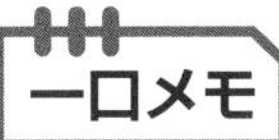

事業的規模でない不動産の貸付け

相続開始の直前において、被相続人等の貸付事業の用に供されていた宅地等で、一定の要件に該当する被相続人の親族が相続又は遺贈により取得した部分は、貸付事業用宅地等として小規模宅地等の特例の対象となります。その減額割合は50%です。ここでいう貸付事業とは「不動産貸付業」、「駐車場業」、「自転車駐車場業」及び事業と称するに至らない不動産の貸付けその他これに類する行為で相当の対価を得て継続的に行う「準事業」をいいますので、平成30年度改正による３年以内貸付宅地等に該当しなければ、事業規模は問わずこの特例の対象となります。

ただし、この特例の対象となる不動産の貸付けは相当の対価を得て継続的に行うものに限られていますので、使用貸借により貸し付けられている宅地等は特例の対象になりません。

【関係法令通達】 措法69の４、措令40の２、措規23の２、措通69の４－13）

【参考図】特定事業用宅地等に係る経過措置

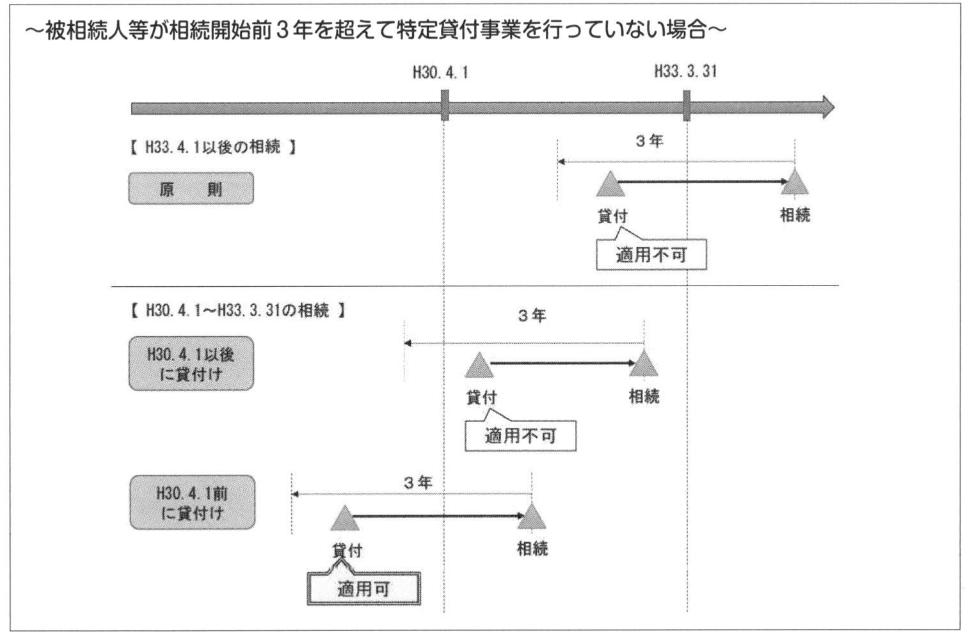

（出典：平成30年10月５日資産課税課情報第16号）

Ⅱ　措置法通達のポイント

小規模宅地等の特例対象宅地等が「貸付事業用宅地等」に該当するか否かの判定については、措置法通達で、次の取扱いが設けられています。

ポイント22

不動産貸付業等の範囲

措置法通達 69の4－13	被相続人の事業が不動産貸付業、駐車場業及び自転車駐車場業に該当するかどうかの判定は、その規模の大小、設備の状況及び営業形態等を問いません。 ただし、不動産貸付業、駐車場業及び自転車駐車場業は、事業的規模として行われているものと、準事業に該当するものとに区別され特例適用要件が異なります。

アドバイス　特定事業用宅地等の対象となる被相続人等の事業から不動産貸付業等が除かれますが、貸付事業用宅地等の対象として、小規模宅地等の特例を適用することができます。この場合の貸付事業等には、「駐車場業、自転車駐車場業及び準事業」が含まれ、被相続人等の不動産貸付業、駐車場業又は自転車駐車場業については、その規模、設備の状況及び営業形態等を問いません。

ところで、上記のとおり、貸付事業には準事業も含まれますが、「準事業」は「事業と称するに至らない不動産の貸付けその他これに類する行為で相当の対価を得て継続的に行うもの」であり、事業である不動産貸付業、駐車場業又は自転車駐車場業とは区別されます。

平成30年度税制改正では、被相続人等が行う貸付事業等が「準事業」であるか「それ以外のもの」であるかにより、貸付事業用宅地等の適用要件が異なることとなったことを踏まえ、上記措置法通達のポイントのただし書部分が改正されています。（措法69の４③一、四、措令40の２①、措法通達69の４－24の３）

【参考】貸付事業の区分

貸付けの態様		事業的規模の判定	事業と称するに至らないもの
不動産の貸付け		不動産貸付業	準事業
駐車場・自転車駐車場	（下記以外）	不動産貸付業	準事業
駐車場・自転車駐車場	自己の責任において他人の物を保管している場合	駐車場業・自転車駐車場業	準事業

（平成30年10月５日資産課税課情報第16号参照）

ポイント23

下宿等

措置法通達 69の4−14	所得税の取扱い（所得税基本通達26−４）において、下宿等から生ずる所得の区分は、事業所得又は雑所得に該当するものとされ、このような事業は、単なる不動産の貸付けではないものとされています。 したがって、下宿等のように部屋を使用させるとともに食事を供する事業は不動産貸付業に該当しません。

アドバイス　法人の社宅等の敷地は、原則として、その法人の事業の用に供する宅地等とされているため、「不動産貸付業」に該当するとされていますが、下宿等のように部屋を使用させるとともに食事を供する事業は、「不動産貸付業その他政令で定めるもの」には、当たらないものとされています。したがって、「不動産貸付業」には該当しません。

ポイント24

被相続人等の貸付事業の用に供されていた宅地等

措置法通達 69の4−24の2	被相続人等の貸付事業の用に供されていた宅地等には、貸付事業に係る建物等のうち相続開始の時において一時的に賃貸されていなかったと認められる部分がある場合においても、その部分に係る宅地等の部分が含まれます。 　しかし、次に掲げる建物等に係る宅地等は除かれます。 ①　新たに貸付事業の用に供する建物等を建築中である場合 ②　新たに建築した建物等に係る賃借人の募集その他の貸付事業の準備行為が行われているに過ぎない場合 （注）ただし、措置法通達69の４−５（事業用建物等の建築中等に相続が開始した場合）の取扱いがある場合は本特例を適用することができます。

上記の改正は、平成30年改正によるものです。

アドバイス　小規模宅地等の特例の対象となる貸付事業用宅地等とは、被相続人等の貸付事業の用に供されていた宅地等をいいますが、これに該当するか否かは、宅地等が相続開始の時において現実に貸付事業の用に供されていたかどうかで判定します。

　この場合において、被相続人等が既に貸付事業の用に供している建物等とは別に、新たに貸付事業の用に供する建物等を建築中である場合や、その新たに建築した建物等の賃借人の募集その他の貸付事業の準備行為が行われているに過ぎない場合については、当該建物等に係る宅地等は、相続開始の時において現実に貸付事業の用には供されていないことから、貸付事業の用に供されていた宅地等には該当しません。

一方、措置法通達69の4－5《事業用建物等の建築中等に相続が開始した場合》の取扱いは、相続開始前から営んでいた被相続人等の事業の用に供されていた建物等について移転又は建替えが行われた場合のものであり、上記の場合とはケースが異なるものです。

なお、平成30年度税制改正では、貸付事業用宅地等について、相続開始前3年以内に新たに貸付事業の用に供された宅地等は、原則として、その対象から除くこととされましたが（措法69の4③四）、宅地等が「新たに貸付事業の用に供された時」についても、本項と同様に、その宅地等が現実に貸付事業の用に供された時によることになります。

ポイント25

新たに貸付事業の用に供されたか否かの判定

措置法通達 69の4－24の3	「新たに貸付事業の用に供された」とは、次のような場合をいいます。 ①　貸付事業の用以外の用に供されていた宅地等が貸付事業の用に供された場合 ②　宅地等若しくはその上にある建物等につき「何らの利用がされていない場合」の当該宅地等が貸付事業の用に供された場合 　したがって、賃貸借契約等につき更新がされた場合は、新たに貸付事業の用に供された場合に該当しないことになります。 　しかし、次の⑴～⑶に掲げる場合のように、継続的に賃貸されていた建物等について、貸付事業に係る建物等が一時的に賃貸されていなかったと認められるときには、当該建物等に係る宅地等についても、上記の「何らの利用がされていない場合」に該当しないこととされ、引き続き貸付事業の用に供されていた宅地等に該当とされています。 ⑴　賃借人が退去をした場合において、その退去後速やかに新たな賃借人の募集が行われ、賃貸されていたとき 　ただし、新たな賃借人が入居するまでの間、当該建物等を貸付事業の用以外の用に供していないときに限ります。 ⑵　建替えが行われた場合において、建物等の建替え後速やかに新たな賃借人の募集が行われ、賃貸されていたとき 　ただし、当該建替え後の建物等を貸付事業の用以外の用に供していないときに限ります。 ⑶　災害により損害を受けたため、当該建物等に係る貸付事業を休業した場合において、当該貸付事業の再開のための当該建物等の修繕その他の準備が行われ、当該貸付事業が再開されていたとき 　ただし、休業中に当該建物等を貸付事業の用以外の用に供していないときに限ります。

	(1)、(2)又は(3)に該当する場合の「新たに貸付事業の用に供された」時は、(1)の退去前、(2)の建替え前又は(3)の休業前となります。 なお、(2)に該当する場合において、建替え後の建物等の敷地の用に供された宅地等のうちに、建替え前の建物等の敷地の用に供されていなかった宅地等が含まれるときは、当該供されていなかった宅地等については、新たに貸付事業の用に供された宅地等に該当し、本特例の適用はありません。

本項は、平成30年度改正により新設されたものです。

アドバイス　平成30年度の改正では、貸付事業用宅地等について、「相続開始前３年以内に新たに貸付事業の用に供された宅地等」をその対象から除くこととされましたが、「相続開始前３年を超えて事業的規模で貸付を行っている者」の貸付事業（特定貸付事業）の用に供されたものであれば、小規模宅地等の特例の適用対象となります**≪例外措置≫**。

上記**≪ポイント㉕≫**の①か②の判定は、被相続人等の利用状況により行うことから、例えば、他の者が貸付けを行っている宅地等を被相続人等が取得し、当該被相続人等がその貸付けを継続したとしても、従前の貸付けは被相続人等が行っていたものではないため、①の場合に該当することになります。

もっとも、相続開始の時において被相続人等の事業の用に供されていたかどうかの判定に当たっては、事業用建物等の建築中等に相続が開始した場合など、従前から営んでいた事業が一時的に中断されたに過ぎない場合には、被相続人等によって営まれていた事業が継続しているとみることができることから、当該宅地等については被相続人等の事業の用に供されていたものとする取扱いがなされているところであり（措置法通達69の４－５《事業用建物等の建築中等に相続が開始した場合》等）、「新たに貸付事業の用に供された」かどうかの判定に当たっても、相続開始の時における取扱いと同様に解することが整合的であると考えられます。

そこで、本項においても、上記(1)～(3)のような場合には「何らの利用がされていない場合」に該当しないことが明らかにされました。

また、本通達は、相続開始前に(1)、(2)又は(3)の事由が生じた場合の取扱いであるところ、相続開始の時において、(2)の事由が生じている場合には措置法通達69の４－５《事業用建物等の建築中等に相続が開始した場合》の取扱いが、また、(3)の事由が生じている場合には措置法通達69の４－17（(災害のため事業が休止された場合)）の取扱いがなされます。

次に、(1)、(2)又は(3)に該当する場合には、当該宅地等に係る「新たに貸付事業の用に供された」時は、(1)の退去前、(2)の建替え前又は(3)の休業前の賃貸に係る貸付事業の用に供された時となります。なお、当該賃貸の前に(1)、(2)又は(3)に該当していた場合には、当該賃貸の前の賃貸に係る貸付事業の用に供された時に、順次遡ることとなります。(措法69の４③、措令40の２⑯)

【参考】賃借人の退去があった場合の「新たに貸付事業の用に供された」とき

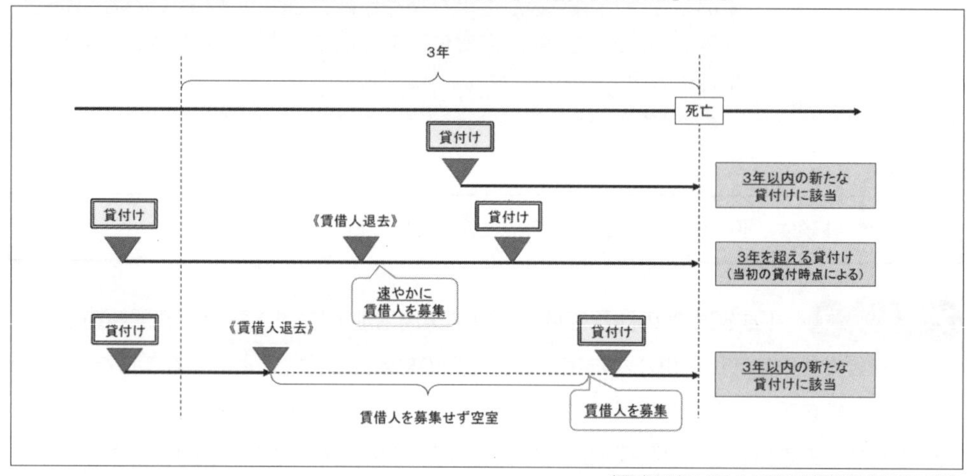

(平成30年10月５日資産課税課情報第16号)

ポイント26

特定貸付事業の意義

措置法通達 69の４－24の４	特定貸付事業は、貸付事業のうち準事業以外のものをいいますが、その判定については、社会通念上事業と称するに至る程度の規模で当該貸付事業が行われていたかどうかによります。 この判定に当たっては、次の点に留意します。 (1)　被相続人等が行う貸付事業が不動産の貸付けである場合において、当該不動産の貸付けが不動産所得（所得税法第26条第１項《不動産所得》）を生ずべき事業として行われているときは、当該貸付事業は特定貸付事業に該当し、それ以外のものとして行われているときは、当該貸付事業は準事業に該当することになります。 (2)　被相続人等が行う貸付事業の対象が駐車場又は自転車駐車場であって自己の責任において他人の物を保管するものである場合において、当該貸付事業が所得税法第27条第１項《事業所得》に規定する事業所得を生ずべきものとして行われているときは特定貸付事業に該当し、当該貸付事業が同法第35条第１項《雑所得》に規定する雑所得を生ずべきものとして行われているときは準事業に該当することになります。

本項は、平成30年度税制改正により新設されたものです。

アドバイス　平成30年度の改正では、貸付事業用宅地等から「相続開始前３年以内に新たに貸付事業の用に供された宅地等」を除くこととされましたが、特定貸付宅地等（相続開始の日まで３年を超えて引き続き特定貸付事業を行っていた被相続人等の当該貸付事業の用に供された宅地等）については、相続開始前３年以内に新たに貸付事業の用に供されたものであっても、貸付事業用宅地等から除かれないこととされています**≪例外措置≫**。

なお、その判定に当たっては、上記措置法通達の《**ポイント㉖**》の⑴、⑵のとおり、被相続人等が行う貸付事業が不動産所得（所得税法第26条第１項《不動産所得》に規定する不動産所得をいいます。）を生ずべき事業又は事業所得（同法第27条第１項《事業所得》に規定する事業所得をいいます。）を生ずべきものとして行われている場合には、当該貸付事業は特定貸付事業に該当することになりますが、この判定に当たっては、昭和45年７月１日付直審（所）30「所得税基本通達の制定について」（法令解釈通達）26－９《建物の貸付けが事業として行われているかどうかの判定》及び27－２《有料駐車場等の所得》の取扱いがあることに留意する必要があります。この取扱いによると、不動産所得を生ずべき事業の基準は、いわゆる５棟10室基準です。（措法69の４③四、措令40の２①, ⑯）

《参考条文等》

●所得税基本通達

（建物の貸付けが事業として行われているかどうかの判定）

26－９　建物の貸付けが不動産所得を生ずべき事業として行われているかどうかは、社会通念上事業と称するに至る程度の規模で建物の貸付けを行っているかどうかにより判定すべきであるが、次に掲げる事実のいずれか一に該当する場合又は賃貸料の収入の状況、貸付資産の管理の状況等からみてこれらの場合に準ずる事情があると認められる場合には、特に反証がない限り、事業として行われているものとする。

⑴　貸間、アパート等については、貸与することができる独立した室数がおおむね10以上であること。

⑵　独立家屋の貸付けについては、おおむね５棟以上であること。

（有料駐車場等の所得）

27－２　いわゆる有料駐車場、有料自転車置場等の所得については、自己の責任において他人の物を保管する場合の所得は事業所得又は雑所得に該当し、そうでない場合の所得は不動産所得に該当する。

【参考】貸付事業の態様と所得区分

貸付けの態様		事業的規模の判定	事業と称するに至らないもの
不動産の貸付け		不動産貸付業 （不動産所得を生ずべき事業）	準事業 （不動産所得を生ずべき事業以外）
駐車場・自転車駐車場	（下記以外）		
	自己の責任において他人の物を保管している場合	駐車場業・自転車駐車場業 （事業所得を生ずべきもの）	準事業 （雑所得を生ずべきもの）

ポイント27

特定貸付事業が引き続き行われていない場合

措置法通達69の4－24の5	相続開始前3年以内に宅地等が新たに被相続人等が行う特定貸付事業の用に供された場合であっても、その供された時から相続開始の日までの間に当該被相続人等が行う貸付事業が特定貸付事業に該当しないこととなったときは、当該被相続人は、相続開始の日まで3年を超えて引き続き特定貸付事業を行っていた者に該当しません。このため、当該宅地等は、「相続開始の日まで3年を超えて引き続き政令で定める貸付事業を行っていた被相続人等の当該貸付事業の用に供されたもの」に該当しないこととなり、小規模宅地等の特例を適用することはできません。

一口メモ

本項は、平成30年度税制改正により新設されたものです。

アドバイス　特定貸付事業が引き続き行われていない場合の取扱いについては、下記**(参考)**に掲げる図のとおりです。

なお、被相続人等が行っていた特定貸付事業が措置法通達69の4－24の3《新たに貸付事業の用に供されたか否かの判定》(1)から(3)までに掲げる場合に該当する場合には、当該特定貸付事業は、引き続き行われているものに該当します。

（参考）特定貸付事業が引き続き行われていない場合の取扱い

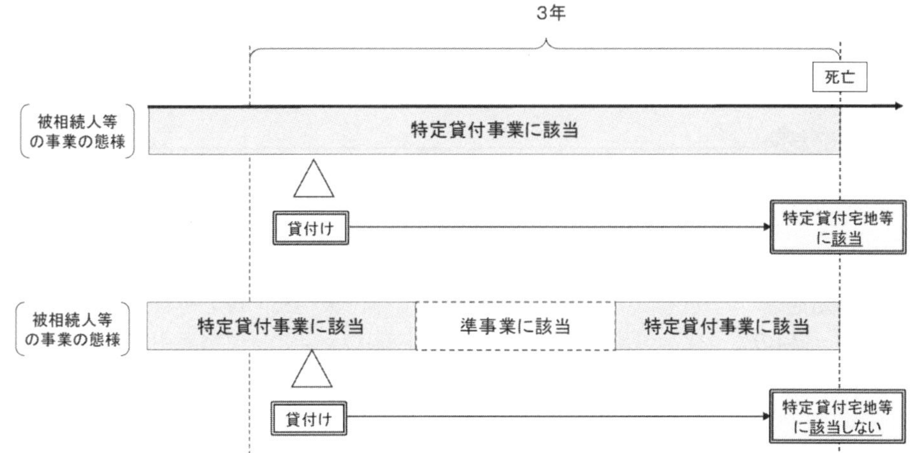

（出典：平成30年10月５日資産課税課情報第16号）

ポイント28

特定貸付事業を行っていた「被相続人等の当該貸付事業の用に供された」の意義

措置法通達 69の4－24の6	特定貸付事業を行っていた「被相続人等の当該貸付事業の用に供された」ものとは、特定貸付事業を行う被相続人等が、宅地等を自己が行う特定貸付事業の用に供した場合をいいます。このため、次に掲げる場合はこれに該当しません。 ①　被相続人が特定貸付事業を行っていた場合に、被相続人と生計を一にする親族が宅地等を自己の貸付事業の用に供したとき ②　被相続人と生計を一にする親族が特定貸付事業を行っていた場合に、被相続人又は当該親族以外の被相続人と生計を一にする親族が宅地等を自己の貸付事業の用に供したとき

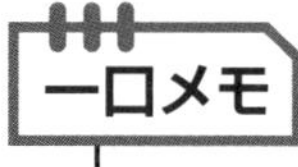

本項は、平成30年度税制改正により新設されたものです。

アドバイス　相続開始前３年以内に新たに貸付事業の用に供された宅地等であっても、相続開始の日まで３年を超えて引き続き特定貸付事業を行っていた被相続人等の当該貸付事業の用に供されたものについては、貸付事業用宅地等の対象となる宅地等から除かないこととされています。

ここで、「被相続人等」とは、被相続人又は被相続人と生計を一にしていた当該被相続人の親族をいいますが、「被相続人等の当該貸付事業の用に供された」とは、特定貸付事業を行う被相続人等が、宅地等を自己が行う特定貸付事業の用に供した場合をいうため、上記

《ポイント㉘》の①及び②に掲げる場合のように、自身以外の者が特定貸付事業を行っていたときは、「被相続人等の当該貸付事業の用に供された」場合には該当せず、小規模宅地等の特例の適用対象とはなりません。（措置法69の４①、69の４③四）

相続開始前３年を超えて引き続き貸付事業の用に供されていた宅地等の取扱い

措置法通達 69の４－24の７	「相続開始前３年を超えて引き続き被相続人等の貸付事業の用に供されていた宅地等」については、被相続人等の行っていた事業が特定貸付事業であるかどうかに関わらず、貸付事業用宅地等の適用要件を満たしている場合には、小規模宅地等の特例の適用があります。

本項は、平成30年度税制改正により新設されたものです。

アドバイス　被相続人等の貸付事業の用に供されていた宅地等が「相続開始前３年を超えて引き続き」貸付事業の用に供されていたかどうかの判定に当たり、当該宅地等が措置法通達69の４－24の３《新たに貸付事業の用に供されたか否かの判定》⑴から⑶までに掲げる場合に該当する場合には、当該宅地等は引き続き貸付事業の用に供されていた宅地等に該当することとなります。（措置法通達の《ポイント㉕》参照）

Ⅲ　設例による解説

Q&A ⑬　共有家屋（貸家）の敷地の用に供されていた宅地等についての小規模宅地等の特例の選択

夫に相続が開始したので、下の図のような貸家の敷地の用に供されていた宅地等について小規模宅地等の特例の適用を考えています。この場合、この宅地等のうち240㎡（夫の家屋の持分に対応する部分）は貸家建付地評価となり、160㎡（妻の家屋の持分に対応する部分）は自用地評価となりますが、特例の適用に当たっては、自用地部分160㎡と貸家建付地のうち40㎡の計200㎡について適用することとして差し支えありませんか。

なお、貸家の共有持分及び宅地等は妻が全て相続により取得し、取得した家屋については、妻が貸付事業を申告期限までに行っています。また、夫と妻は、生計を一にしています。

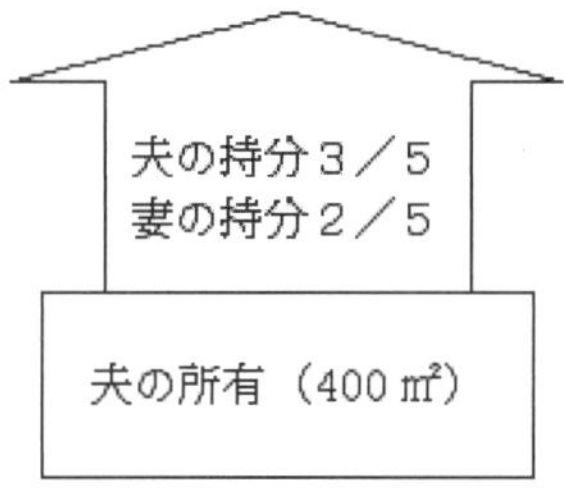

（国税庁質疑応答事例）

A　夫の家屋に対応する部分だけでなく、妻の家屋の持分に対応する部分についても、小規模宅地等の特例の対象となり、照会意見のとおり解して差し支えありません。（措法69の４①、③四４イ及びロ、措令40の２㉒）

Q&A 14　明渡し猶予期間中の事業該当性

Q　**借家人の立ち退きに際し、和解条項により明渡し猶予期間における建物の無償使用が定められていた場合に、当該猶予期間中において相続が開始しました。この場合の建物の敷地についても小規模宅地等の特例の適用対象となるのでしょうか。**

（平成11年６月21日裁決（非公表）参照）

A　明渡し猶予期間中における建物の賃借は無償使用と認めるのが相当ですから、宅地の貸付けは、事業の用に供されているという小規模宅地等の特例の適用要件を欠くことになり、小規模宅地等の特例の適用はできません。

Q&A 15　青空駐車場の事業該当性

Q　**ロープなどで土地を区切ることによって青空駐車場として事業の用に供している宅地についても小規模宅地等の特例の適用はできるのでしょうか。**

（平成19年６月５日裁決（非公表）参照）

A　小規模宅地等の特例の対象となる宅地等は、被相続人等の事業の用又は居住の用に供されていた宅地等で、建物又は構築物の敷地の用に供されているものであることがその要件とされています。したがって、この**設例**のような青空駐車場の場合には、小規模宅地等の特例の適用はできません。

なお、措置法通達69の４－13《不動産貸付業等の範囲》は、特定事業用宅地等から除かれる事業である不動産貸付業等の範囲を定めているものであって、小規模宅地等の特例の適用要件を充足していないものが、特定事業用宅地等以外の特例対象宅地等に該当する旨を定めたものではありません。

Q&A 16　駐車場に設置された構築物の判定

Q　駐車場の用に供している土地の敷地内の一部に通路としてアスファルト舗装がされ、駐車スペースに砂利が敷設されているのですが、アスファルト舗装の面積は土地面積の約８％程度、フェンスは金属製のパイプを組み合わせただけのものです。このような場合にも貸付事業用宅地等に該当するでしょうか。

（平成17年12月16日裁決（非公表）参照）

A　小規模宅地等の特例の趣旨からすると、特例の適用に当たっては、当該宅地等が事業性を認識し得る程度の資本が投下された、ある程度堅固な施設である建物又は構築物の敷地として利用されているものであることが必要であり、かつ、その敷地の利用目的となっている当該施設を利用した事業が行われていることが必要であると解されます。

通路の一部にアスファルト舗装がされ、駐車スペースに砂利が敷設されていたとしても、アスファルト舗装の面積は土地面積の約８％程度であり、フェンスは金属製のパイプを組み合わせただけのものであるなど、容易に撤去できる程度のものは、物的施設とはいえません。このような土地は、処分するに際しても、その制約への配慮の必要性は非常に少ないと考えられます。このような場合の土地についてまで、構築物の敷地の用に供されている宅地等に該当するとして、本特例の適用を認めることはできません。

Q&A 17　借地権付きマンションの底地

Q　**被相続人は、１棟の借地権付分譲マンションに係る底地の全部及び当該分譲マンションの一部を所有し、当該マンションを請求人らが主宰する同族会社に賃貸していました。当該底地について、地代の額が固定資産税相当額と同額でしたが、分譲マンション部分（建物部分）の家賃については、相当の対価を得ていると判定できる場合、本特例の適用はどのようになりますか。**

（平成13年２月９日裁決（非公表）参照）

A　底地全体については、支払地代の額が固定資産税相当額と同額で、使用貸借と認められることから、小規模宅地等の特例を適用することはできません。しかし、地代のうち被相続人が所有する分譲マンションの底地に係る部分については、被相続人借地権と同様に敷地の用に供されていたと判断するのが相当であり、被相続人が所有するマンションの借地権部分と同様に、相当の対価を得て貸し付けられていたものと認められることから、小規模宅地等の特例を適用することができます。

Q&A 18　借地人が土地を取得して借地権が混同により消滅した場合

Q　**被相続人と生計を一にしていた相続人が、相続の開始前において、被相続人が持分を所有していた宅地の一部を同人から定期借地権設定契約により有償で借り受け、当該宅地の上の自己所有の建物を第三者に貸し付けていた場合、この相続人が相続によって取得した宅地の持分は、貸付事業用宅地等に該当するでしょうか。**

なお、地代の額は固定資産税相当額を上回っており、使用貸借に当たりません。

（平成27年10月１日裁決（非公表）参照）

A　当該持分について小規模宅地等の特例を適用し得るか否かを判断するためには、まず、①相続財産である宅地等が、被相続人の事業の用に供されていたか、あるいは生計を一にする親族の事業の用に供されていたかを判定し、その上で、

②当該宅地等が貸付事業用宅地等に該当するか否かを判定する必要があります。当該持分の貸し付けに係る対価は、その固定資産税等相当額を上回る額ですから、当該持分は、相続の開始直前において、被相続人の事業の用に供されていた宅地であると認められます。しかし、相続人が、当該持分を相続により取得し、貸主たる地位を承継したことにより、定期借地権は民法第520条《混同》の規定に基づき消滅しているのですから、相続人は、被相続人の貸付事業を引き継いでいないこととなり、当該持分は、貸付事業用宅地等に該当せず、小規模宅地等の特例を適用することはできません。

《参考条文》

民法第五款　混同

第五百二十条　債権及び債務が同一人に帰属したときは、その債権は、消滅する。ただし、その債権が第三者の権利の目的であるときは、この限りでない。

第４章　日本郵便株式会社に賃貸している一定の郵便局舎の敷地の用に供されている宅地等

Ⅰ　制度の概要

1　郵政民営化に伴う郵便局舎敷地用宅地等≪特定宅地等≫に係る相続税の課税の特例

平成17年の郵政民営化法の制定に伴い、それまで租税特別措置法第69条の４第１項に規定されていた小規模宅地等についての相続税の課税価格の計算の特例の適用対象から「国の事業の用に供されている宅地等」が除外されました。

そして、新たな措置として、郵政民営化法第180条において一定の要件を満たす郵便局舎の敷地の用に供されている特定宅地等（棚卸資産及びこれに準ずるものを除きます。以下、「特定宅地等」といいます。）については、租税特別措置法第69条の４第３項第一号に規定する特定事業用宅地等《第２編第１章》に該当する特例対象宅地等とみなして、小規模宅地等の特例の適用を受けることができることとする規定が設けられました。（郵政民営化法180）

一口メモ

郵政民営化法及び郵政民営化法等の施行に伴う関係法律の整備等に関する法律は、平成19年10月１日に施行されています。なお、上記「郵政民営化法」第180条については、86ページの《**参考法令**》をご参照ください。

2　小規模宅地等の特例の適用要件

上記１に掲げる日本郵便株式会社に貸し付けられている郵便局舎の敷地の用に供されている宅地等≪特定宅地等≫については、次に掲げる４つの要件のすべてを満たす場合に、特定事業用宅地等≪第２編第１章≫に該当するものとして、この小規模宅地等の特例の適用を受けることができます。（郵政民営化法180、同法施行令20）

⑴　平成19年９月30日以前から被相続人又はその相続人が旧日本郵政公社との間の賃貸借契約に基づき郵便局の用に供するために貸し付けられていた一定の建物（以下「郵便局舎」といいます。）の敷地の用に供されていた宅地等であること。

⑵　平成19年10月１日から相続の開始の直前までの間において、その賃貸借契約の契約事項に一定事項以外の事項の変更がない賃貸借契約に基づき、引き続き、郵便局舎の敷地の用に貸し付けられていた宅地等であること。（貸付先は、平成19年10月１日から平成24年９月30日までの間にあっては郵便局株式会社、平成24年10月１日から相続開始の直前までの間にあっては日本郵便株式会社）

⑶　その宅地等を取得した相続人から相続の開始の日以後５年以上その郵便局舎を日本郵便株式会社が引き続き借り受けることにより、その宅地等を同日以後５年以上郵便局舎の敷地の用に供する見込みであることについて総務大臣の証明がなされたものであること。
⑷　郵便局舎の宅地等について、既にこの特例の規定の適用を受けていないこと。（賃貸人一代限り）

《参考法令》

●郵政民営化法（平成17年法律第97号）

（相続税に係る課税の特例）

第180条　個人が相続又は遺贈（贈与をした者の死亡により効力を生ずる贈与を含む。以下この項において同じ。）により取得をした財産のうちに、次に掲げる要件のすべてを満たす土地又は土地の上に存する権利で政令で定めるもの（以下この項において「特定宅地等」という。）がある場合には、当該特定宅地等を租税特別措置法第69条の４第３項第一号に規定する特定事業用宅地等に該当する同条第１項に規定する特例対象宅地等とみなして、同条及び同法第69条の５の規定を適用する。

一　施行日前に当該相続若しくは遺贈に係る被相続人又は当該被相続人の相続人と旧公社との間の賃貸借契約に基づき旧公社法第20条第１項に規定する郵便局の用に供するため旧公社に対し貸し付けられていた建物で政令で定めるものの敷地の用に供されていた土地又は土地の上に存する権利のうち、施行日から当該被相続人に係る相続の開始の直前までの間において当該賃貸借契約（施行日の直前に効力を有するものに限る。）の契約事項に政令で定める事項以外の事項の変更がない賃貸借契約に基づき、引き続き、施行日から平成24年改正法施行日の前日までの間にあっては平成24年改正法第３条の規定による改正前の郵便局株式会社法第２条第２項に規定する郵便局の用に供するため郵便局株式会社、平成24年改正法施行日から当該相続の開始の直前までの間にあっては日本郵便株式会社法第２条第４項に規定する郵便局の用に供するため日本郵便株式会社に対し貸し付けられていた建物で政令で定めるもの（次号において「郵便局舎」という。）の敷地の用に供されていたもの（以下この項において「宅地等」という。）であること。

二　当該相続又は遺贈により当該宅地等の取得をした相続人から当該相続の開始の日以後５年以上当該郵便局舎を日本郵便株式会社（当該相続が平成24年改正法施行日前に開始した場合には、当該相続の開始の日から平成24年改正法施行日の前日までの間にあっては郵便局株式会社、平成24年改正法施行日以後にあっては日本郵便株式会社）が引き続き借り受けることにより、当該宅地等を当該相続の開始の日以後５年以上当該郵便局舎の敷地の用に供する見込みであることにつき、財務省令で定めるところにより証明がされたものであること。

三　当該宅地等について、既にこの項の規定の適用を受けたことがないものであること。

2　前項の規定の適用に関し必要な事項は、政令で定める。

●郵政民営化法施行令（平成17年政令第342号）

（相続税に係る課税の特例）

第20条　法第180条第１項に規定する土地又は土地の上に存する権利で政令で定めるものは、次に掲げる要件を満たすもの（郵政民営化法等の一部を改正する法律（平成24年法律第30号。以下「平成24年改正法」という。）第3条の規定による改正前の郵便局株式会社法（平成17年法律第100号）第４条第１項に規定する業務（同条第２項に規定する業務を併せて行っている場合の当該業務を含む。）の用に供されていた部分以外の部分があるときは、当該業務の用に供されていた部分に限る。）とする。

一　法の施行の日（以下「施行日」という。）前から法第180条第１項の相続又は遺贈に係る被相続人（以下この条において「被相続人」という。）に係る相続の開始の直前まで引き続き当該被相続人が有していたものであること。

二　所得税法（昭和40年法律第33号）第２条第１項第十六号に規定する棚卸資産（これに準ずるものとして財務省令で定めるものを含む。）に該当しないものであること。

2　法第180条第１項第一号に規定する旧公社に対し貸し付けられていた建物で政令で定めるものは、同号の旧公社との賃貸借契約の当事者である被相続人又は当該被相続人の相続人が有していた建物とする。

3　法第180条第１項第一号に規定する政令で定める事項は、次に掲げる事項とする。

一　当該賃貸借契約に係る日本郵便株式会社（施行日から平成24年改正法の施行の日（以下「平成24年改正法施行日」という。）の前日までの間にあっては、郵便局株式会社）の営業所、事務所その他の施設（以下この号において「支社等」という。）の名称若しくは所在地又は支社等の長

二　当該賃貸借契約に係る被相続人又は当該被相続人の相続人の氏名又は住所

三　当該賃貸借契約において定められた契約の期間

四　当該賃貸借契約に係る法第180条第１項に規定する特定宅地等及び同項第一号に規定する郵便局舎の所在地の行政区画、郡、区、市町村内の町若しくは字若しくはこれらの名称又は地番

4　法第180条第１項第一号に規定する郵便局株式会社及び日本郵便株式会社に対し貸し付けられていた建物で政令で定めるものは、同号の郵便局株式会社及び日本郵便株式会社との賃貸借契約の当事者である被相続人又は当該被相続人の相続人が有していた建物とする。

●郵政民営化に関する法人税及び相続税に係る課税の特例に関する省令（平成19年財務省令第54号）

（相続税に係る課税の特例）

第２条　法第180条第１項第二号に規定する財務省令で定める証明は、総務大臣の次に掲げる事項を証する書類を相続税法（昭和25年法律第73号）第27条又は第29条の規定による申告書（これらの申告書に係る国税通則法（昭和37年法律第66号）第18条第２項に規定する期限後申告書及びこれらの申告書に係る同法第19条第３項に規定する修正申告書を含む。）に添付することにより行うものとする。

一　当該土地又は土地の上に存する権利が法第180条第１項第一号に規定する宅地等に該当する旨

二　法第180条第１項第二号に規定する相続人から相続の開始の日以後５年以上同項第一号に規定する郵便局舎を日本郵便株式会社（当該相続が郵政民営化法等の一部を改正する等の法律（平成24年法律第30号）の施行の日前に開始した場合における当該相続の開始の日から同法の施行の日の前日までの間にあっては、郵便局株式会社）が引き続き借り受けることにより、当該土地又は土地の上に存する権利を当該相続の開始の日以後５年以上当該郵便局舎の敷地の用に供する見込みである旨

２　令第20条第１項第二号に規定する財務省令で定めるものは、所得税法（昭和40年法律第33号）第35条第１項に規定する雑所得の基因となる土地又は土地の上に存する権利とする。

●日本郵便株式会社法（平成17年法律第100号）

（業務の範囲等）

第４条　会社は、その目的を達成するため、次に掲げる業務を営むものとする。

一　郵便法（昭和22年法律第165号）の規定により行う郵便の業務

二　銀行窓口業務

三　前号に掲げる業務の健全、適切かつ安定的な運営を維持するために行う、保険窓口業務契約の締結及び当該保険窓口業務契約に基づいて行う関連保険会社に対する権利の行使

四　保険窓口業務

五　前号に掲げる業務の健全、適切かつ安定的な運営を維持するために行う、銀行窓口業務契約の締結及び当該銀行窓口業務契約に基づいて行う関連銀行に対する権利の行使

六　国の委託を受けて行う印紙の売りさばき

七　前各号に掲げる業務に附帯する業務

２　（以下、省略）

3　特例の適用手続

(1)　総務大臣の証明

この特例の適用を受けるためには、上記２の(3)に掲げるとおり、その宅地等を取得した相続人から相続開始の日以後５年以上その郵便局舎を日本郵便株式会社が引き続き借り受けることにより、その宅地等を同日以後５年以上郵便局舎の敷地の用に供する見込みであることについての総務大臣の証明が必要とされています。

この証明は、総務大臣宛に「租税特別措置法第69条の４第１項第一号の郵便局の用に供されている宅地等であることの証明申請書」（90ページ参照）に所要事項を記載したうえ、次に掲げる添付書類を添えて提出することとされています。

なお、総務大臣の証明手続等の詳細については、総務省郵政行政部又は日本郵便株式会社の各支社経営管理部にお尋ねください。

【添付書類】

●日本郵便株式会社の証明書　【原本】：１部
●相続人の賃貸借契約書　【写し】：１部
●被相続人の賃貸借契約書　【写し】：１部
●相続関係が確認できる書類（下記(1)～(3)のいずれか一つ）：１部
　(1)　土地・建物全部事項証明書（相続登記完了後のもの）【原本】
　(2)　遺産分割協議書　【写し】
　(3)　遺言状（公証されたもの）【写し】
●郵便局舎の平面図　【写し】：１部
　（契約書と平面図がセットになっている場合は、添付不要）
●郵便局舎の写真　【写し】：１部
　（郵便局舎がビルの一部に入居している場合に、添付要）
★上記書類以外にも、申請者の「連絡先（電話番号）」がわかるもの（様式は任意です）を添付する必要があります。

一口メモ

税理士等の代理申請には、「委任状」が必要です!!

税理士等が、上記手続の一切を代行する場合には、「委任状」【写し】１部が必要とされますので、ご注意願います。

(2)　特例の適用手続

この特例の適用を受けるには、上記(1)の「総務大臣の証明書」に併せて「相続税の申告書」及び他の特例適用対象宅地等を取得した相続人全員の同意を得たことを証する一定の書類を所轄税務署長宛に提出することになります。

【「総務大臣あて証明申請書」の様式（様式第一）とその書き方】

（様式第一）

（様式第一）

租税特別措置法第六十九条の四第一項第一号の郵便局の
用に供されている宅地等であることの証明申請書

総　務　大　臣　殿

申請年月日　　　　　　年　　月　　日
住　　　所
氏　　　名　　　　　①

下記の宅地等が租税特別措置法第六十九条の四第一項第一号の郵便局の用に供されている宅地等であることにつき、郵政民営化に関する法人税及び相続税に係る課税の特例に関する省令第二条第一項の規定による証明を受けたいので、申請します。

記

1　局　　名　　②

2　所在地番　　③

3　郵便局舎の床面積　　④

4　郵便局舎の敷地の面積　　⑤

5　郵便局舎の所有者（全員）の住所・氏名　　⑥

6　郵便局舎の敷地の所有者（全員）の住所・氏名　　⑦

7　郵便局舎の敷地として使用される期間　　⑧
　　相続の開始の日（　　年　　月　　日）から５年以上

8　平成１９年１０月１日から相続の開始の直前までの間における、郵政民営化法施行令第二十条第三項に掲げる事項以外の当該賃貸借契約の契約事項に関する変更の有無　⑨

9　当該宅地等について、過去における郵政民営化法第百八十条第一項の規定の適用の有無　⑩

（注）「4　郵便局舎の敷地の面積」欄には、建物の一部が郵便局舎として使用されていない場合は、その建物の敷地のうち郵便局舎として使用している部分に対応する面積（床面積あん分により計算します。）を記載します。　⑪

上記の申請は、郵政民営化に関する法人税及び相続税に係る課税の特例に関する省令第二条第一項各号に該当することを証明します。

証明番号　　第　　　号

証明年月日　　年　　月　　日

総　務　大　臣

■「証明申請書」の書き方

以下の「書き方」に付した各文頭の①〜⑪の数字は、前ページの「証明申請書」内の①〜⑪欄の書き方を説明しています。

記載方法

①　相続人又は受贈者で証明を受ける者の住所、氏名を記載してください。なお、氏名欄への押印は不要です。

②　証明を受けようとする郵便局の局名を記載してください。

③　相続人又は受贈者の名義による郵便局舎の賃貸契約書上の所在地を記載してください。

④　相続人又は受贈者の名義による郵便局舎の賃貸契約書上の建物面積を記載してください。

⑤　相続人又は受贈者の名義による郵便局舎の賃貸契約書上の敷地面積を記載してください。

⑥　相続開始日以後の郵便局舎の所有者全員の住所、氏名を記載してください。

⑦　相続開始日以後の郵便局舎の敷地の所有者全員の住所、氏名を記載してください。

⑧　様式のとおり、「相続の開始の日（年月日）から５年以上」と記載してください。

⑨　平成１９年１０月１日から相続の開始の直前までの間において、下記以外の当該賃貸借契約の契約事項について、変更の有無を記載してください。

- 当該賃貸借契約に係る郵便局株式会社の営業所、事務所その他の施設（以下「支社等」という。）の名称若しくは所在地又は支社等の長
- 当該賃貸借契約に係る被相続人又は当該被相続人の相続人の氏名又は住所
- 当該賃貸借契約において定められた契約の期間
- 当該賃貸借契約に係る郵政民営化法第百八十条第一項に規定する特定宅地等及び同項第一号に規定する郵便局舎の所在地の行政区画、郡、区、市町村内の町若しくはこれらの名称又は地番

⑩　過去において、既にこの特例（郵政民営化法第百八十条〈相続税に係る課税の特例〉）の規定の適用を受けていないか、その有無を記載してください。

⑪　次の計算式で求めた面積を記載してください。

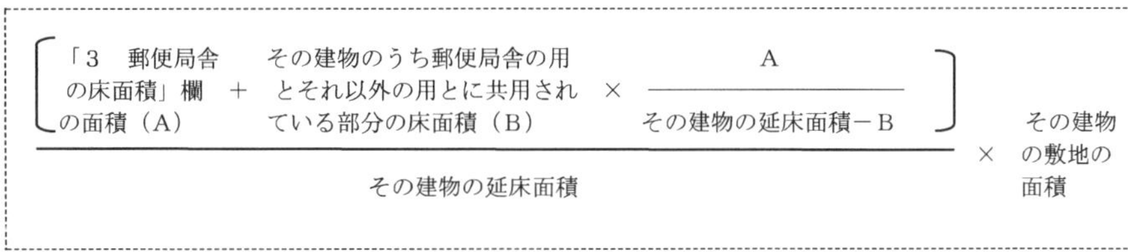

Ⅱ　措置法通達のポイント

日本郵便株式会社に貸し付けられている郵便局舎の敷地の用に供されている宅地等≪特定宅地等≫が「特定事業用宅地等」に該当する小規模宅地等の特例対象宅地等に該当するか否かの判定等については、税務上では、措置法通達において、次のように取り扱うこととされています。

ポイント30

郵便局舎の敷地の用に供されている宅地等に係る相続税の課税の特例

措置法通達 69の4－27	個人が相続又は遺贈により取得した財産のうちに、郵政民営化法第180条第１項≪相続税に係る課税の特例≫に規定する特定宅地等がある場合には、当該特定宅地等は小規模宅地等の特例の対象になります。

アドバイス　平成17年の郵政民営化に伴い、従来、「国の事業の用に供されている宅地等」が措置法第69条の４第１項から除外され、郵政民営化法第180条に「相続税の課税の特例」として規定されたため、従前の取扱いが継続していることを、措置法通達において留意的に明らかにしたものです。

ポイント31

郵便局舎の敷地の用に供されている宅地等について相続税に係る課税の特例の適用を受けている場合

措置法通達 69の4－28	郵政民営化に伴う課税特例の経過措置については、過去（平成19年10月１日から今回の相続開始日までの期間）に適用を受けている場合には、再度の適用（特定宅地等として小規模宅地等の特例の適用（評価割合20%、限度面積400㎡））は認められません。

アドバイス　「郵便局舎の敷地の用に供されている宅地等」については、郵政民営化法第180条第１項第三号において、「既にこの特例の規定の適用を受けていないこと（賃貸人一代限り）」がこの特例の適用要件の一つである旨が規定されています。

したがって、その後の相続において、再度、同項の規定の適用を受けることはできませんが、その後、措置法第69条の４に規定する要件を満たすことになった場合には、同条第１項の規定の適用を受けることができます。この点は、ご留意ください。

ポイント32

「相続人」の意義

措置法通達 69の4－29	郵政民営化法第180第１項第一号において「当該相続若しくは遺贈に係る被相続人又は当該被相続人の相続人」と規定されていることから、同項に規定する「相続人」とは、被相続人に係る相続において相続人である者となります。

アドバイス　郵政民営化法第180条第１項第一号では、「相続人」には「相続を放棄した者」及び「相続権を失った者」は含まないとされています。

この「相続を放棄した者」及び「相続権を失った者」等の意義については、相続税法基本通達３－１及び３－２を準用することとされていますので、以下に**【参考通達】**として、その全文をご紹介しておきます。

【参考通達】

●相続税法基本通達

（「相続を放棄した者」の意義）

３－１　法第３条第１項に規定する「相続を放棄した者」とは、民法第915条《相続の承認又は放棄をすべき期間》から第917条までに規定する期間内に同法第938条《相続の放棄の方式》の規定により家庭裁判所に申述して相続の放棄をした者（同法第919条第２項《相続の承認及び放棄の撤回及び取消し》の規定により放棄の取消しをした者を除く。）だけをいうのであって、正式に放棄の手続をとらないで事実上相続により財産を取得しなかったにとどまる者はこれに含まれないのであるから留意する。

（「相続権を失った者」の意義）

３－２　法第３条第１項に規定する「相続権を失った者」とは、民法第891条の各号《相続人の欠格事由》に掲げる者並びに同法第892条《推定相続人の廃除》及び第893条《遺言による推定相続人の廃除》の規定による推定相続人の廃除の請求に基づき相続権を失った者（同法第894条《推定相続人の廃除の取消し》の規定により排除の取消しのあった者を除く。）だけをいうのであるから留意する。

ポイント33

特定宅地等の範囲

措置法通達 69の4－30	小規模宅地等の特例の適用に当たって、郵政民営化法第180条第１項においては、特例の適用対象となる土地等は、郵政民営化法の施行日（平成19年10月１日）前から相続開始の直前まで被相続人が引き続き有していたものであることが要件の一つとなります。

アドバイス　郵政民営化以前の旧措置法第69条の４第１項の規定では、被相続人の宅地等の取得時期には関係なく、特定郵便局の事業の用に供されていた宅地等であれば、小規模事業用宅地等としてこの特例が適用されていましたが、郵政民営化後においては、上記のとおり、「特例の適用対象となる土地等は、郵政民営化法の施行日（平成19年10月１日）前から相続開始の直前まで被相続人が引き続き有していたもの」である場合に限り、適用があることとされています。

ポイント34

建物の所有者の範囲

措置法通達 69の4－31	郵政民営化法第180条第１項においては、特例の適用対象となる土地等の上に存する郵便局舎の用に供されている建物を日本郵便株式会社（郵政民営化法の施行日（平成19年10月１日）から平成24年改正法施行日の前日までにあっては郵便局株式会社）（以下、「日本郵便株式会社」と略称します。）との賃貸借契約の当事者である被相続人又はその被相続人の相続人が郵政民営化法の施行日（平成19年10月１日）前から有していたものであることが要件の一つとなります。

アドバイス　**上記の「建物の所有者」の範囲は、**「日本郵便株式会と賃貸借契約をした当事者である被相続人又はその被相続人の相続人」と限定されていますので、その被相続人の推定相続人である子が被相続人より先に亡くなり、その代襲相続人である被相続人の孫（子の推定相続人）がその建物を相続することになった場合には、この課税の特例の適用を受けることはできません。

このような事例の場合は、郵政民営化法第180条第１項第一号の契約事項の変更に該当し、建物所有者の変更に伴う賃貸借契約の当事者の変更が必要になるからです。

ポイント35

特定宅地等とならない部分の範囲

措置法通達 69の４−32	郵政民営化法第180条第１項の規定の適用対象となる土地等は、平成24年改正前の郵便局株式会社法第４条第１項に規定する業務の用に供されていた部分に限られます。 例えば、郵便局舎の内、いわゆる配達センターの部分などは、同条第３項に規定する業務の用に供する部分に該当し、郵政民営化法第180第１項の規定の適用を受けることはできません。

アドバイス　従前の郵便事業株式会社に転貸されていた部分については、郵政民営化法第180条第１項に規定する小規模宅地等の特例の適用はありませんが、その転貸部分が措置法第69条の４第１項第二号の貸付事業用宅地等である小規模宅地等に該当する場合には、同号の規定が適用できます。

ポイント36

郵便局舎の敷地を被相続人から無償により借り受けている場合

措置法通達 69の４−33	郵政民営化法第180条第１項の規定の適用を受けることができない場合であっても、貸付事業用宅地等に該当するため、小規模宅地等の特例の適用を受けることができます。

アドバイス　被相続人の相続開始直前に、被相続人と生計を一にしていた被相続人の相続人が、その被相続人から無償で借り受けていた土地等を郵便局舎の敷地の用に供していた場合に、その土地等が特定土地等に該当しない場合であっても、その被相続人と生計を一にしていた相続人が、相続開始時から相続税の申告期限まで引き続きその土地等を所有し、かつ、相続開始前からその申告期限までその土地等の上に存する郵便局舎を日本郵便株式会社又は日本郵便局株式会社に対して相当の対価を得て貸し付けている場合、その土地等が措置法第69条の４第１項第二号の貸付事業用宅地等である小規模宅地等に該当する場合には、同号の規定が適用できます。

ポイント37

賃貸借契約の変更に該当しない事項

措置法通達 69の４－34	郵政民営化法第180条第１項第一号に規定する旧公社との間の賃貸借契約の契約条項に変更がない賃貸借契約（名称や所在地など一定の事項を除きます。）が存することが要件の一つとされています。 なお、次の事項については、契約条項の変更には該当しないものとします。 ・賃貸借料の改定 ・賃貸借契約の目的物に変更がないと認められる面積に増減が生じない郵便局舎の修繕、耐震工事若しくは模様替え

アドバイス　「郵便局舎の賃貸借算出基準」に基づく賃貸借料の」変更については、この基準に基づく賃貸借料の変更があったとしても、賃貸借契約の契約条項の変更とはならないとされています。

また、面積の増減を伴わない郵便局舎の修繕、耐震工事又は模様替えについては、建物の維持管理目的で行われることから、契約事項の変更には該当しないとされています。

ポイント38

相続の開始以後の日本郵便株式会社への郵便局舎の貸付

措置法通達 69の４－35	郵政民営化法第180条第１項第二号の要件の判定においては、次のことを満たす必要があります。 ①　相続又は遺贈により郵便局舎の敷地の用に供されている土地等を取得した相続人が存すること ②　上記①の相続人が、上記①の土地等の上に存する郵便局舎である建物の全部又は一部（共有）を有していること

アドバイス　相続の開始以後、相続又は遺贈により郵便局舎の敷地の用に供されている土地等を取得した相続人がその土地等の上に存する郵便局舎である建物の全部又は一部を所有し、かつ、賃貸借契約の当事者としてその郵便局舎を日本郵便株式会社に貸し付けている場合に限り、この特例の適用を受けることができます。

ポイント39

災害のため業務が休業された場合

措置法通達 69の４－36	郵便局舎が災害により損害を受けたため、相続税の申告期限において郵便局の業務が休業中であっても、日本郵便株式会社との賃貸借契約が継続しており、かつ、郵便局の業務の再開のための準備が進められていると認められるときに限り、当該土地等を相続の開始の日以後５年以上当該郵便局舎の敷地の用に供する見込みであるものとして取り扱います。

アドバイス　郵便局の業務の休業の理由が納税者及び郵便局株式会社の意思に基づかないやむを得ない事情によるものであることから、休業中であることのみをもって、特定宅地等に該当しないとすることは適当でないと考えられるための措置です。

ポイント40

宅地等の一部の譲渡又は日本郵便株式会社との賃貸借契約の解除等があった場合

措置法通達 69の４－37	相続の開始日から総務大臣の証明がされるまでの間に、例えば、郵便局舎の敷地の用に供されている土地等が譲渡され、又は日本郵便株式会社との賃貸借契約が解除された場合、若しくは、当該土地等の一部を譲渡し、又は日本郵便株式会社との賃貸借契約を解除する見込みである場合には、当該土地等の全部（全体）を郵便局舎の敷地の用に供される見込みであるとはいえないことから郵政民営化法第180条第１項の規定の適用を受けることはできません。

アドバイス　郵政民営化法第180条第１項第二号の規定は、相続又は遺贈によりその宅地等を取得した相続人から相続開始日以後５年以上にわたりその郵便局舎を日本郵便株式会社が引き続き借り受けてその敷地等を使用することをいうのであるから、その相続人の相続開始日以後から総務大臣の証明がされるまでの間に、その郵便局舎の敷地の用に供されている土地等が譲渡され、又は日本郵便株式会社との賃貸借契約を解除するといったことは想定されていません。

したがって、このような事実が生じた場合には、この特例の適用がないことを留意的に明示したものです。

第５章　特定居住用宅地等

Ⅰ　制度の概要

1　居住区分ごとの要件

特定居住用宅地等とは、相続開始の直前において被相続人等の居住の用に供されていた宅地等で、次の区分に応じ、それぞれに掲げる要件に該当する被相続人の親族が相続又は遺贈により取得したものをいいます。

ただし、次表の区分に応じ、それぞれに掲げる要件に該当する部分で、それぞれの要件に該当する被相続人の親族が相続又は遺贈により取得した持分の割合に応ずる部分に限られます。共有の場合は、その持分が対象になります。

なお、その宅地等が２以上ある場合には、主として居住の用に供していた一の宅地等に限られます。

■特定居住用宅地等の要件

区　分		特例の適用要件		
		取得者		取得者等ごとの要件
①	被相続人の居住の用（※１）に供されていた宅地等（※２）	1	被相続人の配偶者	「取得者ごとの要件」はありません。 無条件で本特例の適用が可能です。
		2	被相続人の居住の用に供されていた一棟の建物に居住していた親族（※３）	次の二つの要件をいずれも満たす必要があります。 ⑴　居住継続要件 相続開始の直前から相続税の申告期限まで引き続きその建物に居住していること ⑵　所有継続要件 その宅地等を相続開始時から相続税の申告期限まで所有していること
		3	上記１及び２以外の親族（家なき子）	イ　平成30年３月31日以前の相続又は遺贈により取得した宅地等の場合 次の⑴から⑵の要件を全て満たすこと ⑴　居住制限納税義務者又は非居住制限納税義務者（※４）のうち日本国籍を有しない者ではないこと ⑵　被相続人に配偶者がいないこと ⑶　相続開始の直前において被相続人の居住の用に供されていた家屋に居住していた被相続人の相続人（相続の放棄があった場合には、その放棄がなかったものとした場合の相続人）がいないこと ⑷　相続開始前３年以内に日本国内にある取得者又は取得者の配偶者が所有する家屋に居住したことがないこと ただし、相続開始の直前において被相続人の居住の用に供されていた家屋を除く。 ⑸　その宅地等を相続開始時から相続税の申告期限まで有していること

				ロ　平成30年4月1日以後の相続又は遺贈により取得した宅地等の場合（※5） 上記イの⑴〜⑶の要件を全て満たすこと ⑴　上記イの⑴〜⑶及び⑸の要件 ⑵　相続開始前3年以内に日本国内にある取得者、取得者の配偶者、取得者の三親等内の親族又は取得者と特別の関係がある一定の法人（※6）が所有する家屋に居住したことがないこと ただし、相続開始の直前において被相続人の居住の用に供されていた家屋を除く ⑶　相続開始時に、取得者が居住している家屋を相続開始前のいずれの時においても所有していたことがないこと
②	被相続人と生計を一にしていた被相続人の親族の居住の用に供されていた宅地等	1	被相続人の配偶者	「取得者ごとの要件」はありません。 無条件で本特例の適用が可能です。
		2	被相続人と生計を一にしていた親族	次の二つの要件をいずれも満たす必要があります。 ⑴　居住継続要件 相続開始の直前から相続税の申告期限まで引き続きその建物に居住していること ⑵　所有継続要件 その宅地等を相続開始時から相続税の申告期限まで所有していること

一口メモ

（※1）老人ホームの取扱いについては、「**2　老人ホームの取扱い**」（100ページ）を参照してください。

（※2）「被相続人の居住の用に供されていた宅地等」が、被相続人の居住の用に供されていた一棟の建物の敷地の用に供されていたものである場合には、その敷地の用に供されていた宅地等のうち被相続人の親族の居住の用に供されていた部分を含みます。
ただし、「建物の区分所有等に関する法律第1条の規定に該当する建物」、つまり、区分所有建物である旨の登記がされている建物、いわゆる分譲マンション等は除かれます。
また、上記〔特定居住用宅地等の要件〕区分②の「被相続人と生計を一にしていた被相続人の親族の居住の用に供されていた宅地等」に該当する部分も除きます。

（※3）二世帯住宅の取扱いについては、「**3　二世帯住宅の取扱い**」（100ページ）を参照してください。

（※4）「居住制限納税義務者」又は「非居住制限納税義務者」については、「相続人が外国に居住しているとき」（103ページ）を参照してください。

（※5）経過措置については、「**4　平成30年度改正に係る経過措置**」（101ページ）を参照してください。

用語の説明

上記（※6）の**「特別の関係がある一定の法人」**とは、次の⑴から⑷に掲げる法人をいいます。

⑴　取得者及び租税特別措置法施行令第40条の2第12項第1号イからへまでに掲げる者（以下、※6において「取得者等」といいます。）が法人の発行済株式又は出資（その法人が有する自己の株式又は出資を除きます。）の総数又は総額（⑵及び⑶において「発行済株式総数等」といいます。）の10分の5を超える数又は金額の株式又は出資を有する場合におけるその法人

⑵　取得者等及び⑴に掲げる法人が他の法人の発行済株式総数等の10分の５を超える数又は金額の株式又は出資を有する場合におけるその他の法人
⑶　取得者等並びに⑴及び⑵に掲げる法人が他の法人の発行済株式総数等の10分の５を超える数又は金額の株式又は出資を有する場合におけるその他の法人
⑷　取得者等が理事、監事、評議員その他これらの者に準ずるものとなっている持分の定めのない法人

2　老人ホームの取扱い

「被相続人の居住の用」には、被相続人の居住の用に供されていた宅地等が、養護老人ホームへの入所などにより、被相続人の居住の用に供することができない状況にあると認められる、次の⑴又は⑵に掲げる事由によって、相続開始の直前において被相続人の居住の用に供されていなかった場合に、その事由により居住の用に供されなくなる直前の被相続人の居住の用を含みます。

ただし、被相続人の居住の用に供されなくなった後に、事業の用又は新たに被相続人等以外の人の居住の用に供された場合を除きます。

⑴　介護保険法第19条第１項に規定する要介護認定若しくは同条第２項に規定する要支援認定を受けていた被相続人又は介護保険法施行規則第140条の62の４第２号に該当していた被相続人が次に掲げる住居又は施設に入居又は入所をしていたこと。

イ　老人福祉法第５条の２第６項に規定する認知症対応型老人共同生活援助事業が行われる住居、同法第20条の４に規定する養護老人ホーム、同法第20条の５に規定する特別養護老人ホーム、同法第20条の６に規定する軽費老人ホーム又は同法第29条第１項に規定する有料老人ホーム
ロ　介護保険法第８条第28項に規定する介護老人保健施設又は同条第29項に規定する介護医療院
ハ　高齢者の居住の安定確保に関する法律第５条第１項に規定するサービス付き高齢者向け住宅（イの有料老人ホームを除きます。）

⑵　障害者の日常生活及び社会生活を総合的に支援するための法律第21条第１項に規定する障害支援区分の認定を受けていた被相続人が同法第５条第11項に規定する障害者支援施設（同条第10項に規定する施設入所支援が行われるものに限ります。）又は同条第17項に規定する共同生活援助を行う住居に入所又は入居をしていたこと。

3　二世帯住宅の取扱い

１の表の①の２の「被相続人の居住の用に供されていた一棟の建物に居住していた親族」とは、二世帯住宅のケースで、次の⑴又は⑵のいずれに該当するかに応じ、それぞれの部分

に居住していた親族のことをいいます。

⑴　被相続人の居住の用に供されていた一棟の建物が、「建物の区分所有等に関する法律第１条の規定に該当する建物」である場合➡被相続人の居住の用に供されていた部分

⑵　⑴以外の建物である場合➡被相続人又は被相続人の親族の居住の用に供されていた部分

なお、二世帯住宅の具体例については、Ⅳの≪Q&A㉓～㉖≫を参照してください。

用語の説明

「建物の区分所有等に関する法律第１条の規定に該当する建物」とは、区分所有建物である旨の登記がされている建物をいいます。分譲マンションが典型例です。

4　平成30年度改正に係る経過措置

平成30年度の改正は、原則として平成30年４月１日以後に相続又は遺贈により取得する小規模宅地等に係る相続税について適用され、平成30年３月31日以前に相続又は遺贈により取得した小規模宅地等に係るものについては、従来どおりとされています（改法附118①）が、所得税法等の一部を改正する法律（平成30年法律第７号）附則により、次の経過措置が設けられています。

⑴　平成30年4月1日～令和2年3月31日

個人が平成30年４月１日から令和２年３月31日までの間に相続又は遺贈により取得した宅地等のうちに、平成30年３月31日において相続又は遺贈があったものとした場合に平成30年改正前の措置法第69条の４第３項第二号ロの要件を満たす宅地等に該当することとなる宅地等（以下「経過措置対象宅地等」といいます。）がある場合には、その経過措置対象宅地等については、上記１の表の①の３イ又はロのいずれかの要件とされています。

⑵　令和2年4月1日～

令和２年４月１日以後に個人が相続又は遺贈により経過措置対象宅地等を取得した場合において、同年３月31日においてその経過措置対象宅地等の上に存する建物の新築又は増築等の工事が行われており、かつ、その工事の完了前に相続又は遺贈があったときは、その相続税の申告期限までにその建物を自己の居住の用に供したときに限り、その経過措置対象宅地等については、１の表の①の被相続人の居住の用に供されていた宅地等と、その取得者は、同表の①の２の要件を満たす者とみなすこととされています。

なお、この場合の「工事の完了」とは、新築又は増築その他の工事に係る請負人から新築された建物の引渡しを受けたこと又は増築その他の工事に係る部分につき引渡しを受けたことをいいます。

Ⅱ 相続税等の納税義務者と小規模宅地等の特例適用

1　相続税等の納税義務者

平成30年度税制改正によって、高度外国人材等の受入れと長期滞在を更に促進する観点から、外国人が出国後に行った相続・贈与については、原則として国外財産には相続税等を課税しないこととされました。これによって、相続税等の納税義務者は次のように整理されます。

適用時期：平成30年４月１日以後の相続又は贈与について適用されます。

⑴　居住無制限納税義務者（全世界課税）

相続（遺贈を含む、以下同じ）により財産を取得した時に、日本国内に住所を有する個人で、次のイ又はロに該当する者は、国内財産、国外財産を問わず課税されます。（相法１の３①一、２①）

イ　一時居住者でない個人

ロ　一時居住者である個人であって、その相続又は遺贈に係る被相続人（遺贈をした人を含む。以下同じ）が、一時居住被相続人又は非居住被相続人（又は非居住外国人）でない場合

用語の説明

上記イ又はロに掲げる用語の意義は、次表のとおりです。

用語	意義
①一時居住者	相続開始の時において在留資格（出入国管理及び難民認定法別表第一（在留資格）上欄の在留資格をいう。）を有する人で、その相続の開始前15年以内に日本国内に住所を有していた期間の合計が10年以下の人をいいます。（相法１の３③一）
②一時居住被相続人	相続開始の時に在留資格（出入国管理及び難民認定法別表第一（在留資格）上欄の在留資格をいう。）を有し、かつ、日本国内に住所を有していた被相続人で、その相続の開始前15年以内に日本国内に住所を有していた期間の合計が10年以下の人をいいます。（相法１の３③二）
③非居住被相続人	相続開始又は贈与の時に日本国内に住所を有していなかった人で、以下のいずれかの要件を満たす人をいいます。（法１の３③三） ⅰ）相続の開始前10年以内のいずれかの時において日本国内に住所を有したことがある人（そのいずれの時においても日本国籍を有していなかった人に限る） ⅱ）贈与前10年以内のいずれかの時において日本国内に住所を有したことがある人のうち、日本国内に住所を有しなくなった日前15年以内に日本国内に住所を有していた期間の合計が10年以下の人（この期間引き続き日本国籍を有していなかった人に限る） ⅲ）贈与前10年以内のいずれかの時において日本国内に住所を有したことがある人のうち、日本国内に住所を有しなくなった日前15年以内に日本国内に住所を有していた期間の合計が10年超の人（この期間引き続き日本国籍を有していなかった人に限る）で、日本国内に住所を有しなくなった日から２年を経過している人 ⅳ）相続の開始前又は贈与前10年以内に日本国内に住所を有したことがない人

④非居住外国人	平成29年４月１日から相続又は遺贈の時まで引き続き日本国内に住所を有しない人で日本国籍を有しない人をいいます。（平29相法附31②）

⑵　非居住無制限納税義務者（全世界課税）

相続により財産を取得した時に、日本国内に住所を有しない個人で、次のイ又はロに該当するものは、国内財産、国外財産を問わず課税されます。（相法１の３①二、２①）

① 日本国籍を有する個人であって、以下のいずれかの要件に該当するもの
　イ　その相続に係る相続の開始前10年以内のいずれかの時において日本国内に住所を有していたことがあるもの
　ロ　その相続に係る相続の開始前10年以内のいずれかの時においても日本国内に住所を有していたことがないものであっても、その相続に係る被相続人が一時居住被相続人又は非居住被相続人でない場合

② 日本国籍を有しない個人であって、その相続に係る被相続人が一時居住被相続人又は非居住被相続人でない場合

⑶　制限納税義務者（国内財産課税）

相続又は贈与により財産を取得した時に、①日本国内に住所を有するもので上記⑴の居住無制限納税義務者に該当しないもの、又は、②日本国内に住所を有しない個人で、上記⑵の非居住制限納税義務者に該当しないものは、国内財産のみに課税されます。（相法１の３①三、四、２②）

⑷　特定納税義務者

被相続人から相続又は遺贈により財産を取得しなかった者のうち、相続時精算課税の適用を受ける財産をその被相続人から相続又は遺贈により取得したものとみなされるものをいいます（上記無制限納税義務者及び制限納税義務者に該当する人を除きます）。（相法21の16①）

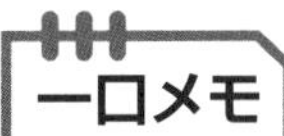

平成27年７月１日以降に「国外転出時課税の納税猶予の特例」の適用を受けていたときは、上記と取扱いが異なる場合があります。

【整理表】

<table>
<tr><th colspan="2" rowspan="3">相続人（受贈者）
被相続人（贈与者）</th><th colspan="2" rowspan="2">国内に住所あり</th><th colspan="3">国内に住所なし</th></tr>
<tr><th colspan="2">日本国籍あり</th><th rowspan="2">日本国籍なし</th></tr>
<tr><th></th><th>一時居住者</th><th>10年以内に国内に住所あり</th><th>10年以内に国内に住所なし</th></tr>
<tr><td colspan="2">国内に住所あり</td><td rowspan="5">A</td><td>A</td><td rowspan="5">B</td><td>B</td><td>B</td></tr>
<tr><td></td><td>一時居住被相続人
（一時居住贈与者）</td><td>C</td><td>C</td><td>C</td></tr>
<tr><td rowspan="3">国内に住所なし</td><td>10年以内に国内に住所あり</td><td>A</td><td>B</td><td>B★</td></tr>
<tr><td>非居住被相続人
（被居住贈与者）</td><td rowspan="2">C</td><td rowspan="2">C</td><td rowspan="2">C</td></tr>
<tr><td>10年以内に国内に住所　し
非居住被相続人
（非居住贈与者）</td></tr>
</table>

（注１）「A」の区分の相続人又は受遺者　➡　居住無制限納税義務者（全世界課税）
「B」の区分の相続人又は受贈者　➡　非居住無制限納税義務者（全世界課税）
「C」の区分の相続人又は受贈者　➡　制限納税義務者（国内財産課税）
「B★」の区分の相続人又は受贈者
平成29年4月1日から令和4年3月31日までの間に非居住外国人(※)から相続又は贈与により取得した財産については、国内財産のみが課税対象になります。
(※平成29年4月1日から相続の開始又は贈与の時まで引き続き国内に住所を有しない人であって日本国籍を有しない人をいう)
（注２）「国外転出時課税の納税猶予の特例」の適用を受けている場合は、考慮していません。

2　小規模宅地等特例の適用対象となる者・ならない者

特定居住用宅地等の小規模宅地等特例の適用を受けることができる取得者は、いわゆる「家なき子」の場合、制限納税義務者で日本国籍を有しない者が除かれています。これを整理すると、次表のようになり、制限納税義務者であっても特例の適用が可能となるケースもあり、1の**【整理表】**とは異なる部分があることに注意する必要があります。

【納税義務者区分別の小規模宅地等特例の適用対象となる者・ならない者】

<table>
<tr><th colspan="2" rowspan="3">相続人
被相続人</th><th colspan="2" rowspan="2">国内に住所あり</th><th colspan="3">国内に住所なし</th></tr>
<tr><th colspan="2">日本国籍あり</th><th rowspan="2">日本国籍なし</th></tr>
<tr><th></th><th>一時居住者</th><th>10年以内に国内に住所 あり</th><th>10年以内に国内に住所 なし</th></tr>
<tr><td colspan="2">国内に住所あり</td><td></td><td></td><td></td><td></td><td></td></tr>
<tr><td></td><td>一時居住被相続人</td><td></td><td>■</td><td></td><td></td><td>■</td></tr>
<tr><td rowspan="4">国内に住所なし</td><td>10年以内に国内に住所あり</td><td></td><td></td><td></td><td></td><td></td></tr>
<tr><td>非居住被相続人①</td><td></td><td>■</td><td></td><td></td><td>■</td></tr>
<tr><td>10年以内に国内に住所のない非居住被相続人</td><td></td><td rowspan="2">■</td><td></td><td></td><td rowspan="2">■</td></tr>
<tr><td>非居住外国人</td><td></td><td></td><td></td></tr>
</table>

□：小規模宅地等の特例適用可　■：小規模宅地等の特例適用不可

Ⅲ 措置法通達のポイント

小規模宅地等の特例対象宅地等が「特定居住用宅地等」に該当するか否かの判定については、措置法通達に、次の取扱いが設けられています。

ポイント41

被相続人等の居住の用に供されていた宅地等の範囲

措置法通達 69の４－７	居住用宅地等とは、次に掲げる宅地等［相続の開始の直前において配偶者居住権に基づき使用又は収益されていた建物等の敷地の用に供されていたもの（次項《**ポイント㊷**》参照）を除きます。］をいいます。 ①　相続開始の直前において、被相続人又は被相続人と生計を一にしていた親族の居住の用に供されていた家屋等で、次のものの敷地の用に供されていた宅地等 ａ被相続人所有の家屋：生計一親族の居住の場合は、被相続人から無償で借りていたものに限ります。 ｂ被相続人の親族所有の家屋：その敷地を被相続人から無償で借りており、その家屋をその親族から無償で借りていたものに限ります。 ②　相続開始の直前において、被相続人等又は被相続人と生計を一にしていた親族の居住の用に供されていなかった場合の次のａ及びｂの要件を満たす宅地等（➡Ⅳの《Ｑ＆Ａ⑲～㉒》参照） ａ被相続人が、相続の開始の直前において介護保険法に規定する要介護認定を受けていたこと ｂ被相続人が老人福祉法に規定する養護老人ホーム等に入居又は入所していたこと

アドバイス　上記⑴及び⑵の宅地のうちに被相続人等の居住の用以外の用に供されていた部分がある場合には、この特定居住用宅地等の特例が適用できるのは、その被相続人等の居住の用に供されていた部分に限られますが、その居住の用に供されていた部分が被相続人の居住の用に供されていた１棟の建物に係るものである場合には、その１棟の建物の敷地の用に供されていた宅地等のうちその被相続人の親族の居住の用に供されていた部分が含まれることに留意する必要があります。（次項《**ポイント㊷**》に掲げる宅地等についても同じです。）

ただし、その１棟の建物が建物の区分所有等に関する法律第１条に規定する１棟の建物に区分された数個の部分で独立した住居、店舗、事務所又は倉庫等の用途に供される建物は除かれます。

なお、上記の取扱いを一覧表にまとめると、次表のとおりとなります。

【整理表】

土地所有者	建物所有者	地代	建物利用者	家賃	摘要（※）	上記通達のポイント
被相続人	被相続人	―	被相続人	―	80%	①a
			生計一親族	有償	50%	
				無償	80%	①a
	生計一親族	有償	被相続人等	有償	50%	
				無償	50%	
		無償	被相続人等	有償	50%	
				無償	80%	①b
	生計別親族	有償	被相続人等	有償	50%	
				無償	50%	
		無償	被相続人等	有償	×	
				無償	80%	①b

（※）80% ➜ 特定居住用宅地等として小規模宅地等の適用の可能性がある場合
　　50% ➜ 貸付事業用宅地等の小規模宅地等の適用の可能性がある場合
　　× ➜ 小規模宅地等の適用対象とならない場合

ポイント42

宅地等が配偶者居住権の目的となっている家屋の敷地である場合

措置法通達69の4－7の2	相続又は遺贈により取得した宅地等が、相続開始の直前において配偶者居住権に基づき使用又は収益されていた家屋の敷地の用に供されていたものである場合には、当該宅地等のうち、次に掲げる宅地等が居住用宅地等に該当することになります。 ①　相続開始直前において、被相続人等の居住の用に供されていた家屋（＊1）で、被相続人が所有していたもの（＊2）又は被相続人の親族が所有していたもの（＊3）の敷地の用に供されていた宅地等 ②　被相続人の居住の用に供されなくなる直前まで、被相続人の居住の用に供されていた家屋（＊4）で、被相続人が所有していたもの（＊5）又は被相続人の親族が所有していたもの（＊6）の敷地の用に供されていた宅地等（＊7）

用語の説明

（＊1）被相続人又は被相続人の親族が配偶者居住権者である場合のその配偶者居住権の目的となっている家屋をいいます。
（＊2）当該被相続人等が当該家屋を当該配偶者居住権者から借り受けていた場合には、無償で借り受けていたときにおける当該家屋に限ります。
（＊3）当該家屋を所有していた被相続人の親族が当該家屋の敷地を被相続人から無償で借り受けており、かつ、当該被相続人等が当該家屋を当該配偶者居住権者から借り受けていた場合には、無償で借り受けていたときにおける当該家屋に限ります。
（＊4）被相続人又は被相続人の親族が配偶者居住権者である場合のその配偶者居住権の目的となっている家屋をいいます。
（＊5）当該被相続人が当該家屋を当該配偶者居住権者から借り受けていた場合には、無償で借り受けていたときにおける当該家屋に限る。
（＊6）当該家屋を所有していた被相続人の親族が当該家屋の敷地を被相続人から無償で借り受けており、かつ、当該被相続人が当該家屋を当該配偶者居住権者から借り受けていた場合には、無償で借り受けていたときにおける当該家屋に限られます。
（＊7）被相続人の居住の用に供されなくなった後、当該被相続人の親族の事業の用又は新たに被相続人等以外の者の居住の用に供された宅地等は除かれます。

アドバイス　民法の改正により創設された配偶者居住権とは、被相続人が居住の用に供していた家屋に、その配偶者が居住することができるという建物に関する権利ですが、小規模宅地等の特例は、宅地《土地》についての特例です。したがって、配偶者居住権自体には、小規模宅地等の特例は適用できません。

しかし、配偶者居住権が設定された建物の敷地については、配偶者がその敷地を利用することができる権利として配偶者敷地利用権が設定されますので、この敷地利用権に小規模宅地等の特例を適用することができます。

この配偶者居住権が設定された場合の権利関係を図解すると、次のとおりです。

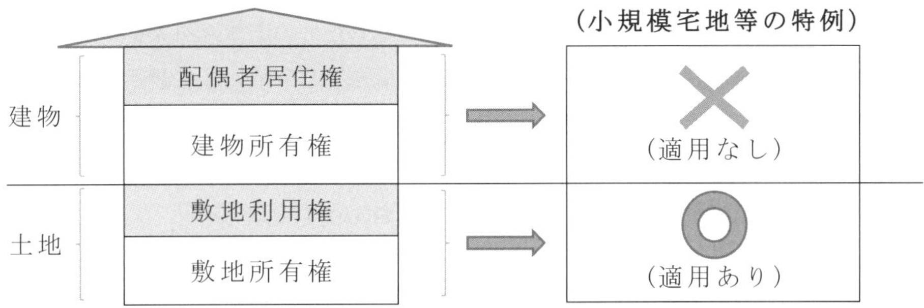

（注）　配偶者居住権と小規模宅地等特例との適用関係については、第３編第４章Ⅱ（195ページ）参照。

配偶者居住権は、令和２年４月１日以後の相続から適用されています。なお、配偶者居住権を取得できるのは、民法に規定する配偶者に限られています。事実婚や内縁関係にある者には、配偶者居住権は認められませんので、ご注意ください。

用語の説明

税法には、「配偶者」についての用語の定義はおかれていませんが、所得税基本通達２－46《配偶者》において「法に規定する配偶者とは、民法の規定による配偶者をいう」とされており、民法739条に規定する戸籍上の配偶者(市区町村役場に婚姻の届出をしている配偶者)に限定されています。したがって、事実婚や内縁関係にある相手は、配偶者には含まないということです。

ポイント43

要介護認定等の判定時期

措置法通達 69の４－７の３	要介護認定等の判定は、入居のときではなく、相続開始の直前において要介護認定等を受けていたかどうかにより判定します。

アドバイス　平成25年度税制改正において、次の①又は②に掲げる事由により、「相続の開始の直前において被相続人の居住の用に供されていなかった場合における当該事由により居住の用に供されなくなる直前の被相続人の居住の用に供されていた宅地等」については、被相続人等の居住の用に供されていた宅地等に含むこととされました。(措令40の２②)

①介護保険法第19条第１項に規定する要介護認定又は同条第２項に規定する要支援認定を受けていた被相続人その他これに類する被相続人が次のイからハまでに掲げる住居又は施設に入居又は入所していたこと。 イ．　老人福祉法に規定する認知症対応型老人共同生活援助事業が行われる住居、養護老人ホーム、特別養護老人ホーム、軽費老人ホーム又は有料老人ホーム ロ．　介護保険法に規定する介護老人保健施設又は介護医療院 ハ．　高齢者の居住の安定確保に関する法律に規定するサービス付き高齢者向け住宅（イに規定する有料老人ホームを除きます。） ②障害者の日常生活及び社会生活を総合的に支援するための法律第21条第１項に規定する障害支援区分の認定を受けていた被相続人が同法第５条第11項に規定する障害者支援施設 （同条第10項に規定する施設入所支援が行われるものに限ります。）又は同条第17項に規定する共同生活援助を行う住居に入所又は入居していたこと。

ところで、この場合に、被相続人が上記①又は②の施設等に入居する時点において、これらの要介護認定若しくは要支援認定又は障害支援区分の認定（以下「要介護認定等」といいます。）を受けていなければならないのか、それとも、相続の開始の直前において要介護認定等を受けていればいいのかについて、疑義が生じていました。

そこで、上記措置法通達69の４－７の３で、被相続人が要介護認定等を受けていたかどうかは、相続の開始の直前に要介護認定等を受けていたかどうかにより判定することが明らかにされたものです。

したがって、被相続人が上記①②の施設等に入居する時点においては、要介護認定等を受けていない場合であっても、被相続人の相続の開始の直前において、要介護認定等を受けていればよいことになりました。

ポイント44

建物の区分所有等に関する法律第１条の規定に該当する建物

措置法通達 69の４－７の４	「建物の区分所有等に関する法律第１条の規定に該当する建物」とは、区分所有である旨の登記がされている建物をいいます。分譲マンションが典型例です。

アドバイス　平成25年度税制改正において、被相続人の居住の用に供されていた一棟の建物が、「建物の区分所有等に関する法律第１条に該当する建物」か否かによって、措置法第69条の４第１項に規定する被相続人等の居住の用に供されていた宅地等の要件及び同条第３項第２号イに規定する特定居住用宅地等を取得した親族の要件が異なることとされまし

た。この場合における「建物の区分所有等に関する法律第１条の規定に該当する建物」とは、区分所有建物である旨の登記がされている建物をいうことが明らかにされたもので、二世帯住宅の判定のメルクマールになるものです。

なお、同通達注書においては、本文の「区分所有建物」とは、被災者区分所有建物の再建等に関する措置法第２条に規定する区分所有建物、すなわち、建物の区分所有等に関する法律第２条第３項に規定する専有部分が属する一棟の建物をいうことが明らかにされています。

《参考法令》

○**建物の区分所有等に関する法律**（昭和37年法律第69号）

（建物の区分所有）

第１条　一棟の建物に構造上区分された数個の部分で独立して住居、店舗、事務所又は倉庫その 他建物としての用途に供することができるものがあるときは、その各部分は、この法律の定めるところにより、それぞれ所有権の目的とすることができる。

（定義）

第２条　この法律において「区分所有権」とは、前条に規定する建物の部分（第４条第２項の規定により共用部分とされたものを除く。）を目的とする所有権をいう。

２　この法律において「区分所有者」とは、区分所有権を有する者をいう。

３　この法律において「専有部分」とは、区分所有権の目的たる建物の部分をいう。

４～６　省略

ポイント45

居住用建物の建築中等に相続が開始した場合

措置法通達 69の４－８	相続開始時点において居住用建物が建築中であったとしても、次の要件に該当するものの敷地の用に供されている宅地等は、居住用宅地等に該当します。 ①　建築中等の建物は、被相続人又は被相続人の親族の所有に係るものであり、かつ、被相続人等の居住の用に供されると認められるものであること。 ②　原則として、相続税の申告期限までに被相続人の親族の所有に係る建築中の建物を次に掲げる被相続人の親族が居住の用に供していること。 ・　当該建物又は当該建物の敷地を取得した親族 ・　生計を一にしていた親族

措置法通達 69の4－8	ただし、相続税の申告期限までに、上記の要件に該当する被相続人の親族が建築中等の建物を居住の用に供していない場合であっても、次に掲げるような事情によりやむを得ず建物の完成が遅延していることによるものであるときは、その建物の完成後速やかに居住の用に供されることが周囲の状況からみても確実であると客観的に認められるときに限り、その建物の敷地の用に供されている宅地等は、居住用宅地等に該当することとされます。 ・　建築中の建物の規模からみて建築工事に相当の期間を要すること ・　法令の規定等により建築工事が遅延していること ・　①又は②に準ずる特別な事情があること

アドバイス　上記の取扱いは、相続開始の直前において被相続人等が自己の居住の用に供している建物を所有していなかった場合に限り適用されますのでご留意ください。

ただし、被相続人等の居住の用に供されると認められる建物の建築期間中に限り、一時的に他の建物に居住していたに過ぎないと認められる場合には、上記の取扱いの適用を受けることができます。

一口メモ

建築中の居住用建物が存する宅地等が居住用宅地等に該当するか否かの判定に際しては、措置法通達69の４－５《事業用建物等の建築中等に相続が開始した場合》（本編第１章Ⅱの《**ポイント⑧**》45ページ参照）を準用して取り扱うこととされています。

ポイント46

被相続人の居住用家屋に居住していた親族の範囲

措置法通達 69の4－21	「被相続人の居住の用に供されていた家屋に居住していた親族」とは、相続開始の直前に被相続人と「同居」していた親族をいいます。また、一棟の建物が各独立部分に区分されるものであり、被相続人がその独立部分の一つに居住していた場合には、被相続人が居住の用に供していた独立部分において被相続人とともに起居していた親族が、「同居していた親族」に該当します。

アドバイス　被相続人の居住用宅地等が、いわゆる「家なき子」として特定居住用宅地等に該当するためには、相続開始の直前において被相続人の居住の用に供されていた家屋に居住していた親族」がいない場合が、要件の一つとされています。

この場合において、「被相続人の居住の用に供されていた家屋に居住していた親族」とは、被相続人と「同居」していた親族を指すものと解されることから、その家屋で被相続人と共に起居していた親族（被相続人の相続人に限ります。ただし、相続の放棄があった場合には、その放棄がなかったものとした場合における相続人となります。）ということになります。

また、同様の考え方から、一棟の建物が各独立部分に区分されるものであり、被相続人がその独立部分の一つに居住していた場合には、被相続人が居住の用に供していたその独立部分において被相続人と共に起居していた親族が「同居していた親族」となります。

なお、同一の建物に居住している場合でも、その建物が区分所有建物である場合には、同一の専有部分（区分所有の対象となっている部分）に、被相続人と、相続で宅地等を取得する親族とが同居している必要があります。

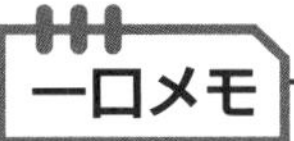

「家なき子」における同居の判定

平成25年度税制改正後は、「家なき子」の要件の一つ「相続開始の直前において当該被相続人の居住の用に供されていた家屋に居住していた親族で政令で定める者がいない場合に限る」という部分につき、「当該被相続人の居住の用に供されていた家屋」は、二世帯住宅の場合で考えると、構造が区分されている場合には、構造上区分されている部分をいうこととされました。

つまり、二世帯住宅の構造上区分されている部分（区分所有建物を除きます）に、被相続人・相続人が各々居住していても、「家なき子」の適用上は、同居している親族はいないものとして取り扱われることになります。

ポイント47

「当該親族の配偶者」等の意義

措置法通達 69の４－22	「家なき子」が適用される場合の取得者の配偶者は、相続開始の直前における配偶者であり、離婚した配偶者などは含めません。

アドバイス　上記通達では、「当該親族の配偶者」等の意義として、「措置法第69条の４第３項第２号ロ⑴に規定する相続開始前３年以内に国内にある当該親族、「当該親族の配偶者、当該親族の三親等内の親族又は当該親族と特別の関係がある法人である者」をいう、とされています。

Ⅳ 設例による解説

1　老人ホームの事例

老人ホーム事例(1)
～老人ホームへの入所により空家となっていた建物の敷地についての小規模宅地等の特例（平成26.1.1以後に相続又は遺贈により取得する場合の取扱い）～

Q

被相続人は、介護保険法に規定する要介護認定を受け、居住していた建物を離れて特別養護老人ホーム（老人福祉法第20条の５）に入所しましたが、一度も退所することなく亡くなりました。

被相続人が特別養護老人ホームへの入所前まで居住していた建物は、相続の開始の直前まで空家となっていましたが、この建物の敷地は、相続の開始の直前において被相続人の居住の用に供されていた宅地等に該当しますか。

（国税庁質疑応答事例）

A

照会のケースにおける、被相続人が所有していた建物の敷地は、相続の開始の直前において被相続人の居住の用に供されていた宅地等に該当することになります。

（理由）

平成25年度の税制改正において、相続の開始の直前において被相続人の居住の用に供されていなかった宅地等の場合であっても、①被相続人が、相続の開始の直前において介護保険法等に規定する要介護認定等を受けていたこと及び②その被相続人が老人福祉法等に規定する特別養護老人ホーム等（以下「老人ホーム等」といいます。）に入居又は入所（以下「入居等」といいます。）していたことという要件を満たすときには、その被相続人により老人ホーム等に入居等をする直前まで居住の用に供されていた宅地等（その被相続人の特別養護老人ホーム等に入居等後に、事業の用又は新たに被相続人等（被相続人又はその被相続人と生計を一にしていた親族をいいます。以下同じです。）以外の者の居住の用に供されている場合を除きます。）については、被相続人等の居住の用に供されていた宅地等に当たることとされました。

なお、この改正後の規定は、平成26年１月１日以後に相続又は遺贈により取得す場合について適用されます。

（注）被相続人が介護保険法等に規定する要介護認定等を受けていたかどうかは、その被相続人が相続の開始の直前において要介護認定等を受けてい

たかにより判定します。

したがって、老人ホーム等に入居等をする時点において要介護認定等を受けていない場合であっても、その被相続人が相続の開始の直前において要介護認定等を受けていれば、老人ホーム等に入居等をする直前まで被相続人の居住の用に供されていた建物の敷地は、相続の開始の直前においてその被相続人の居住の用に供されていた宅地等に該当することになります。

【関係法令通達】 措置法第69条の４第１項、措置法施行令第40条の２第２項、第３項、措置法69の４－７の２

老人ホーム事例 ⑵
～老人ホームに入所していた被相続人が要介護認定の申請中に死亡した場合の小規模宅地等の特例～

Q **老人ホームに入所していた被相続人が、要介護認定の申請中に亡くなりましたが、相続開始の時において要介護認定を受けていませんでした。**

この場合において、相続の開始後に被相続人に要介護認定があったときには、租税特別措置法施行令第40条の２第２項第１号に規定する要介護認定を受けていた被相続人に該当するものと考えてよいでしょうか。

（国税庁質疑応答事例）

A 照会のとおりで差し支えありません。

⑴　**税法の規定**

租税特別措置法第69条の４第１項に規定する居住の用に供することができない事由の一つとして、介護保険法第19条第１項に規定する要介護認定又は同条第２項に規定する要支援認定（以下「要介護認定等」といいます。）を受けていた被相続人が、租税特別措置法施行令第40条の２第２項第１号イに規定する特別養護老人ホーム等に入所していたことが定められています。

「租税特別措置法（相続税の特例関係）の取扱いについて（法令解釈通達）」69の４－７の２《要介護認定等の判定時期》で、この要介護認定等を受けていたかどうかは、その被相続人が、その被相続人の相続の開始の直前においてその要介護認定等を受けていたかにより判定することとしています。

⑵　介護保険法の規定

介護保険法では、要介護認定等の申請を受けた市町村は、被保険者の心身の状況等を調査し、その調査の結果を認定審査会に通知し、審査及び判定を求め、認定審査会の審査判定の結果に基づき認定を行った場合には、被保険者に通知しなければならないとされています（介護保険法第27条①～⑦、第32条①～⑥）。

また、市町村は上記の申請のあった日から30日以内にその申請に対する処分を行わなければならないとされ、市町村が要介護認定等を行った場合には、その効力は、申請のあった日にさかのぼって生ずるものとされています（介護保険法第27条⑧⑪、第32条⑦）。

⑶　相続開始の日以後に要介護認定等があった場合

老人ホームに入所していた被相続人が要介護認定等の申請中に相続が開始した場合で、その被相続人の相続開始の日以後に要介護認定等があったときには、要介護認定等はその申請のあった日にさかのぼってその効力が生ずることとなります。要介護認定等が行われる場合、市町村は、被相続人の生前に心身の状況等の調査を行っていることから、被相続人が、相続の開始の直前において介護又は支援を必要とする状態にあったことは明らかであると認められます。

したがって、被相続人は相続の開始の直前において要介護認定等を受けていた者に該当するものとして差し支えありません。

【関係法令通達】 措法69の４①、措令40の２②、措通69の４－７の２、介護保険法27、32

老人ホーム事例 ⑶
～老人ホームに入居中に自宅を相続した場合の小規模宅地等についての相続税の課税価格の計算の特例（租税特別措置法第69条の４）の適用について～

事実関係

1．被相続人甲は、平成29年４月、Ｘ有料老人ホーム（老人福祉法第29条≪届出等≫第１項に規定する有料老人ホームに該当します。）に入居しました。

2．被相続人甲は、平成29年６月、Ｘ有料老人ホームに入居する直前において居住の用に供していた家屋（以下「本件家屋」といいます。）及びその敷地の用に供されていた宅地等（以下「本件宅地等」といいます。）を、Ｙ有料老人ホームに入居（平成28年７月）していた配偶者乙から相続に

より取得しました。

3．被相続人甲は、平成30年２月、本件家屋に戻ることなく死亡しました。なお、本件家屋は、被相続人甲がＸ有料老人ホームに入居した後は、空家となっていました。

4．被相続人甲は、死亡する前に介護保険法第19条≪市町村の認定≫第１項に規定する要介護認定を受けています。

5．このような事実関係を前提として、本件家屋及び本件宅地等を長男丙が相続により取得した場合において、丙は本件宅地等について租税特別措置法第69条の４第１項に規定する被相続人の居住の用に供されていた宅地等に該当するとして、小規模宅地等についての相続税の課税価格の計算の特例（措法69の４）（以下「本件特例」といいます。）の適用を受けることができると解することができますか。

　なお、丙は、本件特例に係る他の要件を満たしています。

《参考》相続関係図及び時系列は、以下のとおりとなります。

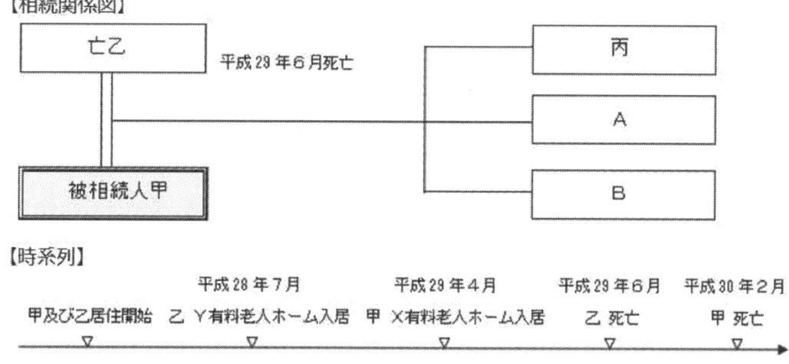

≪平成30年12月７日東京国税局文書回答事例を一部編集≫

1　本件において、被相続人甲はＸ有料老人ホームへの入居前に、本件宅地等を居住の用に供していましたが、ホームに入居中に本件家屋及び本件宅地等を相続により取得し、その後本件家屋に戻ることなく死亡しました。

　被相続人の居住の用に供されていた宅地等で一定のものについては、本件特例の対象となるところ、相続開始の直前において被相続人の居住の用に供されていなかった宅地等であっても、租税特別措置法施行令第40条の２≪小規模宅地等についての相続税の課税価格の計算の特例≫第２項に定める事由（要介護認定又は要支援認定等を受けていた被相続人が同項の住居又は施設（以下「有料老人ホーム等」といいます。）に入居又は入所（以下「入居等」

といいます。）していたこと）により居住の用に供されなくなる直前に被相続人の居住の用に供されていた宅地等（被相続人が有料老人ホーム等に入居等した後に、事業の用又は新たに被相続人等以外の者の居住の用に供されている場合を除きます。）については、本件特例の対象となる宅地等に該当するとされています（措法69の４①）。

被相続人が有料老人ホーム等に入居等する直前において宅地等の所有者であればその宅地等が本件特例の対象となる宅地等に当たることは明らかですが、本件における被相続人甲は、Ｘ有料老人ホーム入居の直前においては本件宅地等を居住の用に供していたものの本件宅地等の所有者ではなく、本件宅地等を取得した後はこれを居住の用に供していない場合であっても、本件宅地等が本件特例の対象となると解してよいか疑義が生じるところです。

２　上記事由により相続開始の直前において被相続人の居住の用に供されていなかった宅地等が、本件特例の対象となる居住の用に供されていた宅地等に該当するか否かについては、被相続人が有料老人ホーム等に入居等して居住の用に供されなくなった直前の利用状況で判定することとされていますが、その時において被相続人が宅地等を所有していたか否かについては、法令上特段の規定は設けられていません。

３　したがって、本件宅地等は、被相続人甲がＸ有料老人ホームに入居し居住の用に供されなくなった直前において、被相続人甲の居住の用に供されていたものであることから、その時において被相続人甲が本件宅地等を所有していなかったとしても本件特例の対象となる宅地等に該当すると解され、丙は本件特例の適用を受けることができるものと考えられます。

老人ホーム事例(4)
～介護付終身利用型有料老人ホーム～

被相続人は老人ホーム（介護付終身利用型有料老人ホーム）に入所しており、終身にわたってその老人ホームを利用することができる状態にありましたが、入居した理由は、介護を受けるための一時的なことであって、老人ホームに入所する以前の家屋に戻ることを望んでいました。また、老人ホームに入所する以前の家屋は、被相続人がいつでも生活できるように維持・管理されていました。このような場合においては、その家屋が相続

開始の直前における被相続人の生活の拠点であるものとして、小規模宅特例を適用をすることができますか。

（平成20年10月２日裁決（裁決事例集№76）参照）

A

本件特例の適用対象となる被相続人の居住の用に供されていた宅地等とは、相続開始の直前において、被相続人が現に居住の用に供していた宅地等をいい、当該特例対象宅地等を敷地とする建物が現に存在し、これを居住の用に供している場合がこれに当たると解されます。したがって、相続開始の直前にその建物を居住の用に供していない場合であっても、当該建物が一時的に空き家になっていると認められる客観的事情があれば、被相続人の生活の拠点がなおその建物に置かれていると解することができ、当該建物を居住の用に供していると認めることができます。

しかし、設例の場合、被相続人が入居した老人ホームは、介護付終身利用型有料老人ホームであり、入所者は終身にわたって十分な広さと生活に必要な施設を完備した専用居室を利用でき、生活全般にわたる介護サービスの提供を受けることができるものです。さらに次のような事情のもとにおいては、被相続人は、入所契約により、終身の介護を受けることを前提として老人ホームに入所したものといわざるを得ず、老人ホームへの入所は、客観的に見て一時的なものであったとはいうことはできません。

①被相続人は本件老人ホームで終身生活することが可能であったといえること

②被相続人は入所時に入所預かり金○○○○円を支払い、月額利用料は年金等で賄うことができたから、経済的にも終身にわたって本件老人ホームを利用することができたといえること

③実際に本件被相続人は、相続開始まで本件老人ホームから入院治療以外に外出したことはなく、同ホームで生活していたこと

したがって、相続開始の直前において、被相続人が本件家屋を居住の用に供していたとはいえず、本件特例の適用はできないと判断されます。

2　二世帯住宅の事例

二世帯住宅事例 (1)
～区分所有建物の登記がされていない１棟の建物の敷地の場合～

Q

被相続人甲は、自己の所有する宅地の上に一棟の建物を所有し、甲とその配偶者乙及び生計を別にする子丙の居住の用に供していました。この建物は、区分所有建物である旨の登記がなく、甲単独の名義のものです。

配偶者乙、子丙は、当該宅地の２分の１の持分を各々相続により取得し、申告期限まで引き続き所有し、かつ居住の用に供しています。

甲の所有していた宅地は、特定居住用宅地等に該当しますか。

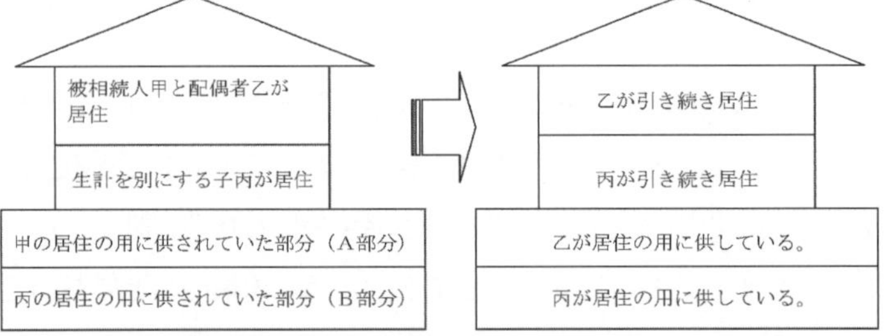

[土地（200㎡）]　　[乙と丙は２分の１共有持分を相続]

（平成26年１月15日資産課税課情報第１号を一部編集）

A

(1)　被相続人等の居住の用に供されていた宅地等の判定

甲の居住の用に供されていた一棟の建物の敷地には、被相続人甲の居住の用に供されていた部分（以下「A部分」といいます。）と、生計を別にする親族丙の居住の用に供されていた部分（以下「B部分」といいます。）があります。

当該一棟の建物は、区分所有建物である旨の登記がされていないことから、生計を別にしていた親族丙の居住の用に供されていた部分についても、被相続人等の居住の用に供されていた宅地等の部分に含まれることとなります（措置法令40条の2④）。

したがって、敷地の全体が、措置法第69条の４第１項に規定する被相続人等の居住の用に供されていた宅地等に該当することとなります。

(2)　特定居住用宅地等の判定

敷地全体が、被相続人等の居住の用に供されていた宅地等に該当することから、配偶者である乙が取得した、A部分（100㎡）及びB部分（100㎡）の持分の割合（２分の１）に応ずる部分（100㎡）は、特定居住用宅地等に該当します（措置法69条の４③二柱書、措置法令40条の２⑨）。

丙は、甲の居住の用に供されていた一棟の建物（区分所有建物である旨の登記がされていない建物）の措置法令第40条の２第10項第２号に規定する「当該被相続人の親族の居住の用に供されていた部分」に居住していた者であって、相続開始から申告期限まで、被相続人等の居住の用に供されていた宅地等を有し、かつ、当該建物に居住していることから、措置法第69条の４第３項第２号イの親族に該当します。

したがって、丙が取得したＡ部分（100㎡）及びＢ部分（100㎡）の持分の割合（２分の１）に応ずる部分（100㎡）は、特定居住用宅地等に該当することになります（措法69の４③二イ、措令40の２⑨）。

二世帯住宅事例（2）
～区分所有建物の登記がされている１棟の建物の敷地の場合～

被相続人甲は、自己の所有する宅地の上に子丙と一棟の建物を所有し、甲とその配偶者乙及び生計を別にする子丙の居住の用に供していました。

この建物は、区分所有建物である旨の登記があり、甲及び丙はそれぞれの専有部分について、区分所有権を登記し、居住の用に供しています。

配偶者乙、子丙は、当該宅地の２分の１の持分を各々相続により取得し、申告期限まで引き続き所有し、かつ居住の用に供しています。

甲の所有していた宅地は、特定居住用宅地等に該当するでしょうか。

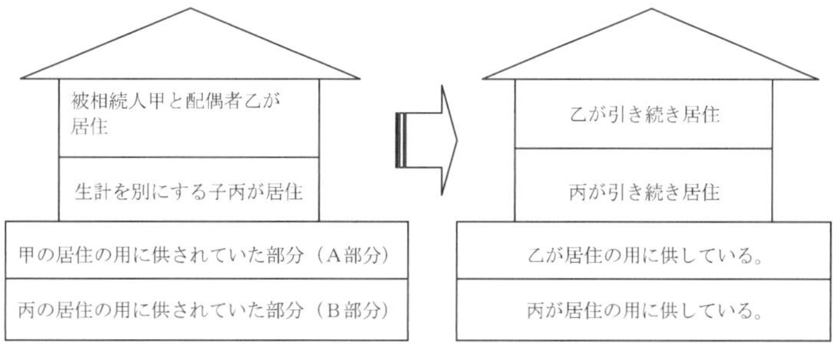

［土地（200㎡）］　　［乙と丙は２分の１共有持分を相続］

（平成26年１月15日資産課税課情報第１号を一部編集）

A

⑴　**被相続人等の居住の用に供されていた宅地等の判定**

甲の居住の用に供されていた一棟の建物の敷地には、被相続人甲の居住の用に供されていた部分（以下「A部分」といいます。）と、生計を別にする親族丙の居住の用に供されていた部分（以下「B部分」といいます。）があります。

甲の居住の用に供されていた一棟の建物は、区分所有建物である旨の登記がされていることから、生計を別にする丙の居住の用に供されていた部分（B部分）は、措置法第69条の4第1項に規定する被相続人等の居住の用に供されていた宅地等の部分に含まれないこととなります（措置法令40条の2④）。

したがって、一棟の建物の敷地のうち、A部分だけが、措置法第69条の4第1項に規定する被相続人等の居住の用に供されていた宅地等に該当することとなります。

⑵　**特定居住用宅地等の判定**

乙は、A部分及びB部分の持分（2分の1）を相続により取得していますが、被相続人等の居住の用に供されていた部分は、A部分のみです。したがって、配偶者である乙が取得したA部分（100㎡）の持分の割合（2分の1）に応ずる部分（50㎡）が、特定居住用宅地等に該当することとなります（措置法69条の4③二柱書、措置法令40条の2⑫）。

なお、B部分（100㎡）の持分の割合（2分の1）に応ずる部分（50㎡）は、前記⑴で述べたように、B部分が措置法第69条の4第1項に規定する被相続人等の居住の用に供されていた宅地等に該当しないことから、特定居住用宅地等には該当しないこととなります。

丙は、甲の居住の用に供されていた一棟の建物（区分所有建物である旨の登記がされている建物）の措置法令第40条の2第13項第1号に規定する「当該被相続人の居住の用に供されていた部分」に居住していた者には該当しないことから、措置法第69条の4第3項第2号イの親族に該当しません。また、丙は、自らの所有する家屋に居住し、かつ、被相続人と生計を一にしていないことから、措置法第69条の4第3項第2号ロ及びハの親族にも該当しません。

したがって、丙が取得したA部分（100㎡）及びB部分（100㎡）の持分の割合（2分の1）に応ずる部分（100㎡）は、特定居住用宅地等に該当ません。

二世帯住宅の事例（3）
～区分所有建物の登記がされている場合～

Q

相続人である兄Ｅ及びその弟Ｇが２分の１ずつ相続により取得した宅地（本件宅地）について、本件宅地を敷地とする建物（本件建物）の２階部分に居住していた兄Ｅが、１階部分に居住していた被相続人及び弟Ｇの面倒を見ていたという事情がある場合、区分登記されているものの、本件建物の１階部分と２階部分を区別せずに１棟の建物として考えれば、建物全体が「被相続人等の居住の用に供されていた家屋」に該当すると考えることはできますか。

また、兄Ｅが、本件被相続人らの同居親族に該当すると考えることはできますか。

別図

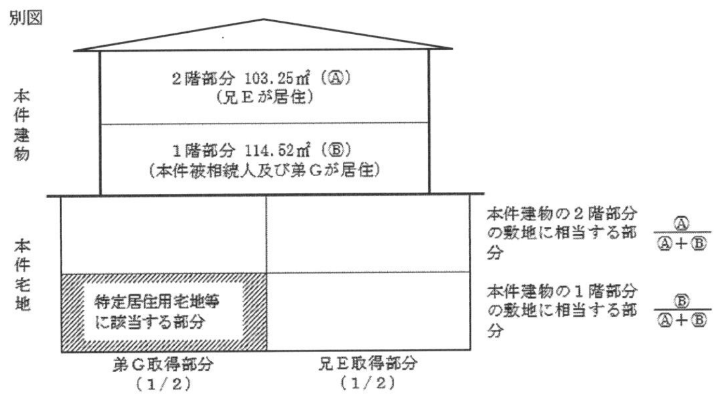

（平成28年９月29日裁決（裁決事例集No.75）参照）

A

本件建物はその構造上１階部分及び２階部分に区分でき、それぞれが独立して居住の用に供することができる設備・構造を備えている上、区分登記されていることからすれば、本件被相続人の居住の用に供されていた「家屋」は、本件建物の１階部分に限られます。また、実際の生活状況をみても、兄Ｅは本件被相続人と同居していた親族、あるいは生計を一にしていた親族とは認められない事情がありました。したがって、本件宅地のうち、本件被相続人らの居住の用に供されていた１階部分の敷地に相当する宅地で、本件被相続人と同居していた弟Ｇが相続した部分のみが、特定居住用宅地等として本件特例の適用対象となり、その他の部分は本件特例を適用することができません。

二世帯住宅事例 (4)
～区分所有建物の登記がされていない１棟の建物の敷地を（家なき子）が取得した場合～

Q

被相続人甲は、自己の所有する宅地の上に一棟の建物を所有し、甲及び生計を別にする子乙の居住の用に供していました。

建物は、区分所有建物である旨の登記がなく、甲単独で所有しています。

相続人である子乙及び子丙は、当該宅地の２分の１の持分を各々相続により取得し、申告期限まで引き続き所有し、かつ、当該宅地を居住の用に供しています。

なお、丙は、いわゆる「家なき子」の要件を満たしています。

このとき、甲の所有していた宅地は、特定居住用宅地等に該当しますか。

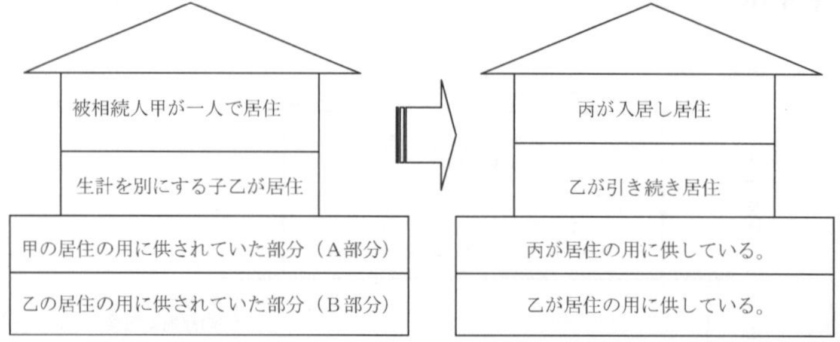

[土地（200㎡)]　　　[乙と丙は２分の１共有持分を相続]

（平成26年１月15日資産課税課情報第１号を一部編集）

A

⑴　被相続人等の居住の用に供されていた宅地等の判定

被相続人甲の居住の用に供されていた一棟の建物の敷地には、甲の居住の用に供されていた部分（以下「Ａ部分」といいます。）と、生計を別にする親族乙の居住の用に供されていた部分（以下「Ｂ部分」といいます。）があります。

当該一棟の建物は、区分所有建物である旨の登記がされていないことから、生計を別にしていた乙の居住の用に供されていた部分についても、被相続人等の居住の用に供されていた宅地等の部分に含まれることとなります（措置法令40条の2④）。

したがって、敷地の全体が、措置法第69条の４第１項に規定する被相続人等の居住の用に供されていた宅地等に該当することとなります。

⑵　特定居住用宅地等の判定

❶　乙が相続により取得した部分

乙は、甲の居住の用に供されていた一棟の建物（区分所有建物である旨の登記がされていない建物）の措置法令第40条の２第13項第２号に規定する「当該被相続人の親族の居住の用に供されていた部分」に居住していた者であって、相続開始から申告期限まで被相続人等の居住の用に供されていた宅地等を有し、かつ、当該建物に居住していることから、措置法第69条の４第３項第２号イの親族に該当します。

したがって、乙が取得したＡ部分（100㎡）及びＢ部分（100㎡）の持分の割合（２分の１）に応ずる部分（100㎡）は、特定居住用宅地等に該当します（措置法69条の４③二イ、措置法令40条の２⑬）。

❷　丙が相続により取得した部分

措置法第69条の４第３項第２号ロに掲げる親族（家なき子）は、被相続人の居住の用に供されていた宅地等を取得した者に限るとされています。

丙が取得したＡ部分（100㎡）の持分の割合（２分の１）に応ずる部分（50㎡）は、被相続人の居住の用に供されていた宅地です。

次に、Ｂ部分は、被相続人と生計を別にする親族の居住の用に供されていた宅地ですが、措置法令第40条の２第４項の規定により被相続人等の居住の用に供されていた部分に含まれることから、被相続人の居住の用に供されていた宅地等に該当するものとして取り扱うことができます。したがって、丙は、措置法第69条の４第３項第２号ロに掲げる被相続人の居住の用に供されていた宅地等を取得した者に該当することとなります。

また、被相続人甲の居住の用に供されていた一棟の建物のうち、甲の居住の用に供されていた部分に甲と共に起居していた親族はいません。

以上のことから、丙は、措置法第69条の４第３項第２号ロに規定する他の要件を満たせば、同号ロに規定する親族（家なき子）に該当し、丙が取得したＡ部分（100㎡）及びＢ部分（100㎡）の持分の割合（２分の１）に応ずる部分（100㎡）は、特定居住用宅地等に該当することとなります（措置法69条の４③二ロ、措置法令40条の２⑬）。

【参考】

本事例において、相続人である子乙が被相続人甲と生計を一にする親族である場合にも、丙が取得した乙の居住の用に供されていたB部分は、措置法令第40条の２第４項の規定により被相続人等の居住の用に供されていた部分に含まれることから、被相続人の居住の用に供されていた宅地等に該当するものとして取り扱うことができます。

したがって、乙が甲と生計を一にする親族である場合にも、丙が取得した乙の居住の用に供されていたＢ部分は、上記「ロ丙が相続により取得した部分」と同様に特定居住用宅地等に該当することとなります。

3　その他

27 小規模宅地等の特例の対象となる「被相続人等の居住の用に供されていた宅地等」の判定

Q　**小規模宅地等の特例の対象となる「被相続人等の居住の用に供されていた宅地等」の判定は、どのように行うのですか。**

（国税庁質疑応答事例）

A　被相続人等の居住の用に供されていたかどうかは、基本的には、被相続人等が、その宅地等の上に存する建物に生活の拠点を置いていたかどうかにより判定すべきものと考えられ、その具体的な判定に当たっては、その者の日常生活の状況、その建物への入居目的、その建物の構造及び設備の状況、生活の拠点となるべき他の建物の有無その他の事実を総合勘案して判定することになります。

したがって、例えば、

イ　居住の用に供する建物の建築期間中だけの仮住まいである建物

ロ　他に生活の拠点と認められる建物がありながら、小規模宅地等の特例の適用を受けるためのみの目的その他の一時的な目的で入居した建物

ハ　主として趣味、娯楽又は保養の用に供する目的で有する建物

については、被相続人等が居住していた事実があったとしても、被相続人等が生活の拠点を置いていた建物とはいえません。

【関係法令通達】 措法69の４①、③二、措令40の２⑧

一口メモ

小規模宅地等の特例の対象となる「被相続人等の居住の用に供されていた宅地等」は主たる住所地１か所であり、その判定にあたっては、住民票の有無のみを以て行うものではありません。

庭先部分を相続した場合の小規模宅地等の特例の適用

Q

被相続人甲が居住の用に供していた家屋（被相続人甲所有）の敷地は、下図のようにＸ部分の土地とＹ部分の土地の二筆から構成されており、相続人Ａ（甲の子）と相続人Ｂ（甲の養子であり、Ａの子）とでこれらの土地をそれぞれ相続により取得することとしました（下記図参照)。

ここで、被相続人甲とともに当該家屋に居住していた相続人Ａが、Ｘ部分の土地を相続により取得し、申告期限まで引き続きＸ部分の土地を有し、かつ当該家屋に居住することとした場合、相続人Ａが当該相続により取得したＸ部分の土地について、特定居住用宅地等（措法69の４③二イ）に該当するとして、小規模宅地等の相続税の課税価格の計算の特例（措法69の４）(以下「本件特例」という。）の適用を受けることができますか。

なお、当該家屋はＹ部分の土地とともに相続人Ｂが相続により取得しますが、当該家屋には、今後も継続して相続人Ａが居住する予定です。

居住用家屋
相続人Ｂが相続により取得し、
相続人Ａが継続して居住

Ｙ部分
相続人Ｂが相続により取得

Ｘ部分
相続人Ａが相続により取得

≪平成28年８月22日関東信越国税局文書回答事例を一部編集≫

A

被相続人の居住の用に供されていた宅地等で一定のものについては、本件特例の対象となる宅地等となるところ（措法69の４①)、この「被相続人の居住の用に供されていた宅地等」とは、相続開始の直前において、被相続人等の居住の用に供されていた家屋で被相続人が所有していたものの敷地の用に供されていた宅地等をいうこととされています（措置法通達69の４－７）

そして、被相続人の居住の用に供されていた一棟の建物に居住していた親族が、その被相続人の居住の用に供されていた宅地等を相続により取得し、相続開始時から申告期限まで引き続きその宅地等を有し、かつ、その建物に居住している場合には、その相続により取得した被相続人の居住の用に供されていた宅地等については、「特定居住用宅地等」に該当し、本件特例の適用を受けることができることとされています（措法69の４③二イ)。

ところで、本件特例の趣旨は、「被相続人等の居住の用に供されていた小規模な宅地等については、一般に、それが相続人等の生活基盤の維持のために欠くことのできないものであって、相続人において居住の用を廃してこれを処分することについて相当の制約を受けるのが通常であることから、相続税の課税価格に算入すべき価額を計算する上において、政策的な観点から一定の減額をすることとした」（東京地裁平成23年８月26日判決等）ことにあると解されています。

本件において、被相続人甲と同居していた相続人Ａが相続により取得するＸ部分の土地は、相続開始の直前において、被相続人甲の居住の用に供されていた家屋で、被相続人甲が所有していたものの敷地ですが、Ｘ部分の土地の上に当該家屋が存しないため、居住の用を廃することなく、Ｘ部分の土地のみを処分することが可能であることからすると、上記の本件特例の趣旨に照らし、本件特例の適用は認められないのではないかとの疑問が生じるところです。

しかしながら、相続人Ａが相続により取得するＸ部分の土地と相続人Ｂが相続により取得するＹ部分の土地は、設例に記載のとおり、一体として「相続の開始直前において被相続人の居住の用に供されていた家屋で被相続人が所有していたものの敷地の用に供されていた宅地」であることからすると、居住の用を廃する必要があるかどうかにかかわらず、Ｘ部分の土地は、「相続の開始直前において被相続人の居住の用に供されていた家屋で被相続人が所有していたものの敷地の用に供されていた宅地」に該当すると考えられます。

また、相続人Ａは、被相続人甲の親族であり、「相続開始の直前において被相続人の居住の用に供されていた一棟の建物に居住していた者」に該当します。

したがって、相続人ＡがＸ部分の土地を相続により取得し、申告期限まで引き続きＸ部分の土地を有し、かつ、家屋に居住している場合には、Ｘ部分の土地は、「特定居住用宅地等」として、本件特例の対象になると考えられます。

29 入院により空家となっていた建物の敷地についての小規模宅地等の特例

被相続人は相続開始前に病気治療のために入院しましたが、退院することなく亡くなりました。被相続人が入院前まで居住していた建物は、相続開始直前まで空家となっていましたが、退院後は従前どおり居住の用に供

することができる状況にありました。この場合、その建物の敷地は、相続開始直前において被相続人の居住の用に供されていた宅地等に該当しますか。

（国税庁質疑応答事例）

A

病院の機能等を踏まえれば、被相続人がそれまで居住していた建物で起居しないのは、一時的なものと認められますから、その建物が入院後他の用途に供されたような特段の事情のない限り、被相続人の生活の拠点はなおその建物に置かれていると解するのが実情に合致するものと考えられます。

したがって、その建物の敷地は、空家となっていた期間の長短を問わず、相続開始直前において被相続人の居住の用に供されていた宅地等に該当します。

【関係法令通達】 措法69の４①

30 特定居住用宅地等の要件の一つである「相続開始時から申告期限まで引き続き当該建物に居住していること」の意義

～海外に転勤した場合～

Q

被相続人甲と同居していた相続人Ａは、被相続人の居住の用に供されていた宅地を相続しましたが、相続税の申告期限前に海外支店に転勤しました。

なお、相続人Ａの配偶者及び子は、相続開始前から相続税の申告期限まで引き続き当該宅地の上に存する家屋に居住しています。

この場合、当該宅地は特定居住用宅地等である小規模宅地等に該当しますか。

（国税庁質疑応答事例改題）

A

相続人Ａの配偶者及び子の日常生活の状況、その家屋への入居目的、その家屋の構造及び設備の状況からみて、当該建物がＡの生活の拠点として利用されている家屋といえる場合、すなわち、転勤という特殊事情が解消したときは、家族と起居を共にすることになると認められる家屋といえる場合については、甲に係る相続開始の直前から申告書の提出期限までＡの居住の用に供していた家屋に該当するものとみるのが相当ですから、Ａの取得した宅地は特定居住用宅地等である小規模宅地等に該当します。

なお、相続人Ａの配偶者及び子が、相続税の申告期限前に当該宅地の上に存する家屋に居住しないこととなった場合には、当該宅地は特定居住用宅地等である小規模宅地等に該当しません。

【関係法令通達】 措法69の４③二

単身赴任中の相続人が取得した被相続人の居住用宅地等についての小規模宅地等の特例

Q

被相続人甲は、自己の所有する家屋に、長男Ａ、その配偶者Ｂ及びその子Ｃと同居していました（甲の配偶者は既に死亡しています。）。平成○年にＡが転勤で大阪へ単身赴任となり、その後、この家屋には、甲、Ｂ及びＣが居住していましたが、平成○＋１年１月に甲が死亡したため、Ａがこの家屋及びその敷地を相続により取得しました。

なお、Ａは相続税の申告期限において引き続き単身赴任の状態にあります。

この場合、Ａが取得した敷地は特定居住用宅地等である小規模宅地等に該当しますか。

（国税庁質疑応答事例）

A

Ａの配偶者及び子の日常生活の状況、その家屋への入居目的、その家屋の構造及び設備の状況からみて、当該家屋がＡの生活の拠点として利用されている家屋といえる場合、すなわち、転勤という特殊事情が解消したときは、その相続人の配偶者等と起居をともにすることになると認められる家屋といえる場合については、甲に係る相続開始の直前から申告書の提出期限までＡの居住の用に供していた家屋に該当するものとみることができますから、Ａの取得した宅地は特定居住用宅地等である小規模宅地等に該当することとなります。

【関係法令通達】 措法69の４③二イ

土地区画整理事業施行中で建築工事に着手できない土地

Q

相続開始当時、相続財産である父（被相続人）の居住用宅地は土地区画整理事業により仮換地の指定を受け、使用収益が禁止されており、被相続人の居住用建物等の建築工事に着工することができませんでした。しかし、土地区画整理事業による使用収益の禁止が解除された後に直ちに建築工事に着工してその後、居住しています。このような土地について、本特例は適用できますか。

（平成14年６月11日裁決（非公表）参照）

A　特定居住用宅地等に係る小規模宅地等の特例の適用要件は、居住用の建物等が存することとされており、租税特別措置法通達69条の３－５では、建築中の場合及び取得後居住の用に供していない場合の取扱いが定められてはいますが、あくまでも建築中又は取得後居住の用に供していない場合の取扱いについてのものです。本件のように、居住用建物の建築計画はあるものの現実的に建築工事に着工された事実がない場合には、小規模宅地等の特例は適用できないと判断されます。

複数の宅地に対する本特例の適用

Q　Ｐ市のマンションの敷地である宅地の一部及びＱ市の家屋の敷地である宅地の２か所については、ともに父（被相続人）が居住の用に供していた宅地でした。そして、両方の宅地の面積の合計は200平方メートル以下です。このような場合は、両方の宅地について小規模宅地等の特例の適用を受けることができますか。

（平成18年６月６日裁決（裁決事例集№71）参照）

A　小規模宅地等の特例は、被相続人の事業の用又は居住の用に供されていた宅地等は、一般的にそれが相続人等の生活基盤の維持のために欠くことのできないものであって、相続人において事業の用又は居住の用を廃してこれを処分することに相当の制約があるのが通常です。このため、小規模宅地等の特例は、相続税の課税上特別の配慮を加えることとしたものです。このような特例の立法趣旨からすれば、特例の対象となる被相続人の居住の用に供されていた宅地等は、被相続人の生活基盤の維持に必要なものに限定すべきであると認められますので、被相続人が生前に居住用の宅地を複数保有していた場合であっても、正に相続開始の直前において現に居住の用に供していた宅地の部分に限って特例の適用があると解するのが相当であると判断されます。

（注）裁決当時の特定居住用宅地等の小規模宅地等の特例の限度面積は200㎡でした。

生計一親族の範囲

Q

次のような事情にあった子（相続人）は、生計一親族として小規模宅地等の特例を適用することができますか。

①被相続人は死亡する３年前に入院し、その後一度も被相続人の自宅に帰ることなく、病院のベッドで寝たきりで、自分で預金を引き出すことも病院の支払いもできず、独立して暮らすことはできませんでした。

②そのため、生計を別にしていた子が被相続人の預貯金のキャッシュカードを所有し、被相続人の口座から出金した現金を請求人の生活費と合算して管理し、請求人と被相続人の生活にかかわるすべての入出金を請求人が決定し、被相続人の入院費もこの合算した生活費から支払っていました。

③子は、被相続人の入院中、毎日のように植木の面倒、郵便物の確認等、被相続人の自宅の管理を行っていました。

（20年６月26日裁決（裁決事例集No.75）参照）

A

設例の事実関係においては、父（被相続人）が入院する前は、相続人と被相続人はそれぞれ独立した生計を維持しており、また、相続開始の直前においても、子と父は別居していたものと認められます。被相続人に係る入院費の支払状況及び被相続人名義の普通預金口座の出金状況を見ると、入院費は被相続人名義の普通預金口座から出金された金員で支払われたものであり、被相続人自宅に係るガス料金等も被相続人名義の預貯金口座から引き落とされていました。このような事実関係からすれば、請求人と被相続人は、相続開始の直前において、日常生活に係る費用の全部又は主要な部分を共通にしていた関係にはなく、請求人は被相続人と生計を一にしていた親族とは認めることはできないと判断されます。このように、生計一親族か否かについては、事実認定の問題となります。

35 成年後見人の生計一要件

Q **長男は被相続人の成年後見人として、本件被相続人の身の回りの世話を行い、日常生活において相手に力を与え助けることを経常的に行っていました。このような状況にある場合、長男が被相続人とたとえ別居していたとしても、「生計を一にしていた」親族に該当すると考えることはできますか。**

（平成30年８月22日裁決（非公表）参照）

A 長男が、被相続人と別居していたことが明らかなケースです。このように、被相続人と別居していた親族が「生計を一にしていた」と認められるためには、当該親族が被相続人と日常生活の資を共通にしていたことを要し、少なくとも、居住費、食費、光熱費その他日常生活に係る費用の主要な部分を共通にしていた関係にあったことを要すると解されます。しかし、設例の場合は、本件被相続人に係る食費、日用品費及び医療費等や本件における居宅に係る水道光熱費は本件被相続人名義の預金口座から支払われていたという事実認定がなされ、長男と本件被相続人の間で、日常生活に係る費用の主要な部分を共通にしていた関係にはなく、日常生活の資を共通にしていたとは認められないという理由から、長男は「生計を一にしていた」親族に該当しません。

36 相続放棄した配偶者と家なき子の適用要件

Q **特定居住用宅地等の小規模宅地等の特例を適用するにあたり、いわゆる「家なき子」であるための要件の一つに、「被相続人に配偶者がいないこと」があります。この適用条文の規定の仕方は、次の者を除くというようになっています。**

①被相続人配偶者

②当該被相続人と同居していた民法第５編第２章の規定による相続人（相続放棄があった場合には、その放棄がなかったものとした場合における相続人）のいる親族

これを見ると、配偶者については、「相続放棄がなかったものとした場合における相続人」といった文言はありません。そうすると、配偶者が相続放棄した場合の家なき子は、本特例の適用要件を満たすことになりますか。

（平成31年３月29日裁決（非公表））

A

本件特例適用規定によれば、上記設例の②については当該被相続人の相続人に限定する（相続の放棄があった場合には、その放棄がなかったものとした場合における相続人）ものであって、被相続人配偶者について当該被相続人の相続人に限定するものではなく、その他、被相続人配偶者について当該被相続人の相続人に限定する旨規定した法令の規定もないことからすると、被相続人配偶者は、当該被相続人の相続人であることを要するものではないと解されます。したがって、被相続人に配偶者がいる場合には、たとえその配偶者が相続を放棄したとしても、家なき子として特例適用をすることはできません。

第６章　複数の利用区分が存する場合

Ⅰ　措置法通達のポイント

ポイント48

店舗兼住宅等の敷地の持分の贈与について贈与税の配偶者控除等の適用を受けたものの居住の用に供されていた部分の範囲

措置法通達 69の４－９	次の①又は②に該当する場合には、相続開始時の現況を基準として判定します。したがって、贈与税の申告内容と平仄を合わせる必要はありません。 ①　相続開始の前年以前の贈与において、贈与税の配偶者控除の適用を受けている場合で、店舗兼住宅等の居住用部分から優先的に適用して申告しているケース（相法21の６①、相基通21の６－３ただし書） ②　相続開始の年の贈与において、相続税の申告で特定贈与財産であるとして課税価格に算入しないこととしているケース（相法19②二）

アドバイス　小規模宅地等の特例の適用対象となる店舗兼住宅等の敷地の用に供されていた宅地等（措法69の４①）で、相続開始の年の前年以前に被相続人からその持分の贈与を受け、その贈与を受けた宅地について贈与税の配偶者控除の適用を受けていたもの（店舗兼住宅等の持分の贈与があった場合に居住用部分として贈与税の申告をしたものに限られます）又は相続開始の年に被相続人からのその持分の贈与につき贈与税の配偶者控除の規定により特定贈与財産に該当することとなったものであっても、被相続人等の居住の用に供されていた部分の判定（措令40の２④）は、その相続開始の直前における現況によって行うことになります。

用語の説明

「特定贈与財産」とは、贈与税の配偶者控除に規定されている婚姻期間が20年以上の配偶者である被相続人からの贈与により取得した居住用不動産又は居住用不動産の購入資金として贈与された金銭のうち、贈与税の配偶者控除額（2,000万円が控除限度額）に相当する受贈額のことです。

なお、この特定贈与財産の贈与があった年に、その贈与者が死亡した場合には、相続開始日の属する年分の贈与税の課税価格として計算されます。したがって、相続税は課税されませんが、贈与税が課税されますので、贈与税の申告をする必要があります。

【参考法令等】

■相続税法基本通達

（店舗兼住宅等の持分の贈与があった場合の居住用部分の判定）

21の6－3　配偶者から店舗兼住宅等の持分の贈与を受けた場合には、21の6－2により求めた当該店舗兼住宅等の居住の用に供している部分の割合にその贈与を受けた持分の割合を乗じて計算した部分を居住用不動産に該当するものとする。

ただし、その贈与を受けた持分の割合が21の6－2により求めた当該店舗兼住宅等の居住の用に供している部分（当該居住の用に供している部分に受贈配偶者とその配偶者との持分の割合を合わせた割合を乗じて計算した部分をいう。以下21の6－3において同じ。）の割合以下である場合において、その贈与を受けた持分の割合に対応する当該店舗兼住宅等の部分を居住用不動産に該当するものとして申告があったときは、法第21条の6第1項の規定の適用に当たってはこれを認めるものとする。また、贈与を受けた持分の割合が21の6－2により求めた当該店舗兼住宅等の居住の用に供している部分の割合を超える場合における居住の用に供している部分についても同様とする。（昭57直資2－1 77追加、平6課資2－114改正）

（注）　相続の開始の年に当該相続に係る被相続人から贈与により取得した居住用不動産で特定贈与財産に該当するものについて法第21条の6第1項の規定を適用する場合において、19-10により21の6－3のただし書に準じて当該居住用不動産に該当する部分の計算を行っているときは、同項の適用を受ける居住用不動産は21の6－3のただし書により計算するものとする。

ポイント49

選択特例対象宅地等のうちに貸付事業用宅地等がある場合の限度面積要件

<table>
<tr><td rowspan="3">措置法通達
69の4－10</td><td colspan="2">貸付事業用宅地等が含まれる場合の限度面積要件を満たすかどうかを判定する場合の算式は、次のとおりです。

【算式】
$$(A) \times \frac{200}{400} + (B) \times \frac{200}{330} + (C) \leqq 200㎡$$
上記算式中の（A）、（B）、（C）の符号は、次のことを示しています。</td></tr>
<tr><td>（A）</td><td>相続又は遺贈により財産を取得した者に係るすべての選択特例対象宅地等である特定事業用等宅地等の面積の合計（選択特例対象宅地等の面積の合計は、400㎡以下であること）</td></tr>
<tr><td>（B）
（C）</td><td>相続又は遺贈により財産を取得した者に係るすべての選択特例対象宅地等である特定居住用宅地等の面積の合計（選択特例対象宅地等の面積の合計は、330㎡以下であること）

相続又は遺贈により財産を取得した者に係るすべての選択特例対象宅地等である貸付事業用宅地等の面積の合計（選択特例対象宅地等の面積の合計は、200㎡以下であること）</td></tr>
</table>

アドバイス　上記の選択特例対象宅地等が、限度面積要件を満たしていない場合は、その選択特例対象宅地等のすべてについてこの特例の適用がないことになります。

なお、この場合、その後の期限後申告書や修正申告書において、その選択特例対象宅地等が限度面積要件を満たすことになったときには、その選択特例対象宅地等について、小規模宅地等の特例が適用できます。

（注）「限度面積要件」についての具体的な計算例は、次項Ⅱの《**Q&A㊲～㊵**》でご確認ください。

Ⅱ 設例による解説

37 複数の利用区分が存する場合

被相続人甲は、自己の所有する土地（600㎡）の上に建物１棟を所有し、その建物について下図のように利用していました。

配偶者乙と子丙は、土地及び建物の共有持分２分の１をそれぞれ相続により取得し、相続税の申告期限まで有しています。

乙は、上記建物に申告期限まで引き続き居住しているほか、甲の貸付事業を丙とともに引き継ぎ、乙・丙ともに申告期限まで引き続き貸付事業の用に供しています。また、甲が上記建物で営んでいた書籍・雑誌小売業については丙が事業を承継し、申告期限まで引き続き営んでいます。

この場合に小規模宅地等の特例の対象（特定事業用宅地等、特定居住用宅地等及び貸付事業用宅地等）として選択できるのはどの部分ですか。

【前提】

自用地としての評価額　100,000円/㎡

借地権割合　0.7

借家権割合　0.3

・甲と乙の居住の用に供されていた部分に相当する宅地等の
　相続税評価額：　20,000,000円

・甲の貸付事業の用に供されていた部分に相当する宅地等の
　相続税評価額：　15,800,000円

・甲の書籍・雑誌小売業の用に供されていた部分に相当する
　宅地等の相続税評価額：　20,000,000円

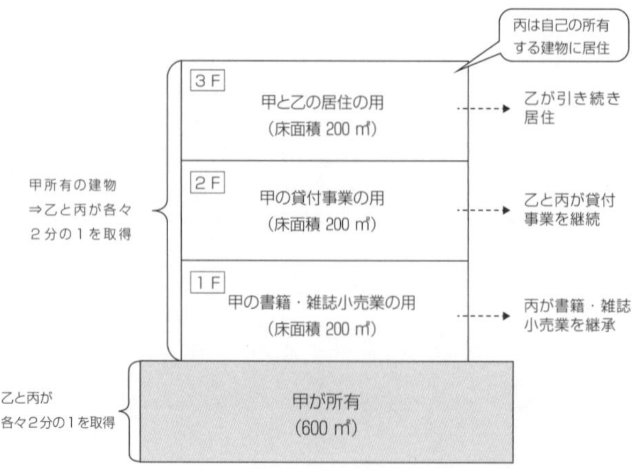

（平成22年７月13日資産課税情報第18号を一部修正）

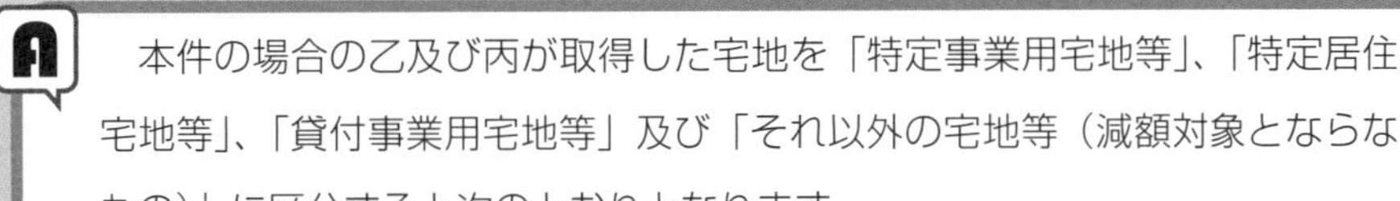

本件の場合の乙及び丙が取得した宅地を「特定事業用宅地等」、「特定居住用宅地等」、「貸付事業用宅地等」及び「それ以外の宅地等（減額対象とならないもの）」に区分すると次のとおりとなります。

〔乙が取得した宅地〕

・特定居住用宅地等に該当する部分（B）

$$600\text{㎡（宅地の面積）}\times\frac{200\text{㎡（3F部分の床面積）}}{600\text{㎡（建物の総床面積）}}\times\frac{1}{2}\text{（乙の持分）}=100\text{㎡}$$

・貸付事業用宅地等に該当する部分（C）

$$600\text{㎡（宅地の面積）}\times\frac{200\text{㎡（2F部分の床面積）}}{600\text{㎡（建物の総床面積）}}\times\frac{1}{2}\text{（乙の持分）}=100\text{㎡}$$

・それ以外の宅地等に該当する部分

$$600\text{㎡（宅地の面積）}\times\frac{200\text{㎡（1F部分の床面積）}}{600\text{㎡（建物の総床面積）}}\times\frac{1}{2}\text{（乙の持分）}=100\text{㎡}$$

（注）乙は、甲の書籍・雑誌小売業を承継していないことから乙が取得した部分のうち１Ｆ部分に相当する部分（100㎡）は特定事業用宅地等には該当しないため、当該部分（100㎡）については小規模宅地の特例の適用はありません。

〔丙が取得した宅地〕

・特定事業用宅地等に該当する部分（A）

$$600\text{㎡（宅地の面積）}\times\frac{200\text{㎡（1F部分の床面積）}}{600\text{㎡（建物の総床面積）}}\times\frac{1}{2}\text{（丙の持分）}=100\text{㎡}$$

・貸付事業用宅地等に該当する部分（B）

$$600\text{㎡（宅地の面積）}\times\frac{200\text{㎡（2F部分の床面積）}}{600\text{㎡（建物の総床面積）}}\times\frac{1}{2}\text{（丙の持分）}=100\text{㎡}$$

・それ以外の宅地等に該当する部分

$$600\text{㎡（宅地の面積）}\times\frac{200\text{㎡（3F部分の床面積）}}{600\text{㎡（建物の総床面積）}}\times\frac{1}{2}\text{（丙の持分）}=100\text{㎡}$$

（注）丙が取得した部分のうち３Ｆ部分に相当する部分（100㎡）は、特定居住用宅地等の要件を満たしていないことから当該部分（100㎡）については、小規模宅地等の特例の適用はありません。

上記のとおり、乙が取得した宅地（600㎡×1/2＝300㎡）のうち「(B) ３Ｆ部分」に相当する部分（100㎡）が特定居住用宅地等として、「(C) ２Ｆ部分」に相当する部分（100㎡）については貸付事業用宅地等として、また、丙が取得した宅地（600㎡×1/2＝300㎡）のうち「(A) １Ｆ部分」に相当する部分（100㎡）については特定事業用宅地等として、「(B) ２Ｆ部分」に相当する部分（100㎡）については貸付事業用宅地等として、小規模宅地等の特例の適用を選択することができます。

ただし、小規模宅地等の特例の適用に当たっては、限度面積要件があるため、乙及び丙が取得した部分のうち特例の選択が可能な部分のすべてを小規模宅地等の特例の適用対象として選択することはできません。仮に、乙が取得した部分のうち（B）特定居住用宅地等（100㎡）のすべてと丙が取得した部分のうち（A）特定事業用宅地等（100㎡）のすべてを選択したとすると、（C）特定貸付事業用宅地に係る本特例の適用を受けることができる面積は、次のとおりとなります。

【限度面積の計算式】

$$(A) \times \frac{200}{400} + (B) \times \frac{200}{330} + (C) \leqq 200㎡$$

∴100㎡ × 200/400 ＋ 100㎡ × 200/330 ＝ 110.606㎡

∴200 － 110.606㎡ ＝ 89.394㎡

上記**【計算例】**を「小規模宅地等の課税価格の計算明細書」に記入すると、次ページ以下の**【記載例】**のとおりです。

【記載例】 1－1

小規模宅地等についての課税価格の計算明細書

FD3549

被相続人　Q&A37

この表は、小規模宅地等の特例（租税特別措置法第69条の４第１項）の適用を受ける場合に記入します。
なお、被相続人から、相続、遺贈又は相続時精算課税に係る贈与により取得した財産のうちに、「特定計画山林の特例」の対象となり得る財産又は「個人の事業用資産についての相続税の納税猶予及び免除」の対象となり得る宅地等その他一定の財産がある場合には、第11・11の２表の付表２を、「特定事業用資産の特例」の対象となり得る財産がある場合には、第11・11の２表の付表２の２を作成します（第11・11の２表の付表２又は付表２の２を作成する場合には、この表の「１ 特例の適用にあたっての同意」欄の記入を要しません。）。
（注）この表の１又は２の各欄に記入しきれない場合には、第11・11の２表の付表１(続）を使用します。

1　特例の適用にあたっての同意

この欄は、小規模宅地等の特例の対象となり得る宅地等を取得した全ての人が次の内容に同意する場合に、その宅地等を取得した全ての人の氏名を記入します。

私(私たち)は、「２ 小規模宅地等の明細」の①欄の取得者が、小規模宅地等の特例の適用を受けるものとして選択した宅地等又はその一部（「２ 小規模宅地等の明細」の⑤欄で選択した宅地等）の全てが限度面積要件を満たすものであることを確認の上、その取得者が小規模宅地等の特例の適用を受けることに同意します。

氏名	乙	丙	

（注）小規模宅地等の特例の対象となり得る宅地等を取得した全ての人の同意がなければ、この特例の適用を受けることはできません。

2　小規模宅地等の明細

この欄は、小規模宅地等の特例の対象となり得る宅地等を取得した人のうち、その特例の適用を受ける人が選択した小規模宅地等の明細等を記載し、相続税の課税価格に算入する価額を計算します。
「小規模宅地等の種類」欄は、選択した小規模宅地等の種類に応じて次の１～４の番号を記入します。
小規模宅地等の種類：1　特定居住用宅地等、2　特定事業用宅地等、3　特定同族会社事業用宅地等、4　貸付事業用宅地等

	小規模宅地等の種類（1～4の番号を記入します。）		
選択した小規模宅地等		① 特例の適用を受ける取得者の氏名〔事業内容〕	⑤ ③のうち小規模宅地等(「限度面積要件」を満たす宅地等)の面積
		② 所在地番	⑥ ④のうち小規模宅地等(④×⑤/③)の価額
		③ 取得者の持分に応ずる宅地等の面積	⑦ 課税価格の計算に当たって減額される金額(⑥×⑨)
		④ 取得者の持分に応ずる宅地等の価額	⑧ 課税価格に算入する価額(④－⑦)
	1	① 乙〔　〕	⑤ 100. ㎡
		② ××市○○町△丁目□番◇号	⑥ 10000000 円
		③ 100. ㎡	⑦ 8000000 円
		④ 10000000 円	⑧ 2000000 円
	4	① 乙〔貸家〕	⑤ 89.39 ㎡
		② ××市○○町△丁目□番◇号	⑥ 7061810 円
		③ 100. ㎡	⑦ 3530905 円
		④ 7900000 円	⑧ 4369095 円
	2	① 丙〔書籍・雑誌小売〕	⑤ 100. ㎡
		② ××市○○町△丁目□番◇号	⑥ 10000000 円
		③ 100. ㎡	⑦ 8000000 円
		④ 10000000 円	⑧ 2000000 円

（注）1　①欄の〔　〕は、選択した小規模宅地等が被相続人等の事業用宅地等（2 、3 又は4 ）である場合に、相続開始の直前にその宅地等の上で行われていた被相続人等の事業について、例えば、飲食サービス業、法律事務所、貸家などのように具体的に記入します。
2　小規模宅地等を選択する一の宅地等が共有である場合又は一の宅地等が貸家建付地である場合において、その評価額の計算上「賃貸割合」が１でないときには、第11・11の２表の付表１（別表１）を作成します。
3　小規模宅地等を選択する宅地等が、配偶者居住権に基づく敷地利用権又は配偶者居住権の目的となっている建物の敷地の用に供される宅地等である場合には、第11・11の２表の付表１（別表１の２）を作成します。
4　⑧欄の金額を第11表の「財産の明細」の「価額」欄に転記します。

○　「限度面積要件」の判定

上記「２ 小規模宅地等の明細」の⑤欄で選択した宅地等の全てが限度面積要件を満たすものであることを、この表の各欄を記入することにより判定します。

小規模宅地等の区分	被相続人等の居住用宅地等	被相続人等の事業用宅地等		
小規模宅地等の種類	1 特定居住用宅地等	2 特定事業用宅地等	3 特定同族会社事業用宅地等	4 貸付事業用宅地等
⑨ 減額割合	80/100	80/100	80/100	50/100
⑩ ⑤の小規模宅地等の面積の合計	100 ㎡	100 ㎡	㎡	89.39 ㎡

⑪ 限度面積	
イ 小規模宅地等のうちに4貸付事業用宅地等がない場合	〔1の⑩の面積〕　≦330㎡　〔2の⑩及び3の⑩の面積の合計〕　㎡ ≦ 400㎡
ロ 小規模宅地等のうちに4貸付事業用宅地等がある場合	〔1の⑩の面積〕100 ㎡ × 200/330 ＋ 〔2の⑩及び3の⑩の面積の合計〕100 ㎡ × 200/400 ＋ 〔4の⑩の面積〕89.39 ㎡ ≦ 200㎡

（注）限度面積は、小規模宅地等の種類（「4 貸付事業用宅地等」の選択の有無）に応じて、⑪欄（イ又はロ）により判定を行います。「限度面積要件」を満たす場合に限り、この特例の適用を受けることができます。

※税務署整理欄	年分		名簿番号		申告年月日		一連番号		グループ番号		補完	

第11・11の２表の付表１（令2.7）　（資4－20－12－3－1－A4統一）

○この申告書は機械で読み取りますので、黒ボールペンで記入してください。
※の項目は記入する必要がありません。

第11・11の２表の付表１（令和２年４月分以降用）

【記載例】 1－2

第11・11の2表の付表1（別表1）（令和2年4月分以降用）

小規模宅地等についての課税価格の計算明細書（別表1）

被相続人	Q&A37

この計算明細書は、特例の対象として小規模宅地等を選択する一の宅地等（注1）が、次のいずれかに該当する場合に一の宅地等ごとに作成します（注2）。
1　相続又は遺贈により一の宅地等を2人以上の相続人又は受遺者が取得している場合
2　一の宅地等の全部又は一部が、貸家建付地である場合において、貸家建付地の評価額の計算上「賃貸割合」が「1」でない場合
（注）1　一の宅地等とは、一棟の建物又は構築物の敷地をいいます。ただし、マンションなどの区分所有建物の場合には、区分所有された建物の部分に係る敷地をいいます。
2　一の宅地等が、配偶者居住権に基づく敷地利用権又は配偶者居住権の目的となっている建物の敷地の用の供される宅地等である場合には、この計算明細書によらず、第11・11の2表の付表1（別表1の2）を使用してください。

1　一の宅地等の所在地、面積及び評価額

一の宅地等について、宅地等の「所在地」、「面積」及び相続開始の直前における宅地等の利用区分に応じて「面積」及び「評価額」を記入します。
(1)「①宅地等の面積」欄は、一の宅地等が持分である場合には、持分に応ずる面積を記入してください。
(2) 上記2に該当する場合には、⑪欄については、⑤欄の面積を基に自用地として評価した金額を記入してください。

宅地等の所在地	××市○○町△丁目□番◇号	①宅地等の面積	600 ㎡
	相続開始の直前における宅地等の利用区分	面積（㎡）	評価額（円）
A	①のうち被相続人等の事業の用に供されていた宅地等（B、C及びDに該当するものを除きます。）	② 200	⑧ 20,000,000
B	①のうち特定同族会社の事業（貸付事業を除きます。）の用に供されていた宅地等	③	⑨
C	①のうち被相続人等の貸付事業の用に供されていた宅地等（相続開始の時において継続的に貸付事業の用に供されていると認められる部分の敷地）	④ 200	⑩ 15,800,000
D	①のうち被相続人等の貸付事業の用に供されていた宅地等（Cに該当する部分以外の部分の敷地）	⑤	⑪
E	①のうち被相続人等の居住の用に供されていた宅地等	⑥ 200	⑫ 20,000,000
F	①のうちAからEの宅地等に該当しない宅地等	⑦	⑬

2　一の宅地等の取得者ごとの面積及び評価額

上記のAからFまでの宅地等の「面積」及び「評価額」を、宅地等の取得者ごとに記入します。
(1)「持分割合」欄は、宅地等の取得者が相続又は遺贈により取得した持分割合を記入します。一の宅地等を1人で取得した場合には、「1/1」と記入します。
(2)「1 持分に応じた宅地等」は、上記のAからFまでに記入した一の宅地等の「面積」及び「評価額」を「持分割合」を用いてあん分して計算した「面積」及び「評価額」を記入します。
(3)「2 左記の宅地等のうち選択特例対象宅地等」は、「1 持分に応じた宅地等」に記入した「面積」及び「評価額」のうち、特例の対象として選択する部分を記入します。なお、Bの宅地等の場合は、上段に「特定同族会社事業用宅地等」として選択する部分の、下段に「貸付事業用宅地等」として選択する部分の「面積」及び「評価額」をそれぞれ記入します。
「2 左記の宅地等のうち選択特例対象宅地等」に記入した宅地等の「面積」及び「評価額」は、「申告書第11・11の2表の付表1」の「2小規模宅地等の明細」の「③取得者の持分に応ずる宅地等の面積」欄及び「④取得者の持分に応ずる宅地等の価額」欄に転記します。
(4)「3 特例の対象とならない宅地等（1－2）」には、「1 持分に応じた宅地等」のうち「2 左記の宅地等のうち選択特例対象宅地等」欄に記入した以外の宅地等について記入します。この欄に記入した「面積」及び「評価額」は、申告書第11表に転記します。

宅地等の取得者氏名	乙	⑭持分割合	1／2			
	1　持分に応じた宅地等		2　左記の宅地等のうち選択特例対象宅地等		3　特例の対象とならない宅地等（1－2）	
	面積（㎡）	評価額（円）	面積（㎡）	評価額（円）	面積（㎡）	評価額（円）
A	②×⑭ 100	⑧×⑭ 10,000,000			100	10,000,000
B	③×⑭	⑨×⑭				
C	④×⑭ 100	⑩×⑭ 7,900,000	100	7,900,000		
D	⑤×⑭	⑪×⑭				
E	⑥×⑭ 100	⑫×⑭ 10,000,000	100	10,000,000		
F	⑦×⑭	⑬×⑭				

宅地等の取得者氏名	丙	⑮持分割合	1／2			
	1　持分に応じた宅地等		2　左記の宅地等のうち選択特例対象宅地等		3　特例の対象とならない宅地等（1－2）	
	面積（㎡）	評価額（円）	面積（㎡）	評価額（円）	面積（㎡）	評価額（円）
A	②×⑮ 100	⑧×⑮ 10,000,000	100	10,000,000		
B	③×⑮	⑨×⑮				
C	④×⑮ 100	⑩×⑮ 7,900,000			100	7,900,000
D	⑤×⑮	⑪×⑮				
E	⑥×⑮ 100	⑫×⑮ 10,000,000			100	10,000,000
F	⑦×⑮	⑬×⑮				

第11・11の2表の付表1（別表1）（令2.7）　　（資1－20－12－3－5－A4統一）

38 店舗兼住宅の敷地の持分の贈与について贈与税の配偶者控除の適用を受けていた場合

Q

被相続人甲は、配偶者乙に対して、相続開始前々年に店舗兼住宅（甲の青果小売業の用に供されていた店舗部分の割合２分の１、甲と乙の居住の用に供されていた住宅部分の割合２分の１）の土地・建物について持分３分の１を贈与しました。乙は、相続税法基本通達21の６－３但し書の取扱いを適用して、贈与を受けた持分に相当する部分はすべて居住用部分であるとして、贈与税の配偶者控除を適用して贈与税の申告を行いました。

乙は甲の土地・建物の共有持分のすべてを相続により取得し、甲及び乙の居住の用に供されていた部分を申告期限まで引き続き居住の用に供しています。

また、乙は、同所での甲の青果小売業を承継し、申告期限まで引き続き事業を営んでいます。

この場合、小規模宅地等の特例の対象となる甲の居住の用に供されていた部分に相当する部分、甲の事業の用に供されていた部分に相当する部分の割合はどのようになりますか。

相続開始直前の利用状況等は下図のとおりです。

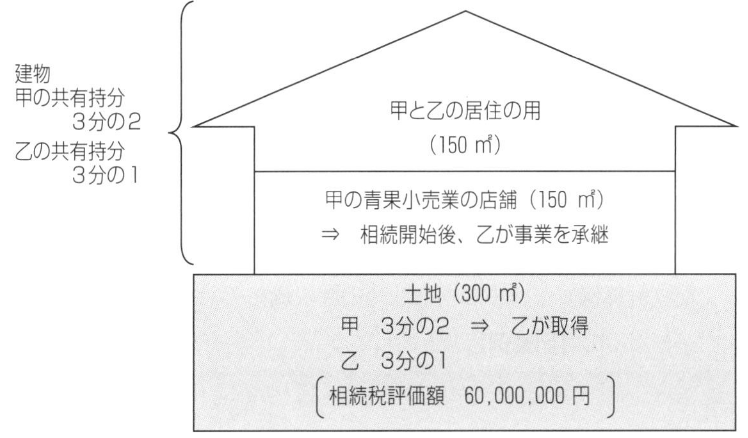

（平成22年７月13日資産課税情報第18号を一部編集）

A

租税特別措置法第69条の４第１項の規定の適用がある店舗兼住宅の敷地の用に供されていた宅地等で、相続の開始の前年以前に被相続人からその持分の贈与について、次の①及び②のような事情がある場合であっても、租税特別措置法施行令第40条の２第２項に規定する被相続人等の事業の用又は居住の用に供されていた部分の判定については、その相続開始の直前における現況によって行うこととなります（133ページ参照）。

①　相続開始の前年以前の贈与において、贈与税の配偶者控除を受けている場合で（相続税法第21条の６第１項）、相基通21の６－３のただし書きの取扱いを受けて居住用部分から優先的に適用して申告しているケース。

②　相続開始の年の贈与において、相続税の申告で特定贈与財産であるとして課税価格に算入しないこととしているケース（相続税法第19条第２項第２号）

したがって、本件における相続財産である土地（甲の持分３分の２）について、特定居住用宅地等又は特定事業用宅地等の要件を満たしているとした場合の各部分に相当する部分は、次のとおりです。

〔特定居住用宅地等に相当する部分〕

$$300㎡（土地の面積）\times \frac{150㎡（甲の居住の用に供されていた部分の床面積）}{300㎡（建物総床面積）} \times \frac{2}{3}（甲の持分）= 100㎡$$

〔特定事業用宅地等に相当する部分〕

$$300㎡（土地の面積）\times \frac{150㎡（甲の事業の用に供されていた部分の床面積）}{300㎡（建物総床面積）} \times \frac{2}{3}（甲の持分）= 100㎡$$

上記**（計算例）**を「小規模宅地等の課税価格の計算明細書」に記入すると、次ページ以下の**【記載例】**のとおりです。

【記載例】２－１

小規模宅地等についての課税価格の計算明細書

FD3549

被相続人　Q&A38

第11・11の2表の付表1（令和2年4月分以降用）

○この申告書は機械で読み取りますので、黒ボールペンで記入してください。

この表は、小規模宅地等の特例（租税特別措置法第69条の4第1項）の適用を受ける場合に記入します。
なお、被相続人から、相続、遺贈又は相続時精算課税に係る贈与により取得した財産のうちに、「特定計画山林の特例」の対象となり得る財産又は「個人の事業用資産についての相続税の納税猶予及び免除」の対象となり得る宅地等その他一定の財産がある場合には、第11・11の2表の付表2を、「特定事業用資産の特例」の対象となり得る財産がある場合には、第11・11の2表の付表2の2を作成します（第11・11の2表の付表2又は付表2の2を作成する場合には、この表の「1 特例の適用にあたっての同意」欄の記入を要しません。）。
（注）この表の1又は2の各欄に記入しきれない場合には、第11・11の2表の付表1（続）を使用します。

1　特例の適用にあたっての同意
この欄は、小規模宅地等の特例の対象となり得る宅地等を取得した全ての人が次の内容に同意する場合に、その宅地等を取得した全ての人の氏名を記入します。

私（私たち）は、「2 小規模宅地等の明細」の①欄の取得者が、小規模宅地等の特例の適用を受けるものとして選択した宅地等又はその一部（「2 小規模宅地等の明細」の⑤欄で選択した宅地等）の全てが限度面積要件を満たすものであることを確認の上、その取得者が小規模宅地等の特例の適用を受けることに同意します。

氏名	乙	丙	

（注）小規模宅地等の特例の対象となり得る宅地等を取得した全ての人の同意がなければ、この特例の適用を受けることはできません。

2　小規模宅地等の明細
この欄は、小規模宅地等の特例の対象となり得る宅地等を取得した人のうち、その特例の適用を受ける人が選択した小規模宅地等の明細等を記載し、相続税の課税価格に算入する価額を計算します。
「小規模宅地等の種類」欄は、選択した小規模宅地等の種類に応じて次の1～4の番号を記入します。
小規模宅地等の種類：**1** 特定居住用宅地等、**2** 特定事業用宅地等、**3** 特定同族会社事業用宅地等、**4** 貸付事業用宅地等

	小規模宅地等の種類（1～4の番号を記入します。）	① 特例の適用を受ける取得者の氏名〔事業内容〕 ② 所在地番 ③ 取得者の持分に応ずる宅地等の面積 ④ 取得者の持分に応ずる宅地等の価額	⑤ ③のうち小規模宅地等（「限度面積要件」を満たす宅地等）の面積 ⑥ ④のうち小規模宅地等（④×⑤/③）の価額 ⑦ 課税価格の計算に当たって減額される金額（⑥×⑨） ⑧ 課税価格に算入する価額（④－⑦）
選択した小規模宅地等	1	① 乙〔　〕	⑤ 100.　㎡
		② ××市○○町△丁目□番◇号	⑥ 20,000,000 円
		③ 100.　㎡	⑦ 16,000,000 円
		④ 20,000,000 円	⑧ 4,000,000 円
	2	① 乙〔青果小売〕	⑤ 100.　㎡
		② ××市○○町△丁目□番◇号	⑥ 20,000,000 円
		③ 100.　㎡	⑦ 16,000,000 円
		④ 20,000,000 円	⑧ 4,000,000 円
		①〔　〕	⑤ .　㎡
		②	⑥ 円
		③ .　㎡	⑦ 円
		④ 円	⑧ 円

（注）1　①欄の〔　〕は、選択した小規模宅地等が被相続人等の事業用宅地等（**2**、**3** 又は**4**）である場合に、相続開始の直前にその宅地等の上で行われていた被相続人等の事業について、例えば、飲食サービス業、法律事務所、貸家などのように具体的に記入します。
2　小規模宅地等を選択する一の宅地等が共有である場合又は一の宅地等が貸家建付地である場合において、その評価額の計算上「賃貸割合」が1でないときには、第11・11の2表の付表1（別表1）を作成します。
3　小規模宅地等を選択する宅地等が、配偶者居住権に基づく敷地利用権又は配偶者居住権の目的となっている建物の敷地の用に供される宅地等である場合には、第11・11の2表の付表1（別表1の2）を作成します。
4　⑧欄の金額を第11表の「財産の明細」の「価額」欄に転記します。

○　**「限度面積要件」の判定**
上記「2 小規模宅地等の明細」の⑤欄で選択した宅地等の全てが限度面積要件を満たすものであることを、この表の各欄を記入することにより判定します。

※の項目は記入する必要がありません。

小規模宅地等の区分	被相続人等の居住用宅地等	被相続人等の事業用宅地等		
小規模宅地等の種類	1 特定居住用宅地等	2 特定事業用宅地等	3 特定同族会社事業用宅地等	4 貸付事業用宅地等
⑨ 減額割合	80/100	80/100	80/100	50/100
⑩ ⑤の小規模宅地等の面積の合計	100 ㎡	100 ㎡	㎡	㎡
⑪限度面積 イ 小規模宅地等のうちに4貸付事業用宅地等がない場合	〔1の⑩の面積〕 100 ≦330㎡	〔2の⑩及び3の⑩の面積の合計〕 100 ㎡ ≦ 400㎡		
⑪限度面積 ロ 小規模宅地等のうちに4貸付事業用宅地等がある場合	〔1の⑩の面積〕 ㎡ × 200/330 ＋	〔2の⑩及び3の⑩の面積の合計〕 ㎡ × 200/400 ＋		〔4の⑩の面積〕 ㎡ ≦ 200㎡

（注）限度面積は、小規模宅地等の種類（「**4** 貸付事業用宅地等」の選択の有無）に応じて、⑪欄（イ又はロ）により判定を行います。「限度面積要件」を満たす場合に限り、この特例の適用を受けることができます。

※税務署整理欄	年分		名簿番号		申告年月日		一連番号		グループ番号		補完	

第11・11の2表の付表1（令2.7）　　（資4－20－12－3－1－A4統一）

【記載例】2−2

小規模宅地等についての課税価格の計算明細書（別表1）

被相続人	Q&A38

第11・11の2表の付表1（別表1）（令和2年4月分以降用）

この計算明細書は、特例の対象として小規模宅地等を選択する一の宅地等（注1）が、次のいずれかに該当する場合に一の宅地等ごとに作成します（注2）。
1 相続又は遺贈により一の宅地等を2人以上の相続人又は受遺者が取得している場合
2 一の宅地等の全部又は一部が、貸家建付地である場合において、貸家建付地の評価額の計算上「賃貸割合」が「1」でない場合
（注）1 一の宅地等とは、一棟の建物又は構築物の敷地をいいます。ただし、マンションなどの区分所有建物の場合には、区分所有された建物の部分に係る敷地をいいます。
2 一の宅地等が、配偶者居住権に基づく敷地利用権又は配偶者居住権の目的となっている建物の敷地の用の供される宅地等である場合には、この計算明細書によらず、第11・11の2表の付表1（別表1の2）を使用してください。

1 一の宅地等の所在地、面積及び評価額

一の宅地等について、宅地等の「所在地」、「面積」及び相続開始の直前における宅地等の利用区分に応じて「面積」及び「評価額」を記入します。
(1)「①宅地等の面積」欄は、一の宅地等が持分である場合には、持分に応ずる面積を記入してください。
(2) 上記2に該当する場合には、⑪欄については、⑤欄の面積を基に自用地として評価した金額を記入してください。

宅地等の所在地		××市〇〇町△丁目□番◇号	①宅地等の面積	200 ㎡
相続開始の直前における宅地等の利用区分			面積（㎡）	評価額（円）
A	①のうち被相続人等の事業の用に供されていた宅地等（B、C及びDに該当するものを除きます。）		② 100	⑧ 20,000,000
B	①のうち特定同族会社の事業（貸付事業を除きます。）の用に供されていた宅地等		③	⑨
C	①のうち被相続人等の貸付事業の用に供されていた宅地等（相続開始の時において継続的に貸付事業の用に供されていると認められる部分の敷地）		④	⑩
D	①のうち被相続人等の貸付事業の用に供されていた宅地等（Cに該当する部分以外の部分の敷地）		⑤	⑪
E	①のうち被相続人等の居住の用に供されていた宅地等		⑥ 100	⑫ 20,000,000
F	①のうちAからEの宅地等に該当しない宅地等		⑦	⑬

2 一の宅地等の取得者ごとの面積及び評価額

上記のAからFまでの宅地等の「面積」及び「評価額」を、宅地等の取得者ごとに記入します。
(1)「持分割合」欄は、宅地等の取得者が相続又は遺贈により取得した持分割合を記入します。一の宅地等を1人で取得した場合には、「1/1」と記入します。
(2)「1 持分に応じた宅地等」は、上記のAからFまでに記入した一の宅地等の「面積」及び「評価額」を「持分割合」を用いてあん分して計算した「面積」及び「評価額」を記入します。
(3)「2 左記の宅地等のうち選択特例対象宅地等」は、「1 持分に応じた宅地等」に記入した「面積」及び「評価額」のうち、特例の対象として選択する部分を記入します。なお、Bの宅地等の場合は、上段に「特定同族会社事業用宅地等」として選択する部分の、下段に「貸付事業用宅地等」として選択する部分の「面積」及び「評価額」をそれぞれ記入します。
「2 左記の宅地等のうち選択特例対象宅地等」に記入した宅地等の「面積」及び「評価額」は、「申告書第11・11の2表の付表1」の「2小規模宅地等の明細」の「⑮取得者の持分に応ずる宅地等の面積」欄及び「④取得者の持分に応ずる宅地等の価額」欄に転記します。
(4)「3 特例の対象とならない宅地等（1−2）」には、「1 持分に応じた宅地等」のうち「2 左記の宅地等のうち選択特例対象宅地等」欄に記入した以外の宅地等について記入します。この欄に記入した「面積」及び「評価額」は、申告書第11表に転記します。

宅地等の取得者氏名	乙		⑭持分割合	1/1		
	1 持分に応じた宅地等		2 左記の宅地等のうち選択特例対象宅地等		3 特例の対象とならない宅地等（1−2）	
	面積（㎡）	評価額（円）	面積（㎡）	評価額（円）	面積（㎡）	評価額（円）
A	②×⑭ 100	⑧×⑭ 20,000,000	100	20,000,000		
B	③×⑭	⑨×⑭				
C	④×⑭	⑩×⑭				
D	⑤×⑭	⑪×⑭				
E	⑥×⑭ 100	⑫×⑭ 20,000,000	100	20,000,000		
F	⑦×⑭	⑬×⑭				

宅地等の取得者氏名			⑮持分割合	/		
	1 持分に応じた宅地等		2 左記の宅地等のうち選択特例対象宅地等		3 特例の対象とならない宅地等（1−2）	
	面積（㎡）	評価額（円）	面積（㎡）	評価額（円）	面積（㎡）	評価額（円）
A	②×⑮	⑧×⑮				
B	③×⑮	⑨×⑮				
C	④×⑮	⑩×⑮				
D	⑤×⑮	⑪×⑮				
E	⑥×⑮	⑫×⑮				
F	⑦×⑮	⑬×⑮				

第11・11の2表の付表1（別表1）（令2.7）　（資4−20−12−3−5−A4統一）

被相続人の共有する土地が被相続人等の居住の用と貸家の敷地の用に供されていた場合の小規模宅地等の特例

Q

被相続人甲が配偶者乙と共有する土地上（下図参照）には、被相続人の居住の用に供されていたＡ建物（甲所有）と貸家の用に供されていたＢ建物（甲所有）があります。

配偶者乙がＡ建物、Ｂ建物及び土地のうち甲の共有持分を相続する場合、甲が所有していた土地の共有持分に相当する240㎡のうち200㎡はＡ建物の敷地として特定居住用宅地等である小規模宅地等に該当すると解してよろしいですか。

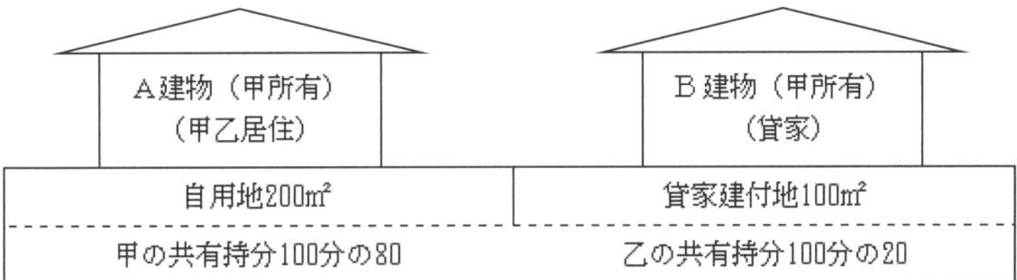

（国税庁質疑応答事例）

A

共有持分権者のその土地に有する権利は、その土地の全てに均等に及ぶとの共有についての一般的な考え方からすれば、照会の場合は、この土地に係る被相続人甲の共有持分は居住の用に供されていたＡ建物の敷地と貸家であるＢ建物の敷地に均等に及んでいると考えるのが相当です。

したがって、甲の共有持分に相当する240㎡のうち、Ａ建物の敷地部分に相当する160㎡が特定居住用宅地等である小規模宅地等に該当することになります。

※　甲の共有持分に相当する240㎡の利用状況

Ａ建物の敷地部分　$160㎡ = 300㎡ \times \frac{80}{100} \times \frac{200㎡}{200㎡+100㎡}$

Ｂ建物の敷地部分　$80㎡ = 300㎡ \times \frac{80}{100} \times \frac{100㎡}{200㎡+100㎡}$

上記（計算例）を「小規模宅地等の課税価格の計算明細書」に記入すると、次ページ以下の**【記載例】**のとおりです。

【関係法令通達】 措法第69の4

【記載例】３－１

小規模宅地等についての課税価格の計算明細書

FD3549

被相続人	Q&A39

第11・11の2表の付表1（令和2年4月分以降用）

○この申告書は機械で読み取りますので、黒ボールペンで記入してください。

この表は、小規模宅地等の特例（租税特別措置法第69条の４第１項）の適用を受ける場合に記入します。
なお、被相続人から、相続、遺贈又は相続時精算課税に係る贈与により取得した財産のうちに、「特定計画山林の特例」の対象となり得る財産又は「個人の事業用資産についての相続税の納税猶予及び免除」の対象となり得る宅地等その他一定の財産がある場合には、第11・11の２表の付表２を、「特定事業用資産の特例」の対象となり得る財産がある場合には、第11・11の２表の付表２の２を作成します（第11・11の２表の付表２又は付表２の２を作成する場合には、この表の「１ 特例の適用にあたっての同意」欄の記入を要しません。）。
（注）この表の１又は２の各欄に記入しきれない場合には、第11・11の２表の付表１(続）を使用します。

1　特例の適用にあたっての同意

この欄は、小規模宅地等の特例の対象となり得る宅地等を取得した全ての人が次の内容に同意する場合に、その宅地等を取得した全ての人の氏名を記入します。

私（私たち）は、「２ 小規模宅地等の明細」の①欄の取得者が、小規模宅地等の特例の適用を受けるものとして選択した宅地等又はその一部（「２ 小規模宅地等の明細」の⑤欄で選択した宅地等）の全てが限度面積要件を満たすものであることを確認の上、その取得者が小規模宅地等の特例の適用を受けることに同意します。

氏名	乙		

（注）小規模宅地等の特例の対象となり得る宅地等を取得した全ての人の同意がなければ、この特例の適用を受けることはできません。

2　小規模宅地等の明細

この欄は、小規模宅地等の特例の対象となり得る宅地等を取得した人のうち、その特例の適用を受ける人が選択した小規模宅地等の明細等を記載し、相続税の課税価格に算入する価額を計算します。

「小規模宅地等の種類」欄は、選択した小規模宅地等の種類に応じて次の１～４の番号を記入します。
小規模宅地等の種類：１ 特定居住用宅地等、２ 特定事業用宅地等、３ 特定同族会社事業用宅地等、４ 貸付事業用宅地等

選択した小規模宅地等	小規模宅地等の種類（1～4の番号を記入します。）	① 特例の適用を受ける取得者の氏名〔事業内容〕 ② 所在地番 ③ 取得者の持分に応ずる宅地等の面積 ④ 取得者の持分に応ずる宅地等の価額	⑤ ③のうち小規模宅地等（「限度面積要件」を満たす宅地等）の面積 ⑥ ④のうち小規模宅地等（④×⑤/③）の価額 ⑦ 課税価格の計算に当たって減額される金額（⑥×⑨） ⑧ 課税価格に算入する価額（④－⑦）
	1	① 乙〔　〕	⑤ 160. ㎡
		② ××市○○町△丁目□番◇号	⑥ 24000000 円
		③ 160. ㎡	⑦ 19200000 円
		④ 24000000 円	⑧ 4800000 円
	4	① 乙〔貸家〕	⑤ 80. ㎡
		② ××市○○町△丁目□番◇号	⑥ 8800000 円
		③ 80. ㎡	⑦ 4400000 円
		④ 8800000 円	⑧ 4400000 円
		①〔　〕	⑤ ㎡
		②	⑥ 円
		③ ㎡	⑦ 円
		④ 円	⑧ 円

（注）1　①欄の〔　〕は、選択した小規模宅地等が被相続人等の事業用宅地等（２、３又は４）である場合に、相続開始の直前にその宅地等の上で行われていた被相続人等の事業について、例えば、飲食サービス業、法律事務所、貸家などのように具体的に記入します。
2　小規模宅地等を選択する一の宅地等が共有である場合又は一の宅地等が貸家建付地である場合において、その評価額の計算上「賃貸割合」が１でないときには、第11・11の２表の付表１（別表１）を作成します。
3　小規模宅地等を選択する宅地等が、配偶者居住権に基づく敷地利用権又は配偶者居住権の目的となっている建物の敷地の用に供される宅地等である場合には、第11・11の２表の付表１（別表１の２）を作成します。
4　⑧欄の金額を第11表の「財産の明細」の「価額」欄に転記します。

○「限度面積要件」の判定

上記「２ 小規模宅地等の明細」の⑤欄で選択した宅地等の全てが限度面積要件を満たすものであることを、この表の各欄を記入することにより判定します。

小規模宅地等の区分		被相続人等の居住用宅地等	被相続人等の事業用宅地等		
小規模宅地等の種類		1 特定居住用宅地等	2 特定事業用宅地等	3 特定同族会社事業用宅地等	4 貸付事業用宅地等
⑨ 減額割合		80/100	80/100	80/100	50/100
⑩ ⑤の小規模宅地等の面積の合計		160 ㎡	㎡	㎡	80 ㎡
⑪ 限度面積	イ 小規模宅地等のうちに4貸付事業用宅地等がない場合	〔1の⑩の面積〕 ㎡ ≦330㎡	〔2の⑩及び3の⑩の面積の合計〕 ㎡ ≦ 400㎡		
	ロ 小規模宅地等のうちに4貸付事業用宅地等がある場合	〔1の⑩の面積〕 160 ㎡×200/330 ＋	〔2の⑩及び3の⑩の面積の合計〕 ㎡×200/400 ＋		〔4の⑩の面積〕 80 ㎡ ≦ 200㎡

（注）限度面積は、小規模宅地等の種類（「４ 貸付事業用宅地等」の選択の有無）に応じて、⑪欄（イ又はロ）により判定を行います。「限度面積要件」を満たす場合に限り、この特例の適用を受けることができます。

※この項目は記入する必要がありません。

※税務署整理欄	年分		名簿番号		申告年月日		一連番号		グループ番号		補完	

第11・11の２表の付表１（令2.7）　　（資4－20－12－3－1－A4統一）

【記載例】3－2

小規模宅地等についての課税価格の計算明細書（別表1）

被相続人	Q&A39

この計算明細書は、特例の対象として小規模宅地等を選択する一の宅地等（注1）が、次のいずれかに該当する場合に一の宅地等ごとに作成します（注2）。
1　相続又は遺贈により一の宅地等を２人以上の相続人又は受遺者が取得している場合
2　一の宅地等の全部又は一部が、貸家建付地である場合において、貸家建付地の評価額の計算上「賃貸割合」が「1」でない場合
（注）1　一の宅地等とは、一棟の建物又は構築物の敷地をいいます。ただし、マンションなどの区分所有建物の場合には、区分所有された建物の部分に係る敷地をいいます。
2　一の宅地等が、配偶者居住権に基づく敷地利用権又は配偶者居住権の目的となっている建物の敷地の用の供される宅地等である場合には、この計算明細書によらず、第11・11の２表の付表１（別表１の２）を使用してください。

1　一の宅地等の所在地、面積及び評価額

一の宅地等について、宅地等の「所在地」、「面積」及び相続開始の直前における宅地等の利用区分に応じて「面積」及び「評価額」を記入します。
(1)　「①宅地等の面積」欄は、一の宅地等が持分である場合には、持分に応ずる面積を記入してください。
(2)　上記２に該当する場合には、⑩欄については、⑤欄の面積を基に自用地として評価した金額を記入してください。

宅地等の所在地	××市○○町△丁目□番◇号	①宅地等の面積	240 ㎡

	相続開始の直前における宅地等の利用区分	面積（㎡）	評価額（円）
A	①のうち被相続人等の事業の用に供されていた宅地等 （B、C及びDに該当するものを除きます。）	②	⑧
B	①のうち特定同族会社の事業（貸付事業を除きます。）の用に供されていた宅地等	③	⑨
C	①のうち被相続人等の貸付事業の用に供されていた宅地等 （相続開始の時において継続的に貸付事業の用に供されていると認められる部分の敷地）	④ 80	⑩ 8, 800, 000
D	①のうち被相続人等の貸付事業の用に供されていた宅地等 （Cに該当する部分以外の部分の敷地）	⑤	⑪
E	①のうち被相続人等の居住の用に供されていた宅地等	⑥ 160	⑫ 24, 000, 000
F	①のうちAからEの宅地等に該当しない宅地等	⑦	⑬

2　一の宅地等の取得者ごとの面積及び評価額

上記のAからFまでの宅地等の「面積」及び「評価額」を、宅地等の取得者ごとに記入します。
(1)　「持分割合」欄は、宅地等の取得者が相続又は遺贈により取得した持分割合を記入します。一の宅地等を１人で取得した場合には、「1／1」と記入します。
(2)　「1 持分に応じた宅地等」は、上記のAからFまでに記入した一の宅地等の「面積」及び「評価額」を「持分割合」を用いてあん分して計算した「面積」及び「評価額」を記入します。
(3)　「2 左記の宅地等のうち選択特例対象宅地等」は、「1 持分に応じた宅地等」に記入した「面積」及び「評価額」のうち、特例の対象として選択する部分を記入します。なお、Bの宅地等の場合は、上段に「特定同族会社事業用宅地等」として選択する部分の、下段に「貸付事業用宅地等」として選択する部分の「面積」及び「評価額」をそれぞれ記入します。
「2 左記の宅地等のうち選択特例対象宅地等」に記入した宅地等の「面積」及び「評価額」は、「申告書第11・11の２表の付表1」の「2小規模宅地等の明細」の「③取得者の持分に応ずる宅地等の面積」欄及び「④取得者の持分に応ずる宅地等の価額」欄に転記します。
(4)　「3 特例の対象とならない宅地等（1－2）」には、「1 持分に応じた宅地等」のうち「2 左記の宅地等のうち選択特例対象宅地等」欄に記入した以外の宅地等について記入します。この欄に記入した「面積」及び「評価額」は、申告書第11表に転記します。

宅地等の取得者氏名	乙	⑭持分割合	1／1

	1　持分に応じた宅地等		2　左記の宅地等のうち選択特例対象宅地等		3　特例の対象とならない宅地等（1－2）	
	面積（㎡）	評価額（円）	面積（㎡）	評価額（円）	面積（㎡）	評価額（円）
A	②×⑭	⑧×⑭				
B	③×⑭	⑨×⑭				
C	④×⑭ 80	⑩×⑭ 8, 800, 000	80	8, 800, 000		
D	⑤×⑭	⑪×⑭				
E	⑥×⑭ 160	⑫×⑭ 24, 000, 000	160	24, 000, 000		
F	⑦×⑭	⑬×⑭				

宅地等の取得者氏名		⑮持分割合	／

	1　持分に応じた宅地等		2　左記の宅地等のうち選択特例対象宅地等		3　特例の対象とならない宅地等（1－2）	
	面積（㎡）	評価額（円）	面積（㎡）	評価額（円）	面積（㎡）	評価額（円）
A	②×⑮	⑧×⑮				
B	③×⑮	⑨×⑮				
C	④×⑮	⑩×⑮				
D	⑤×⑮	⑪×⑮				
E	⑥×⑮	⑫×⑮				
F	⑦×⑮	⑬×⑮				

第11･11の２表の付表１（別表１）（令2.7）　　（資4－20－12－3－5－A4統一）

第11・11の２表の付表１（別表１）（令和２年４月分以降用）

特定同族会社事業用宅地等と貸付事業用宅地等が混在する場合

被相続人甲は、自己の所有する土地（400㎡）の上に建物１棟を所有し、甲が発行済株式総数の60％の株式を有する会社Ａ社に対してその建物を相当の対価を得て貸し付けていました。

Ａ社は、甲から借り受けた建物の１階を日用雑貨小売業の店舗として利用し、２階をＢ社に貸し付けています。

甲の子乙及び子丙は、甲がＡ社に貸し付けていた建物とその敷地について、各々２分の１を相続により取得した。

相続税の申告期限において乙はＡ社の役員となっていますが、丙はＡ社の役員ではありません。

また、乙及び丙は、相続開始時から申告期限まで引き続きその建物をＡ社に貸し付けており、Ａ社は申告期限まで引き続きその建物の１階を日用雑貨小売業の店舗として利用し、２階をＢ社に貸し付けています。

この場合、小規模宅地等の特例の適用対象として選択できる部分はどの部分ですか。

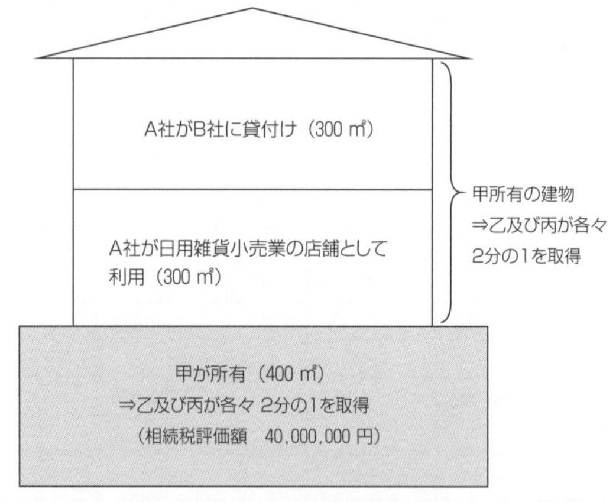

（平成22年７月13日資産課税情報第18号を編集、条文は当時のママ）

特定同族会社事業用宅地等に該当するためには、その宅地等が「法人の事業の用に供されていた宅地等」であるという要件を満たす必要があります（旧措法69の４③三）。

この場合の「法人の事業」からは、不動産貸付業、駐車場業、自転車駐車場業及び準事業が除かれています。（措法69の４③一、措令40の２④）

また、特定同族会社事業用宅地等に該当するためには、「当該宅地等を相続又は遺贈により取得した当該被相続人の親族（申告期限において当該法人の法人税法第２条第15号に規定する役員（清算人を除く。）である者に限る。）が相続開始時から申告期限まで引き続き有し、かつ、申告期限まで引き続き当該法人の事業の用に供されているもの」という要件を満たす必要があります。（措法69の４③三、措規23の２④）

したがって、本件の場合、乙が相続により取得した部分（400㎡×1/2＝200㎡）のうち、Ａ社が日用雑貨小売業の店舗として利用している部分（100㎡）は、特定同族会社事業用宅地等として、小規模宅地等の特例の適用を選択することができます。

また、丙が相続により取得した部分（400㎡×1/2＝200㎡）のうち、Ａ社が日用雑貨小売業の店舗として利用している部分（100㎡）は、丙が申告期限においてＡ社の役員になっていないため特定同族会社事業用宅地等には該当しませんが、Ａ社がＢ社に貸し付けている部分（200㎡）と同様に、貸付事業用宅地等として、小規模宅地等の特例の適用を選択することができます。

ただし、小規模宅地等の特例の適用に当っては、限度面積要件があるため、乙及び丙が取得した特例の選択が可能な部分のすべてを小規模宅地等の特例の適用対象として選択することはできません。

【特定同族会社事業用宅地等に該当する部分】

$$400㎡ \times \frac{300㎡\text{（特定同族会社の日用雑貨小売業の用に供されている部分の床面積）}}{600㎡\text{（特定同族会社に貸し付けられている建物の総床面積）}} \times \frac{1}{2}\text{（乙の持分割合）} = 100㎡$$

乙……100㎡

【貸付事業用宅地等に該当する部分】

$$400㎡ \times \frac{300㎡\text{（特定同族会社の貸付事業の用に供されている部分の床面積）}}{600㎡\text{（特定同族会社に貸し付けられている建物の総床面積）}} \times \frac{1}{2}\text{（乙の持分割合）} = 100㎡$$

$$400㎡ \times \frac{300㎡\text{（特定同族会社の貸付事業の用に供されている部分の床面積）}}{600㎡\text{（特定同族会社に貸し付けられている建物の総床面積）}} \times \frac{1}{2}\text{（丙の持分割合）} = 100㎡$$

$$400㎡ \times \frac{300㎡\text{（特定同族会社の日用雑貨小売業の用に供されている部分の床面積）}}{600㎡\text{（特定同族会社に貸し付けられている建物の総床面積）}} \times \frac{1}{2}\text{（丙の持分割合）} = 100㎡$$

乙……100㎡、丙……200㎡

[限度面積]

小規模宅地等の特例の適用に当たっては、限度面積要件があるため、乙が取得した部分のうち100㎡を特定事業用宅地等として選択したとすると、特定貸付事業用宅地に係る本特例の適用を受けることができる面積は次のとおりとなります。

限度面積計算の算式

$$(A) \times \frac{200}{400} + (B) \times \frac{200}{330} + (C) \leqq 200㎡$$

100㎡×200/400＝50㎡

200－50㎡＝150㎡

上記（**計算例**）を「小規模宅地等の課税価格の計算明細書」に記入すると、次ページ以下の**【記載例】**のとおりです。

【記載例】4－1

小規模宅地等についての課税価格の計算明細書

FD3549

被相続人　Q&A40

第11・11の2表の付表1（令和2年4月分以降用）

この表は、小規模宅地等の特例（租税特別措置法第69条の4第1項）の適用を受ける場合に記入します。
なお、被相続人から、相続、遺贈又は相続時精算課税に係る贈与により取得した財産のうちに、「特定計画山林の特例」の対象となり得る財産又は「個人の事業用資産についての相続税の納税猶予及び免除」の対象となり得る宅地等その他一定の財産がある場合には、第11・11の2表の付表2を、「特定事業用資産の特例」の対象となり得る財産がある場合には、第11・11の2表の付表2の2を作成します（第11・11の2表の付表2又は付表2の2を作成する場合には、この表の「1 特例の適用にあたっての同意」欄の記入を要しません。）。
（注）この表の1又は2の各欄に記入しきれない場合には、第11・11の2表の付表1(続)を使用します。

1　特例の適用にあたっての同意

この欄は、小規模宅地等の特例の対象となり得る宅地等を取得した全ての人が次の内容に同意する場合に、その宅地等を取得した全ての人の氏名を記入します。

私(私たち)は、「2 小規模宅地等の明細」の①欄の取得者が、小規模宅地等の特例の適用を受けるものとして選択した宅地等又はその一部（「2 小規模宅地等の明細」の⑤欄で選択した宅地等）の全てが限度面積要件を満たすものであることを確認の上、その取得者が小規模宅地等の特例の適用を受けることに同意します。

氏名	乙	丙	

（注）小規模宅地等の特例の対象となり得る宅地等を取得した全ての人の同意がなければ、この特例の適用を受けることはできません。

2　小規模宅地等の明細

この欄は、小規模宅地等の特例の対象となり得る宅地等を取得した人のうち、その特例の適用を受ける人が選択した小規模宅地等の明細等を記載し、相続税の課税価格に算入する価額を計算します。

「小規模宅地等の種類」欄は、選択した小規模宅地等の種類に応じて次の1～4の番号を記入します。
小規模宅地等の種類：1 特定居住用宅地等、2 特定事業用宅地等、3 特定同族会社事業用宅地等、4 貸付事業用宅地等

小規模宅地等の種類（1～4の番号を記入します。）	①特例の適用を受ける取得者の氏名〔事業内容〕 ②所在地番 ③取得者の持分に応ずる宅地等の面積 ④取得者の持分に応ずる宅地等の価額	⑤③のうち小規模宅地等（「限度面積要件」を満たす宅地等）の面積 ⑥④のうち小規模宅地等（④×⑤/③）の価額 ⑦課税価格の計算に当たって減額される金額（⑥×⑨） ⑧課税価格に算入する価額（④－⑦）
3	①乙〔日用雑貨小売〕	⑤100．㎡
	②××市○○町△丁目□番◇号	⑥10000000円
	③100．㎡	⑦8000000円
	④10000000円	⑧2000000円
4	①丙〔貸家〕	⑤0．㎡
	②××市○○町△丁目□番◇号	⑥0円
	③100．㎡	⑦0円
	④10000000円	⑧10000000円
4	①乙〔貸家〕	⑤75．㎡
	②××市○○町△丁目□番◇号	⑥7500000円
	③100．㎡	⑦3750000円
	④10000000円	⑧6250000円

（注）1　①欄の〔　〕は、選択した小規模宅地等が被相続人等の事業用宅地等（2、3又は4）である場合に、相続開始の直前にその宅地等の上で行われていた被相続人等の事業について、例えば、飲食サービス業、法律事務所、貸家などのように具体的に記入します。
2　小規模宅地等を選択する一の宅地等が共有である場合又は一の宅地等が貸家建付地である場合において、その評価額の計算上「賃貸割合」が1でないときには、第11・11の2表の付表1(別表1)を作成します。
3　小規模宅地等を選択する宅地等が、配偶者居住権に基づく敷地利用権又は配偶者居住権の目的となっている建物の敷地の用に供される宅地等である場合には、第11・11の2表の付表1(別表1の2)を作成します。
4　⑧欄の金額を第11表の「財産の明細」の「価額」欄に転記します。

○「限度面積要件」の判定

上記「2 小規模宅地等の明細」の⑤欄で選択した宅地等の全てが限度面積要件を満たすものであることを、この表の各欄を記入することにより判定します。

小規模宅地等の区分	被相続人等の居住用宅地等	被相続人等の事業用宅地等		
小規模宅地等の種類	1 特定居住用宅地等	2 特定事業用宅地等	3 特定同族会社事業用宅地等	4 貸付事業用宅地等
⑨減額割合	80/100	80/100	80/100	50/100
⑩⑤の小規模宅地等の面積の合計	㎡	㎡	100㎡	150㎡

限度面積				
⑪イ 小規模宅地等のうちに4貸付事業用宅地等がない場合	〔1の⑩の面積〕 ≦330㎡	〔2の⑩及び3の⑩の面積の合計〕 ㎡≦400㎡		
ロ 小規模宅地等のうちに4貸付事業用宅地等がある場合	〔1の⑩の面積〕 ㎡×200/330 ＋	〔2の⑩及び3の⑩の面積の合計〕 100㎡×200/400 ＋	〔4の⑩の面積〕 150㎡≦200㎡	

（注）限度面積は、小規模宅地等の種類（「4 貸付事業用宅地等」の選択の有無）に応じて、⑪欄（イ又はロ）により判定を行います。「限度面積要件」を満たす場合に限り、この特例の適用を受けることができます。

※税務署整理欄	年分		名簿番号		申告年月日		一連番号		グループ番号		補完	

○この申告書は機械で読み取りますので、黒ボールペンで記入してください。

※の項目は記入する必要がありません。

第11・11の2表の付表1（令2.7）　（資4－20－12－3－1－A4統一）

【記載例】4－2

小規模宅地等についての課税価格の計算明細書（続）

FD3550

被相続人　Q&A40

○この申告書は機械で読み取りますので、黒ボールペンで記入してください。

第11・11の2表の付表1（続）（令和2年4月分以降用）

1　特例の適用にあたっての同意

この欄は、小規模宅地等の特例の対象となり得る宅地等を取得した全ての人が次の内容に同意する場合に、その宅地等を取得した全ての人の氏名を記入します。

私（私たち）は、「2 小規模宅地等の明細」の①欄の取得者が、小規模宅地等の特例の適用を受けるものとして選択した宅地等又はその一部（「2 小規模宅地等の明細」の⑤欄で選択した宅地等）の全てが限度面積要件を満たすものであることを確認の上、その取得者が小規模宅地等の特例の適用を受けることに同意します。

氏名			

（注）小規模宅地等の特例の対象となり得る宅地等を取得した全ての人の同意がなければ、この特例の適用を受けることはできません。

2　小規模宅地等の明細

この欄は、小規模宅地等の特例の対象となり得る宅地等を取得した人のうち、その特例の適用を受ける人が選択した小規模宅地等の明細等を記載し、相続税の課税価格に算入する価額を計算します。

「小規模宅地等の種類」欄は、選択した小規模宅地等の種類に応じて次の1～4の番号を記入します。
小規模宅地等の種類：1 特定居住用宅地等、2 特定事業用宅地等、3 特定同族会社事業用宅地等、4 貸付事業用宅地等

	小規模宅地等の種類（1～4の番号を記入します。）	① 特例の適用を受ける取得者の氏名〔事業内容〕 ② 所在地番 ③ 取得者の持分に応ずる宅地等の面積 ④ 取得者の持分に応ずる宅地等の価額	⑤ ③のうち小規模宅地等（「限度面積要件」を満たす宅地等）の面積 ⑥ ④のうち小規模宅地等（④×⑤/③）の価額 ⑦ 課税価格の計算に当たって減額される金額（⑥×⑨） ⑧ 課税価格に算入する価額（④－⑦）
選択した小規模宅地等	4	① 丙〔貸家〕 ② ××市○○町△丁目□番◇号 ③ 100.　㎡ ④ 100000000 円	⑤ 75.　㎡ ⑥ 7500000 円 ⑦ 3750000 円 ⑧ 6250000 円
		①〔　〕 ② ③ .　㎡ ④ 円	⑤ .　㎡ ⑥ 円 ⑦ 円 ⑧ 円
		①〔　〕 ② ③ .　㎡ ④ 円	⑤ .　㎡ ⑥ 円 ⑦ 円 ⑧ 円
		①〔　〕 ② ③ .　㎡ ④ 円	⑤ .　㎡ ⑥ 円 ⑦ 円 ⑧ 円
		①〔　〕 ② ③ .　㎡ ④ 円	⑤ .　㎡ ⑥ 円 ⑦ 円 ⑧ 円

（注）1　①欄の「〔　〕」は、選択した小規模宅地等が被相続人等の事業用宅地等（2、3又は4）である場合に、相続開始の直前にその宅地等の上で行われていた被相続人等の事業について、例えば、飲食サービス業、法律事務所、貸家などのように具体的に記入します。
2　小規模宅地等を選択する一の宅地等が共有である場合又は一の宅地等が貸家建付地である場合において、その評価額の計算上「賃貸割合」が1でないときには、第11・11の2表の付表1（別表1）を作成します。
3　小規模宅地等を選択する宅地等が、配偶者居住権に基づく敷地利用権又は配偶者居住権の目的となっている建物の敷地の用に供される宅地等である場合には、第11・11の2表の付表1（別表1の2）を作成します。
4　⑧欄の金額を第11表の「財産の明細」の「価額」欄に転記します。

※の項目は記入する必要がありません。

※税務署整理欄	年分		名簿番号		申告年月日		一連番号		グループ番号		補完	

第11・11の2表の付表1（続）（令2.7）　　（資4－20－12－3－2－A4統一）

【記載例】4－3

小規模宅地等についての課税価格の計算明細書（別表1）

被相続人	Q&A40

第11・11の2表の付表1（別表1）（令和2年4月分以降用）

この計算明細書は、特例の対象として小規模宅地等を選択する一の宅地等（注1）が、次のいずれかに該当する場合に一の宅地等ごとに作成します（注2）。
1　相続又は遺贈により一の宅地等を2人以上の相続人又は受遺者が取得している場合
2　一の宅地等の全部又は一部が、貸家建付地である場合において、貸家建付地の評価額の計算上「賃貸割合」が「1」でない場合
（注）1　一の宅地等とは、一棟の建物又は構築物の敷地をいいます。ただし、マンションなどの区分所有建物の場合には、区分所有された建物の部分に係る敷地をいいます。
　2　一の宅地等が、配偶者居住権に基づく敷地利用権又は配偶者居住権の目的となっている建物の敷地の用の供される宅地等である場合には、この計算明細書によらず、第11・11の2表の付表1（別表1の2）を使用してください。

1　一の宅地等の所在地、面積及び評価額

一の宅地等について、宅地等の「所在地」、「面積」及び相続開始の直前における宅地等の利用区分に応じて「面積」及び「評価額」を記入します。
(1)　「①宅地等の面積」欄は、一の宅地等が持分である場合には、持分に応ずる面積を記入してください。
(2)　上記2に該当する場合には、⑩欄については、⑤欄の面積を基に自用地として評価した金額を記入してください。

宅地等の所在地	××市〇〇町△丁目□番◇号	①宅地等の面積	400 ㎡
	相続開始の直前における宅地等の利用区分	面積（㎡）	評価額（円）
A	①のうち被相続人等の事業の用に供されていた宅地等（B、C及びDに該当するものを除きます。）	②	⑧
B	①のうち特定同族会社の事業（貸付事業を除きます。）の用に供されていた宅地等	③ 200	⑨ 20,000,000
C	①のうち被相続人等の貸付事業の用に供されていた宅地等（相続開始の時において継続的に貸付事業の用に供されていると認められる部分の敷地）	④ 200	⑩ 20,000,000
D	①のうち被相続人等の貸付事業の用に供されていた宅地等（Cに該当する部分以外の部分の敷地）	⑤	⑪
E	①のうち被相続人等の居住の用に供されていた宅地等	⑥	⑫
F	①のうちAからEの宅地等に該当しない宅地等	⑦	⑬

2　一の宅地等の取得者ごとの面積及び評価額

上記のAからFまでの宅地等の「面積」及び「評価額」を、宅地等の取得者ごとに記入します。
(1)　「持分割合」欄は、宅地等の取得者が相続又は遺贈により取得した持分割合を記入します。一の宅地等を1人で取得した場合には、「1/1」と記入します。
(2)　「1 持分に応じた宅地等」は、上記のAからFまでに記入した一の宅地等の「面積」及び「評価額」を「持分割合」を用いてあん分して計算した「面積」及び「評価額」を記入します。
(3)　「2 左記の宅地等のうち選択特例対象宅地等」は、「1 持分に応じた宅地等」に記入した「面積」及び「評価額」のうち、特例の対象として選択する部分を記入します。なお、Bの宅地等の場合は、上段に「特定同族会社事業用宅地等」として選択する部分の、下段に「貸付事業用宅地等」として選択する部分の「面積」及び「評価額」をそれぞれ記入します。
「2 左記の宅地等のうち選択特例対象宅地等」に記入した宅地等の「面積」及び「評価額」は、「申告書第11・11の2表の付表1」の「2小規模宅地等の明細」の「⑧取得者の持分に応ずる宅地等の面積」欄及び「④取得者の持分に応ずる宅地等の価額」欄に転記します。
(4)　「3 特例の対象とならない宅地等（1－2）」には、「1 持分に応じた宅地等」のうち「2 左記の宅地等のうち選択特例対象宅地等」欄に記入した以外の宅地等について記入します。この欄に記入した「面積」及び「評価額」は、申告書第11表に転記します。

宅地等の取得者氏名	乙	⑭持分割合	1/2		
1 持分に応じた宅地等		2 左記の宅地等のうち選択特例対象宅地等		3 特例の対象とならない宅地等（1－2）	
面積（㎡）	評価額（円）	面積（㎡）	評価額（円）	面積（㎡）	評価額（円）
A ②×⑭	⑧×⑭				
B ③×⑭ 100	⑨×⑭ 10,000,000	100	10,000,000		
C ④×⑭ 100	⑩×⑭ 10,000,000	100	10,000,000		
D ⑤×⑭	⑪×⑭				
E ⑥×⑭	⑫×⑭				
F ⑦×⑭	⑬×⑭				

宅地等の取得者氏名	丙	⑮持分割合	1/2		
1 持分に応じた宅地等		2 左記の宅地等のうち選択特例対象宅地等		3 特例の対象とならない宅地等（1－2）	
面積（㎡）	評価額（円）	面積（㎡）	評価額（円）	面積（㎡）	評価額（円）
A ②×⑮	⑧×⑮				
B ③×⑮ 100	⑨×⑮ 10,000,000	100	10,000,000		
C ④×⑮ 100	⑩×⑮ 10,000,000	100	10,000,000		
D ⑤×⑮	⑪×⑮				
E ⑥×⑮	⑫×⑮				
F ⑦×⑮	⑬×⑮				

第11・11の2表の付表1（別表1）（令2.7）　（資4－20－12－3－5－A4統一）

第3編　特例活用のポイントと他の制度との関係

この編でお伝えしたいこと

小規模宅地等の特例は、財産評価措置ではなく、相続税の課税価格の減額措置ですが、その減額割合が大きく節税効果も高いため、適用事例が多いようです。この特例は、居住用・事業用のいずれの宅地についても適用が可能である上、相続税の配偶者控除や配偶者居住権、個人版事業承継税制、その他多くの譲渡特例などと関連させた活用も可能です。

いつ・誰に・どのような形で、この特例を適用するか。これらの特例の組合せや一次・二次相続をも踏まえた上での対策の策定が重要です。

そこで、この編では、利用価値の高いこの特例の活用のポイントと他の制度との組合せ等を行う場合の留意点をご紹介します。

第1章　財産評価通達との相違点

小規模宅地等の特例による減額措置は、租税特別措置法によって課税価格を減額することを定めたものであって、財産評価基本通達に定められている財産を評価するための定めではありません。この点について、現場の税実務においては混乱しないようにする必要があります。

そこで、本章においては、この観点から実務上、注意すべきポイントについて解説することとします。

1　小規模宅地等特例と財産評価における評価単位の取扱いの相違点

41　居住用と事業用に兼用されている宅地

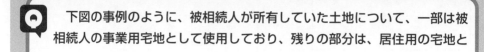

下図の事例のように、被相続人が所有していた土地について、一部は被相続人の事業用宅地として使用しており、残りの部分は、居住用の宅地と

して使用していた場合、小規模宅地等の特例の適用と相続税の財産評価で異なる点はありますか。

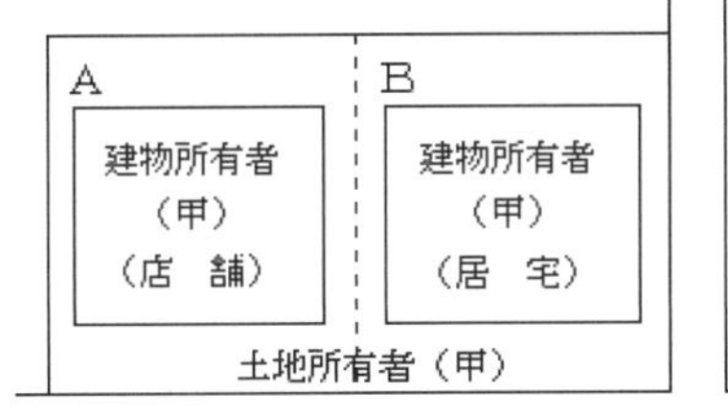

上記≪Q&A㊶≫の場合、小規模宅地等の特例と財産評価における評価単位の取扱いは、次のように異なりますので、実務では注意する必要があります。

１　小規模宅地等の特例の取扱い

小規模宅地等の特例においては、居住の用又は事業の用に供している宅地の地積に応じて、その価額の区分計算を行います。それは、本特例を適用する宅地を区分ごとに特定し、限度面積要件判定のための面積を確定し、その部分に係る減額金額を求める必要上行うものです。

２　財産評価における評価単位の取扱い

自用の宅地であれば、借地権、賃借権、借家権等による第三者の権利の制約がないので、その全体を一体として利用することが可能です。このため、所有する宅地を自ら使用している場合には、その用途が居住の用か事業の用かの別にかかわらず、その全体を１画地の宅地とします。

つまり、自用地の評価において、居住の用に供されているか否か、事業の用に供されているか否かについては、土地の評価単位とは関係がありません。

したがって、≪Q&A㊶≫の事例のように、所有する宅地をいずれも自用建物の敷地の用に供している場合には、その全体を１画地の宅地として評価します。

2 減額される金額及び課税価格算入額の計算

共同住宅の一部が空室となっていた場合

Q

被相続人甲は、自己の所有する土地（200㎡）の上にアパート１棟（10室）を所有し、これを貸付事業の用に供していましたが、相続開始の１か月前にこのアパートの１室が空室となり、相続開始の直前においては９室を貸し付けていました。この空室については、甲の大学生の子を住まわせるため新規の入居者の募集は中止していました。

上記アパートとその敷地（200㎡）については、甲の配偶者乙が相続により取得し、９室の貸付事業については乙が引き継ぎ、申告期限まで引き続き貸付事業を行っています。

乙が貸付事業を引き継いだ部分について、貸付事業用宅地等の要件は満たしているとすれば、小規模宅地等の特例の適用を受ける場合の減額計算はどのようにするのでしょうか。

〈前提〉 ・路線価 1㎡ 200,000円
・借地権割合 70%
・借家割合 30%

（平成22年７月13日 資産課税情報第18号を編集）

A

上記≪Q&A㊷≫における減額される金額及び課税価格に算入される金額は、次のとおり算定します。

1 財産評価基本通達に基づき、土地の評価を行った場合の評価額

貸家建付地の評価額

@200,000円 × 200㎡ = 40,000,000円

40,000,000円 ×（1−0.7 × 0.3 ×（180㎡/200㎡））

=32,440,000円

2 貸付事業用宅地等について減額される金額等の計算

（1）空室に対応する敷地部分の評価額

@200,000円 × 20㎡ = 4,000,000円……①

（2）賃貸中の部屋に対応する敷地部分の評価額

@200,000円 × 180㎡ = 36,000,000円

36,000,000円 ×（1 − 0.7 × 0.3）= 28,440,000円……②

（３）小規模宅地等について減額される金額

28,440,000円（②）× 50% ＝ 14,220,000円……減額される金額

（４）課税価格に算入される金額

28,440,000円 － 14,220,000円 ＝ 14,220,000円・・・③

4,000,000円（①）＋ 14,220,000円（③）＝ 18,220,000円

上記の計算例は、10室中９室を貸し付けていた場合ですが、空き家となった残りの１室について、入居者の募集をし続けている場合には、宅地等の全部について、特例適用対象となると考えられます。

その根拠は、「平成22年７月13日資産課税課情報第18号」の「6　共同住宅の一部が空室となっていた場合」の解答欄に「参考」として、次のように記載されています。

【参考】

■平成22年７月13日資産課税課情報第18号

「6 共同住宅の一部が空室となっていた場合」の解答欄末尾の「参考」

被相続人又は被相続人と生計を一にしていたその被相続人の親族（以下「被相続人等」という。）の事業の用に供されていた宅地等とは、相続開始の直前において、被相続人等の事業の用に供されていた宅地等で、これらの宅地等のうち、被相続人等の事業の用に供されていた宅地等以外の用に供されていた部分があるときは、被相続人等の事業の用に供されていた部分に限られる（措令40の2④）。

例えば、相続開始の直前に空室となったアパートの１室については、相続開始時において継続的に貸付事業の用に供していたものと取り扱うことができるか疑義が生ずるところであるが、空室となった直後から不動産業者を通じて新規の入居者を募集しているなど、いつでも入居可能な状態に空室を管理している場合は相続開始時においても被相続人の貸付事業の用に供されているものと認められ、また、申告期限においても相続開始時と同様の状況にあれば被相続人の貸付事業は継続されているものと認められる。

したがって、そのような場合は、空室部分に対応する敷地部分も含めて、アパートの敷地全部が貸付事業用宅地等に該当することとなる。

アドバイス　貸家建付地評価との相違点

1　評基通における貸家建付地評価の取扱い

⑴　評基通26の趣旨

評基通における「貸家建付地」とは、貸家の敷地の用に供されている宅地をいいます。ここで、「貸家」とは、借家権の目的となっている家屋のことであり（評基通93）、借家権とは、借地借家法の適用のある家屋の賃借人の有する賃借権をいい、家屋の無償による利用は含まれません。

借家人は家屋の賃借権を有するほか、その家屋の敷地を利用せずに居住等することはできませんから、一般的に、家屋の賃借権に基づいて家屋を利用するために必要な範囲内で、その敷地に対して通常の方法による使用権（借家人がその借家の敷地である宅地に対して有する権利（評基通31））を有しています。そのため、敷地の所有者は、借家人の使用について受忍義務を負うことになります。

このように、借家人の敷地に対する使用権を内包する借家権を消滅させるためには、①いわゆる立退料の支払いを要する場合があること、②その敷地は利用上の制約を受けている状態にあること等から、その土地等を譲渡するとした場合には、これが付着していない場合の価額よりも相対的に低い価額で取引が成立すると考えられるので、その実態に合わせた評価をする必要があると説明されています。

⑵　貸家建付地評価における一時的な空室の範囲

貸家及び貸家建付地の価額は、それぞれ次の算式により評価します。この場合において、賃貸割合は、原則として、課税時期において実際に賃貸されている部分の床面積に基づいて算定しますが、一時的に空室となっている部分の床面積を実際に賃貸されている部分の床面積に加えて算定して差し支えありません。

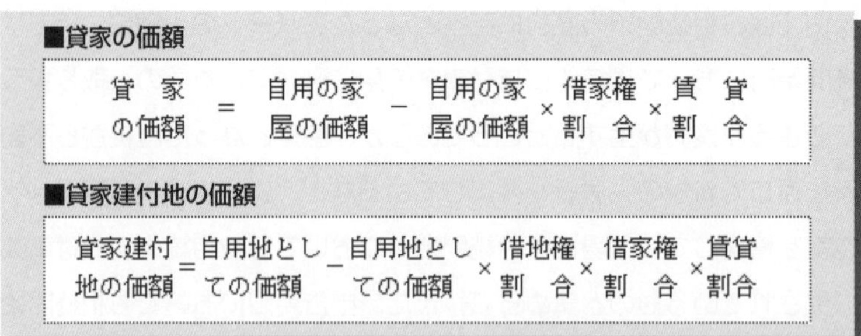
■貸家の価額

貸　家の価額 ＝ 自用の家屋の価額 − 自用の家屋の価額 × 借家権割合 × 賃貸割合

■貸家建付地の価額

貸家建付地の価額 ＝ 自用地としての価額 − 自用地としての価額 × 借地権割合 × 借家権割合 × 賃貸割合

この場合にける一時的な空室の範囲については、相続開始時点において現実に賃貸していない場合には、次の判決が示すように限定的に解されています。

平成29年５月11日 大阪高裁判決　～抜粋～

　相続財産につき、貸家及び貸家建付地として所要の調整を行うか否かは、課税時期において当該財産が現実に賃貸されているか否かを基準に判断すべきであって、現実に賃貸されていない場合には、借家権が存在することに伴う種々の経済価値の低下がない以上、貸家及び貸家建付地としての所要の減額を行わないのが原則であり、課税時期に現実に賃貸されていないにもかかわらず、一時的空室部分として評価して賃貸されているものに含めることとして差し支えないとする評価通達26（注）２の定めは例外的な取扱いを定めたものにすぎない。そして、評価通達26（注）２が「「賃貸されている各独立部分」には、継続的に賃貸されていた各独立部分で、課税時期において、一時的に賃貸されていなかったと認められるものを含むこととして差し支えない」と定めるとおり、課税時期において賃貸されていなかったことが「一時的」なものであることを要件としていることからすると、上記例外的な取扱いが認められるか否かを判断するにあたっては、賃貸されていない期間（空室期間）が重要な要素となることは明らかである。

２　小規模宅地等の特例の取扱い

　一方、小規模宅地等の特例の対象となる貸付事業用宅地等は、相続開始の直前において被相続人等の事業（不動産貸付業、駐車場業、自転車駐車場業及び準事業に限ります。）の用に供されていた宅地等であることからすると、必ずしも評基通のように借家権の有無によって判定するものではないと考えられます。あくまで事業の用に供している宅地部分か否かが判断基準になるでしょう。

　このため、貸付事業用宅地等の課税価格を減額する計算方法においても、第一段階として、事業の用に供する賃貸中の部屋に対応する部分の敷地を、それ以外の部分と区別する必要があります。

　したがって、《**Q&A㊷**》のアンサー**２**の⑶の貸付事業用宅地等について減額される金額を算出する際に、**１**の貸家建付地の評価額32,440,000円を基に、次のような計算をするのは誤りですからご注意ください。

　（誤り例）32,440,000円×50％＝16,220,000円

第2章　特例対象宅地等が複数ある場合の選択方法と活用例

宅地等を取得した者が本特例の要件を満たす限り、複数の宅地等について特例を適用することが可能となります。そこで、本特例の要件を満たす宅地等を取得した者が複数人いる場合には、どの宅地等を選択するかについて、取得した者の中での合意が必要になり（23ページ《第１編Ｉの**2**の(2)》参照）、限度面積要件の下で選択することになります。

このため、本特例をどの宅地等で適用するかによって、相続税額にどのような影響を及ぼすのかを試算してみる必要がありますが、このときには配偶者の税額軽減も考慮しなければなりません。

1　小規模宅地等の原則的な選択方法

特定事業用宅地等と特定居住用宅地等は併用できますが、貸付事業用宅地等を選択適用する場合には適用可能面積が制限されます。この関係を整理すると、次のようになります。

【限度面積の調整】

特定事業用宅地等又は特定同族会社事業用宅地等＝Ａ（㎡）
特定居住用宅地等＝Ｂ（㎡）
貸付事業用宅地等＝Ｃ（㎡）

（1）対象宅地にＣがない場合
　Ａ≦400㎡、Ｂ≦330㎡（合計730㎡まで可能）

（2）対象地にＣがある場合

$$A \times \frac{200}{400} + B \times \frac{200}{330} + C \leqq 200㎡$$

このため、複数の小規模宅地等の選択に当たっては、限度面積調整後の１㎡当たりの減額金額が指標となります。

限度面積調整後の価額による比較

Q　次のような事例において、《ケース①》Ａ事業用宅地とＢ自宅敷地を選択して特例を適用した場合と、《ケース②》Ａ事業用宅地とＣ駐車場を選択して特例を適用した場合、《ケース③》Ｂ自宅敷地とＣ駐車場を選択して特例を適用した場合とでは、どのような違いが生じますか。

○被相続人：父
○相 続 人：長男

○相続財産

Ａ事業用宅地→250㎡・7,500万円（30万円/㎡）
Ｂ自宅敷地　→165㎡・3,300万円（20万円/㎡）
Ｃ駐車場　　→160㎡・9,600万円（60万円/㎡）
その他財産　→5,000万円

Ａ事業用宅地とＢ自宅敷地、Ｃ駐車場は、いずれも小規模宅地等の特例の適用要件を満たすものとします。

《ケース①》Ａ事業用宅地とＢ自宅敷地を選択
《ケース②》Ａ事業用宅地とＣ駐車場を選択
《ケース③》Ｂ自宅敷地とＣ駐車場を選択

（注）複数の小規模宅地等の選択に当たっては、限度面積調整後の１㎡当たりの減額金額が指標となるため、この価額を算定します。

Ａ事業用宅地　@30万円×$\frac{400㎡}{200㎡}$×80%=480,000円

Ｂ自宅敷地　@20万円×$\frac{330㎡}{200㎡}$×80%＝264,000円

Ｃ駐車場　@60万円×50%=300,000円

A

ケース別に試算すると、次のようになります。

《ケース①》Ａ事業用宅地及びＢ自宅敷地を選択した場合

⑴　選択適用による限度面積の計算

C駐車場を選択しておらず、AとBは完全併用することができます。事例のケースで完全併用した場合、C駐車場については、次の算式によって、特例を選択する余地がありません。

$$200㎡ - (\overset{(A)}{250㎡}\times\frac{200㎡}{400㎡}+\overset{(B)}{165㎡}\times\frac{200㎡}{330㎡}) = 200㎡ - 225㎡ \leqq 0$$

⑵　課税価格の減額計算

Ａ事業用宅地：250㎡×30万円×▲80%＝▲6,000万円
Ｂ自宅敷地　：165㎡×20万円×▲80%＝▲2,640万円

⑶　相続税額の試算

《ケース①》の場合は、事業用宅地についても居住用宅地についても、いずれも限度面積以下ですから、これを前提に相続税を試算すると、次表のようになります。

（単位：万円）

区分	特例適用前	小規模宅地等の特例適用後	
	評価額	減額	効果
Ａ事業用宅地	7,500	（▲80%）6,000	1,500
B自宅敷地	3,300	（▲80%）2,640	660
C駐車場	9,600	―	9,600
その他財産	5,000	―	5,000
課税価格の合計	25,400		16,760
基礎控除	3,000＋600×１人		3,600
相続税	**7,110**		**3,564**

《ケース②》A事業用宅地及びC駐車場を選択した場合

1　1㎡当たりの減額金額が大きい土地から選択する場合

限度面積調整後の1㎡当たりの減額金額が大きい土地から選択すると、A事業用宅地（480,000円）→C駐車場（300,000円）の順になります。この場合の特例対象地の課税価格は、次のように算定されます。

⑴　C駐車場に適用できる限度面積

A事業用宅地の特例適用可能面積は250㎡ですから、C駐車場については、次の算式のように75㎡で限度面積に達します。このため、B自宅敷地には特例適用することはできません。

$$200㎡-250㎡\times\frac{200㎡}{400㎡}=75㎡$$

⑵　課税価格の減額計算

A事業用宅地：250㎡×30万円×▲80%＝▲6,000万円

C駐車場　　：75㎡×60万円×▲50%＝▲2,250万円

⑶　相続税額の試算

上記⑴、⑵に基づいて相続税を試算すると、次表のようになります。

（単位：万円）

区分	特例適用前	小規模宅地等の特例適用後	
	評価額	減額	効果
A 事業用宅地	7,500	（▲80%）6,000	1,500
B自宅敷地	3,300	—	3,300
C駐車場	9,600	（▲50%）2,250	7,350
その他財産	5,000	—	5,000
課税価格の合計	25,400		17,150
基礎控除	3,000＋600×1人		3,600
相続税	**7,110**		**3,720**

2　1㎡当たりの減額金額が小さい土地から選択する場合

次に、限度面積調整後の1㎡当たりの減額金額が小さい土地から選択したとすると、C駐車場（300,000円）→A事業用宅地（480,000円）の順になります。この場合の特例対象地の課税価格は、次のように算定されます。

⑴　A事業用宅地に適用できる限度面積

C駐車場の適用面積は160㎡ですから、A事業用宅地については、次の算式のように80㎡で限度面積に達します。このため、B自宅敷地に特例を適用することはできません。

$$(200㎡-160㎡)\times\frac{400㎡}{200㎡}=80㎡$$

⑵　課税価格の減額金額

A事業用宅地：80㎡×30万円×▲80%＝▲1,920万円

C駐車場：160㎡×60万円×▲50%＝▲4,800万円

⑶　相続税額の試算

上記⑴、⑵に基づいて相続税を試算すると、次表のようになります。

（単位：万円）

区分	特例適用前	小規模宅地等の特例適用後	
	評価額	減額	効果
A 事業用宅地	7,500	（▲80%）1,920	5,580
B自宅敷地	3,300	―	3,300
C駐車場	9,600	（▲50%）4,800	4,800
その他財産	5,000	―	5,000
課税価格の合計	25,400		18,680
基礎控除	3,000＋600×１人		3,600
相続税	**7,110**		**4,332**

《ケース③》B自宅敷地及びC駐車場を選択した場合

１　１㎡当たりの減額金額が大きい土地から選択する場合

最後にB自宅敷地とC駐車場に特例を適用する場合を検討します。限度面積調整後の１㎡当たりの減額金額が大きい土地から選択すると、C駐車場（300,000円）→B自宅敷地（264,000円）の順になります。

この場合の特例対象地の課税価格は、次のように算定されます。

⑴　B自宅敷地に適用できる限度面積

C駐車場の特例適用可能面積は160㎡ですから、B自宅敷地については、次の算式のように66㎡で限度面積に達します。このため、B自宅敷地に特例を適用できる面積は66㎡になります。

$$(200㎡-160㎡)\times\frac{330㎡}{200㎡}=66㎡$$

⑵　課税価格の減額金額

B自宅敷地：　66㎡×20万円×▲80%＝1,056万円

C駐車場　：160㎡×60万円×▲50%＝4,800万円

⑶　相続税額の試算

上記⑴、⑵に基づいて相続税を試算すると、次表のようになります。

（単位：万円）

区分	特例適用前	小規模宅地等の特例適用後	
	評価額	減額	効果
A 事業用宅地	7,500	—	7,500
B自宅敷地	3,300	（▲80%）1,056	2,244
C駐車場	9,600	（▲50%）4,800	4,800
その他財産	5,000	—	5,000
課税価格の合計	25,400		19,544
基礎控除	3,000＋600×１人		3,600
相続税(※)	**7,110**		**4,677**

（※）簡略化のため小数点未満は切捨て

2　１㎡当たりの減額金額が小さい土地から選択する場合

次に、限度面積調整後の１㎡当たりの減額金額が小さい土地から選択したとすると、B自宅敷地（264,000円）→C駐車場（300,000円）の順になります。この場合の特例対象地の課税価格は、次のように算定されます。

⑴　C駐車場に適用できる限度面積

B自宅敷地の特例適用可能面積は165㎡ですから、C駐車場については、次の算式のように100㎡で限度面積に達します。このため、A事業用宅地に特例を適用することはできません。

$$200㎡-165㎡\times\frac{200㎡}{330㎡}=100㎡$$

⑵　C駐車場の課税価格の減額金額

B自宅敷地：165㎡×20万円×▲80%＝▲2,640万円

C駐車場　：100㎡×60万円×▲50%＝▲3,000万円

⑶　相続税額の試算

上記⑴、⑵に基づいて相続税を試算すると、次表のようになります。

（単位：万円）

区分	特例適用前	小規模宅地等の特例適用後	
	評価額	減額	効果
A 事業用宅地	7,500	—	7,500
B自宅敷地	3,300	（▲80%）2,640	660
C駐車場	9,600	（▲50%）3,000	6,600
その他財産	5,000	—	5,000
課税価格の合計	25,400		19,760
基礎控除	3,000円＋600円×１人		3,600
相続税	**7,110**		**4,764**

【ケース別の比較検討】

《ケース①〜③》の相続税額を比較すると、次表のようになります。

減額順位	選択肢	適用対象宅地	限度面積調整後の減額金額	特例適用後の相続税額	特例適用前の相続税額	相続税の負担減	減額幅
			(円)	(万円)	(万円)	(万円)	大
①	ケース①	A事業用宅地 B自宅敷地	480,000 264,000	3,564	7,110	▲3,546	
②	ケース②−1	A事業用宅地 C駐車場	480,000 300,000	3,720	7,110	▲3,390	
③	ケース②−2	C駐車場 A事業用宅地	300,000 480,000	4,332	7,110	▲2,778	
④	ケース③−1	C駐車場 B自宅敷地	300,000 264,000	4,677	7,110	▲2,433	
⑤	ケース③−2	B自宅敷地 C駐車場	264,000 300,000	4,764	7,110	▲2,346	小

アドバイス　小規模宅地等の特例を選択する順序

上の表を見て明らかなように、小規模宅地等の特例を選択する順序は、一般的には、減額割合が大きく限度面積の調整をする必要がない特定事業用宅地等と特定居住用宅地等を選択すると最も有利になり、貸付事業用宅地等と選択適用する場合には、限度面積調整後の１㎡当たりの減額金額が大きなものから選択すると、税負担が少なくなります。

しかし、上の例は各人が納税する相続税額の合計額を示したものですから、相続人が複数いるような場合の遺産分割の場面では、各人ごとの相続税額がどのようになるかについても検討してみる必要があります。たとえ各人の相続税額の合計額が一番小さくなったとしても、そのような遺産分割が望ましいかについては、必ずしも税負担の合計額だけで判定すればよいというものでもないでしょう。

また、後述するように、配偶者の税額軽減の規定などと併用すると、１㎡当たりの減額金額が大きなものから選択することが必ずしも最も大きな税負担の減少に繋がらないこともあります。

2　配偶者の税額軽減を考慮した場合

《Q&A㊹》の例のように、複数の小規模宅地等の選択に当たっては、限度面積調整後の１㎡当たりの減額金額が指標となります。この点から考えると、限度面積調整後の１㎡当たりの減額金額が大きな宅地等から優先して選択適用していくと、より税負担が少なくなります。

しかし、配偶者の税額軽減の規定が適用される場合には、次の例のように、必ずしもそのとおりにはなりません。

44 配偶者が特例を適用する場合と子が特例を適用する場合の相違点

Q **次のような事例の場合、《ケース①》と《ケース②》とでは、小規模宅地等の特例を適用することによって、相続税の負担額は、どのように異なりますか。**

○相続人：妻・子

○取得財産

妻→自宅（甲土地330㎡）：評価額1億6,000万円

子→貸家敷地（乙土地200㎡）：評価額1億6,000万円

《ケース①》妻が特定居住用宅地等の特例を適用する場合

《ケース②》子が貸付事業用宅地の特例を適用する場合

A ケース別に試算すると、次のようになります。

上記事例の**《ケース①》**又は**《ケース②》**のいずれの方法を選択したとしても、限度面積の制限から片方の特例しか適用できないこととします。

〈限度面積要件の確認〉

・特定事業用宅地等又は特定同族会社事業用宅地等＝A（㎡）

・特定居住用宅地等＝B（㎡）

・貸付事業用宅地等＝C（㎡）

として確認します。

（1）対象宅地にCがない場合：A≦400㎡、B≦330㎡(合計730㎡まで可能)

（2）対象地にCがある場合：

$$A \times \frac{200㎡}{400㎡} + B \times \frac{200㎡}{330㎡} + C \leqq 200㎡$$

《ケース①》配偶者が取得する甲土地に特定居住用宅地等の特例を適用した場合

相続人	妻	子	合計
取得財産	1億6,000万円	1億6,000万円	3億2,000万円
小規模宅地等の特例	▲1億2,800万円	−	▲1億2,800万円
課税価格	3,200万円	1億6,000万円	1億9,200万円
相続税額	517万円	2,583万円	3,100万円
配偶者軽減	▲517万円	−	▲517万円
納税額	0万円	2,583万円	2,583万円

《ケース②》子が取得する乙土地に貸付事業用宅地等の特例を適用した場合

相続人	妻	子	合計
取得財産	1億6,000万円	1億6,000万円	3億2,000万円
小規模宅地等の特例	−	▲8,000万円	▲8,000万円
課税価格	1億6,000万円	8,000万円	2億4,000万円
相続税額	3,027万円	1,513万円	4,540万円
配偶者軽減	▲3,027万円	−	▲3,027万円
納税額	0万円	1,513万円	1,513万円

<ケース別の検討>

小規模宅地等の特例の適用による課税価格の減額幅を比較すると、**《ケース①》**は、▲１億2,800万円であり、**《ケース②》**は、▲8,000万円です。一見すると、**《ケース①》**の方が税負担が少なくなるように思われるかも知れませんが、配偶者の税額軽減の特例が利用できる場合には、**《ケース②》**の方が有利選択となります。なお、事例の場合は、第２次相続においては同じ結果になりますので、有利不利が異なることにはなりません。

45 有利選択土地の判定

Q

小規模宅地等の特例の適用を受けることができる宅地等が複数ある場合、限度面積調整後の１㎡当たりの減額金額が最も大きくなる宅地等を選択することが有利であると考えられますが、次のような事例の場合、配偶者の税額軽減との関係ではどのようになるのでしょうか。

○相続人：妻・子（両親とは別生計）

○取得財産

妻→自宅（甲土地330㎡）：評価額5,000万円、その他財産1,000万円

子→貸家敷地（乙土地200㎡）：評価額5,000万円、その他財産1,000万円

《ケース①》妻が特定居住用宅地等の特例を適用する場合

《ケース②》子が貸付事業用宅地の特例を適用する場合

A

ケース別に試算すると、次のとおり算定されることから、小規模宅地等の特例の適用によって、相続税の総額の少ない方を選択するよりも、配偶者の税額軽減の特例の利用額を大きくした方が、納税額は少なくなります。

なお、この《Q&A㊺》の場合は、いずれのケースにおいても、２次相続において小規模宅地等の特例を適用できないことを想定したものです。

《ケース①》配偶者が取得する甲土地に特定居住用宅地等の特例を適用した場合

相続人		妻	子	合計
取得財産	自宅	5,000万円	−	5,000万円
	貸家敷地	−	5,000万円	5,000万円
	小規模宅地等の特例	▲4,000万円	−	▲4,000万円
	その他財産	5,000万円	5,000万円	10,000万円
課税価格		6,000万円	10,000万円	16,000万円
基礎控除額		4,200万円		4,200万円
相続税の総額		2,140万円		2,140万円
相続税額		802.5万円	1,337.5万円	2,140万円
配偶者軽減		▲802.5万円	−	▲802.5万円
納税額		0万円	1,337.5万円	1,337.5万円

《ケース②》子が取得する乙土地に貸付事業用宅地等の特例を適用した場合

相続人		妻	子	合計
取得財産	自宅	5,000万円	−	5,000万円
	貸家敷地	−	5,000万円	5,000万円
	小規模宅地等の特例	−	▲2,500万円	▲2,500万円
	その他財産	5,000万円	5,000万円	10,000万円
課税価格		10,000万円	7,500万円	17,500万円
基礎控除額		4,200万円		4,200万円
相続税の総額		2,590万円		2,590万円
相続税額		1,480万円	1,110万円	2,590万円
配偶者軽減		▲1,480万円	−	▲1,480万円
納税額		0万円	1,110万円	1,110万円

【ケース別の検討】

《Q&A㊺》における限度面積調整後の減額金額は次のとおり算定されます。

《ケース①》　甲土地 ： $\frac{5{,}000\text{万円}}{330\text{㎡}} \times \frac{400}{200} \times 80\% \fallingdotseq 24\text{万円}$

《ケース②》　乙土地 ： $\frac{5{,}000\text{万円}}{200\text{㎡}} \times 50\% = 12.5\text{万円}$

したがって、小規模宅地等の特例の適用による課税価格の減額幅を比較すると、**《ケース①》**は▲4,000万円であり、**《ケース②》**は▲2,500万円です。一見すると、限度面積調整後の減額金額の大きな**《ケース①》**の方が税負担が少なくなるように思われるかも知れませんが、配偶者の税額軽減の特例が利用できる場合には、**《ケース②》**の方が有利選択となります。

なお、この**《Q&A㊺》**の場合は、第２次相続においては同じ結果になりますので、有利不利が異なることにはなりません。

3　第二次相続を考慮した場合

配偶者がいるケースでは、配偶者の税額軽減の制度により、その配偶者の分割取得する方法次第で税負担額は異なりますが、その配偶者自身の相続（第二次相続）にも大きな影響を与えることになります。このため第一次相続及び第二次相続のいずれにおいても、本特例の適用を受けることができる小規模宅地等が存在する場合、第一次相続で適用を受けようとする宅地等は、なるべく子が取得することとし、第二次相続で適用を受けようとする宅地等は配偶者が取得するようにすることが有利選択となります。

この点について、以下、具体的な事例によって検証してみましょう。

一次相続と二次相続で取得順序が異なる宅地の場合

次のようなケースの場合、一次相続で、①妻が特定居住用宅地等の特例を適用する場合と、②子が特定居住用宅地等の特例を適用する場合では、二次相続を考えたときには、どのような違いが生じますか。

○相 続 人：妻・子
○相続財産：自宅の敷地（A）・（B）の２筆（330㎡×2＝660㎡）
○評 価 額：@20万円×660㎡＝13,200万円

ケース別に試算すると、次のようになります。

《ケース①》　一次相続において配偶者が本特例を適用する場合

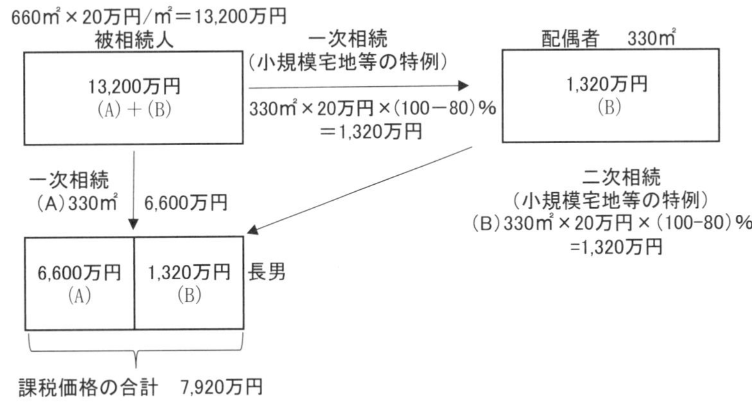

イ．一次相続

一次相続において、自宅の敷地の（A）部分を子が330㎡、（B）部分を配偶者である妻が330㎡取得するに際し、小規模宅地等の特例は配偶者（妻）が適用することとします。

そうすると、妻は課税価格1,320万円の土地を取得し、子は課税価格6,600万円の土地を取得します。

ロ．二次相続

次に、二次相続において、更に小規模宅地等の特例が適用できるとすると、子は課税価格1,320万円の（B）部分を取得します。

ここで、２次相続まで考慮するのですから、子の取得する財産について着目して考えます。そうすると、子は一次、二次を通算して課税価格の合計7,920万円に対して課税されることになります。

《ケース②》一次相続において子が本特例を適用する場合

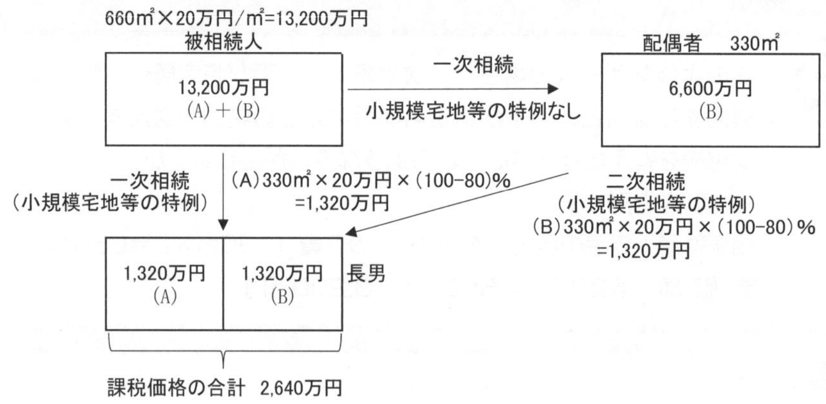

イ．一次相続

一次相続において、自宅の敷地の（A）部分を子が330㎡、（B）部分を妻が330㎡取得するに際し、小規模宅地等の特例は子が適用することとします。そうすると、妻は課税価格6,600万円の（B）土地を取得し、子は課税価格1,320万円の（A）土地を取得します。

ロ．二次相続

次に、二次相続において、更に小規模宅地等の特例が適用できるとすると、子は**《ケース①》**の場合と同様に、課税価格1,320万円の（B）土地を取得します。

ここで、２次相続まで考慮するのですから、子の取得する財産について着目して考えます。そうすると、子は一次・二次を通算して課税価格の合計2,640万円に対して課税されることになります。

【ケース別の検討】

一次相続・二次相続を通して、**《ケース①》**と**《ケース②》**のいずれの場合も、特定居住用宅地等の特例を二度適用しています。しかし、結果に違いが生じるのは**《ケース①》**については、一次・二次を通して（Ｂ）のみが特例適用できているのに対し、**《ケース②》**については、（Ａ）部分及び（Ｂ）部分のいずれについても特例が適用できているからです。

配偶者の税額軽減と合わせて検討してみる必要はありますが、**《ケース②》**を選択した方が一般的には有利になると思われます。

なお、上記の**《Q&A㊻》**は（Ａ）土地と（Ｂ）土地が別々の筆であることを想定していますが、これが１筆の土地であって、共有持分２分の１ずつを取得したとしても同じことになります。

また、特定居住用宅地等の要件を満たすものがない場合に、貸付事業用宅地等の要件を満たす宅地等が400㎡ある場合でも同じ理屈になります。

<実務上のアドバイス>

二次相続を見据えた特例選択の有利・不利の判定と対応策

上記**《Q&A㊻》**で見たように、第一次相続で小規模宅地等の特例の適用を受けようとする宅地は子が取得し、第二次相続で小規模宅地等の特例の適用を受けようとする宅地は、第一次相続のときに配偶者が取得すると有利になります。

しかし、小規模宅地等の特例は、要件が厳しく、利用状況等によっても、必ずしも子が適用要件を満たすとは限りません。第二次相続での適用も考慮した有利な分割協議は難しい場面もあります。居住用宅地等の地積が330㎡より小さい場合には、第二次相続では小規模宅地等の特例の適用を受ける宅地等がなくなってしまいます。

そこで、このような場合には、第二次相続においても、小規模宅地等の特例を適用できる工夫ができないかを考える必要があります。

例えば、交換の特例（所法58）の活用です。第一次相続の後、交換の特例等を適用して配偶者が自宅の宅地等を取得することにより、第二次相続でも、同居する子が特定居住用の特例の適用を受ける方法も考えることができます。

第3章　小規模宅地等の特例活用のための生前対策

47 既に事業承継をしている場合

Q　父の生前から生計を別にしている長男が事業を承継していますが、事業の用に供されている土地建物は父の所有であり、家賃の授受はありません。このような場合、この状態を放置しておくと、特定事業用宅地等の小規模宅地等の特例の適用を受けることができません。生前から、どのような対策をしておけばよいのでしょうか。

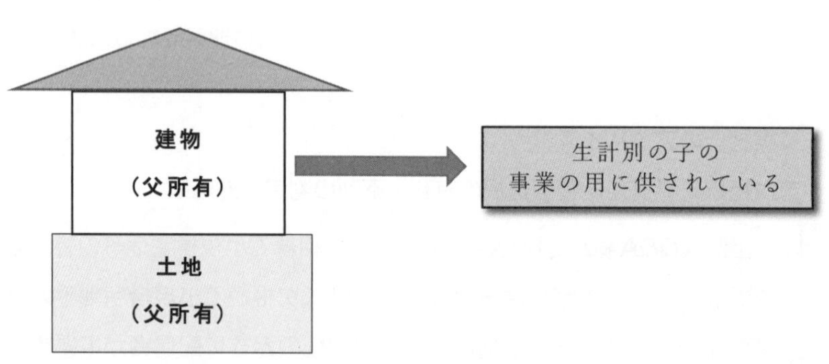

A　被相続人が事業を行っていた宅地等を取得した相続人が申告期限まで事業を継続すれば、特定事業用宅地等として小規模宅地等の特例を適用することができます。

しかし、上記**事例**のように生前に事業を承継してしまっているケースでは、小規模宅地等の特例の適用を受けることはできません。このような場合の対策としては、次の三つの方法が考えられます。

対　策	減額割合
①　長男と父が生計を一にする ➡	▲80%
②　長男が父へ家賃を支払う ➡	▲50%
③　長男が営んでいる事業を法人化する（※） ➡	▲80%

（※）次ページの「一口メモ」参照。

特定同族会社の事業用宅地等における法人の議決権割合要件は、相続開始直前に被相続人及び被相続人等の親族が10分の５超を所有していることだけが要件であり、その宅地等を取得する親族は申告期限において役員であればよく、株主である必要はありません。

したがって、長男が役員に就任し、法人が父へ家賃を支払えばよいことになります。

法人を設立した場合の留意点

相続税の財産評価において非上場株式を評価する場合、法人が建物を取得したときは、①開業後３年未満の会社は純資産価額方式によって評価され（評基通189-4）、②株式評価上、取得後３年以内の土地家屋等は、通常の取引価額により評価されます。（評基通185）

このため、取得時の建物価額と固定資産税評価額のいずれが高いかにより、また、法人に事業移転した場合の法人税と所得税の効果を総合的に勘案し、法人への建物移転についての有利・不利を検討することが重要です。

Q&A 48　青色専従者の特例適用の可否

Q　父の事業は子が引き継ぐ予定ですが、母は現在青色専従者として事業に従事しています。父の相続開始後においても母が事業に従事する予定であるとき、母が取得した事業用宅地等について、小規模宅地等の特例は適用できるでしょうか。

また、適用できないとすれば、生前にどのような対策を講じる必要があるでしょうか。

A　特定事業用宅地等は、相続財産を取得した親族が、相続開始時から申告期限までの間に当該宅地等の上で営まれていた被相続人の事業を引き継ぎ、申告期限まで引き続き当該宅地等を有し、かつ、当該事業を営んでいることが必要です。（措法69の４③一イ）

このとき、事業を営んでいるか否かは、事業主として当該事業を行っているかどうかにより判定します。このため、子が申告期限までに事業主として事業を承継していれば、子が特定事業用宅地等の適用を受けることについて問題はありません。

しかし、妻が事業主にならないのであれば、その子が「就学中であることその他当面事業主となれないことについてやむを得ない事情」がないとすれば（措通69の4－20）、青色事業専従者として届出をしたとしても、本特例は適用できません。

このような状況を回避するには、土地全体を事業主となる子が相続すればよいのですが、子と妻の共有状態で相続したい場合には、《Q&A㊻》と同様に、生前に法人化するといった対策の検討も必要になります。

Q&A 49 同族会社の役員社宅

父は貸ビルを所有し、その最上階部分９０㎡に母と居住していますが、現在、次のような条件で法人化することを検討しています。

このような場合、小規模宅地等の適用に当たって、どのような点に留意する必要がありますか。

【法人化に際しての諸条件】

○同族法人を設立し、ビル（建物部分）を法人へ未償却残高にて譲渡する。

○個人が建物を借入金で建築しているため、借入金残高と建物価額の差額を法人が借り換える。

○法人化以後の賃貸料収入は、新設法人が受け取ることとする。

○土地は、父名義のままで残しておく。

○地代は、父が法人から固定資産税の数倍程度の金額を受け取る。

○「土地の無償返還に関する届出書」を提出する。

○90㎡の住宅部分は小規模役員社宅とし、社宅家賃をその法人に支払い、法人は該当部分の減価償却費、建物損害保険料、借入利息等を損金に算入する。

○建物の譲渡代金は、その法人への貸付金とし、その貸付債権を、今後、後継者に暦年贈与の方法で贈与していく。

A

併用住宅として事業物件に居住するケースは多く見受けられますが、このような場合に、建物を法人に移転し、役員社宅とすることもよく行われています。

建物が個人所有のままであれば、賃貸部分については、小規模宅地等の貸付事業用宅地等として▲50%の減額が見込まれるに過ぎませんが、この**事例**の場合は、特定同族会社事業用宅地等として▲80%の減額を受けることができる可能性が出てきます。

ただし、特定同族会社宅地等に該当する宅地等であっても、その宅地上の社宅が被相続人等の親族のみが使用していた場合は、特定同族会社宅地等には該当しないため、親族の役員社宅の敷地は、除外して考えなければなりません（措通69の４－24）。

しかし、この部分については、貸付事業用宅地等としての▲50％の減額は可能です。相続が開始した場合、自用地評価額の80％相当額評価の敷地について、貸付事業用宅地等として小規模宅地等の特例を200㎡まで５割減額することができます。

したがって、この《**Q&A㊾**》の場合は、ご両親の居住用部分である最上階の90㎡が貸付事業用宅地等として本特例の適用ができると考えられます。

アドバイス　対策後、住宅部分は、小規模役員社宅として社宅家賃を法人に支払い、法人は該当部分の減価償却費、建物損害保険料、借入利息等を損金算入することができます。この場合においては、次の点に注意する必要があります。

⑴　**役員社宅家賃**

イ　小規模住宅の場合

役員社宅家賃は、99㎡以下の小規模住宅の場合、次の算式で算定されますが、近隣の家賃相場に比べて低廉となる傾向があります。

<**算式**（所基通36-41）>

（その年度の建物の固定資産税の課税標準額）×0.2％＋12円
　　×（その建物の総床面積/3.3㎡＋（その年度の敷地の固定資産税の課税標準額）×0.22％）

ロ　小規模社宅でない場合は、次のとおりです。

<**算式**（所基通36-40）>

（その年度の建物の固定資産税の課税標準額）×12％（法定耐用年数が
　　30年超の建物の場合10％）＋（その年度の敷地の固定資産税の課税標準額）×6％

ハ　延床面積240㎡超の豪華役員社宅は時価相場です。　　（平7・4課法8－1外）

⑵　**権利金の認定課税と「無償返還届出書」**

法人が個人から土地を賃借する場合に、権利金（借地権の対価）の授受の慣行のある地域において、権利金の授受がなかったときには、支払うべき権利金相当額（又は、実際に支払った金額との差額）の贈与を受けたことになり、権利金相当額について、受贈益として法人税の認定課税が行われます。（法法22②）

これを回避するためには、次の二つの方法があります。（法基通13－1－7「権利金の認定見合わせ」）

① 相当の地代を支払う方法

② 賃貸借契約書等において、将来借地人が無償でその土地を返還することが定められており、「土地の無償返還に関する届出書」を提出する方法

⑶ 「土地の無償返還に関する届出書」が提出された土地の評価

借地権が設定されている土地について、「土地の無償返還に関する届出書」が提出されている場合の土地に係る貸宅地の価額は、自用地としての価額の100分の80に相当する金額によって評価します。（昭和60.6.5課資2-58、最終改正平成17.5.31課資2-4「相当の地代を支払っている場合等の借地権等についての相続税及び贈与税の取扱いについて」6）

一方、被相続人が借地人である法人の株主であり、貸宅地とともにその法人の株式を評価するときは、その株式の純資産価額の計算上、その土地の自用地評価額の20%相当額を借地権の価額に算入します。（同上6（注）、昭和43.10.28直資3-22）

⑷ 社宅建物移転の不動産流通税

建物の所有権を移転するに際しては、登録免許税と不動産取得税の不動産流通税が必要です。具体的には、登録免許税は建物固定資産税評価額の２％（措法72）、不動産取得税は、例えば、木造築20年（非耐火25年以内）で新耐震適応ならば、住宅控除1,200万円/戸の控除後、固定資産税評価額の３%が課されることになります。（地法73の14他）

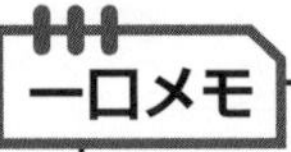

同族会社が自社保有土地・建物で事業を行っているケース

特定同族会社事業用宅地等の特例を活用するためには、同族会社が保有する土地を個人に売却することも検討する必要があります。土地を個人に売却し、建物は同族会社が保有したままの状態で、無償返還届出書を提出して父（地主）が相当な対価をもって継続的に土地を貸し付けることにより、この土地は同族会社事業用宅地等の特例を適用できる可能性が出てきます。他の要件を満たして特例を適用できるのであれば、400㎡まで▲80%の減額となります。

また、建物も含めて売却し、その土地、建物を同族会社に貸し付けても、同様の効果を得ることができます。

しかし、この場合には、同族法人の土地に含み益があれば法人税が課税され、また、登録免許税、不動産取得税の移転コストの負担も生じます。このため、小規模宅地等の特例の適用による減額との比較考量が必要となりますが、検討する余地はあるのではないでしょうか。

第４章　配偶者居住権と小規模宅地等特例との関係

Ⅰ　配偶者居住権の概要

1　配偶者居住権の創設とその背景

民法及び家事事件手続法の一部を改正する法律（平成30年法律第72号）により、配偶者の居住権保護のための方策として、配偶者が相続開始時に居住していた被相続人の所有建物を対象に、終身又は一定期間、配偶者にその使用又は収益を認めることを内容とする法定の権利が新設され、遺産分割における選択肢の一つとして、配偶者に配偶者居住権を取得させることができることとするほか、被相続人が遺贈等によって配偶者に配偶者居住権を取得させることができるようになりました。このほか、配偶者居住権は、家庭裁判所の審判によっても設定されます。(民法1028①、1029)

改正前の民法の規定によれば、遺産分割に際し、被相続人の配偶者が安定的に住居を確保するためには、配偶者が居住し、被相続人が有していた家屋（以下「居住建物」といいます。）の所有権を取得する必要があります。（他に、居住建物の所有権を相続した他の相続人と賃貸借契約を締結することも考えられますが、金銭的負担が生じるほか、そもそも契約を締結できないことも想定されます。）配偶者が居住建物の所有権を取得しようとする場合、遺産の構成によってはそれを取得しただけで相続分に達し、協議によっては金融資産など他の財産を取得できなくなり、住居は確保したものの老後の生活に苦慮する事態となることもありえます。

そこで、配偶者の居住及び老後生活の安定に資するため、配偶者の生存中は居住建物に無償で居住できる権利《配偶者居住権》を創設することとされました。他の相続人が居住建物の所有権を取得し、配偶者が配偶者居住権を取得することにより、配偶者の住居が確保され、かつ、他に金融資産も相続することができるため、老後の生活を安定させることが可能になります。

他の相続人も相続により取得する金融資産の額は少なくなるものの、居住建物の所有権は確保されており、配偶者死亡後、配偶者の別の相続人がいた場合でも居住建物が相続されることなく、使用収益できることになります。

このように、配偶者居住権は、配偶者の居住継続に配慮した制度なのですが、税務上、小規模宅地等の特例《特定居住用宅地等》の取扱いとの関係が問題となってきます。

そこで、まず配偶者居住権の主な内容についてご紹介し、続いて、小規模宅地等との適用関係について触れることにします。

⑴ 「配偶者居住権」とは

「配偶者居住」権とは、「配偶者がその居住していた建物（居住建物）の全部について無償で使用及び収益をする権利」のことをいいます。（民法1028①柱書）

⑵ 「配偶者居住権」の性質等

① 法的性質

配偶者居住権は、賃借権類似の法定の債権とされ、居住建物の所有者は、配偶者に対し、配偶者居住権の設定の登記を備えさせる義務を負います。（民法1031①）これを登記すると、その居住建物について物権を取得した者その他の第三者に対抗することができるようになります。（民法1031、605、605の４）

② 存続期間

配偶者居住権の存続期間は、原則として、配偶者の終身の間とされていますが、遺産分割協議等により別に期間を定めることもできます（民法1030）。また、居住建物が配偶者の財産に属することとなった場合であっても、他の者がその共有持分を有するときは、配偶者居住権は消滅しません。（民法1028②）

③ 使用収益及び譲渡の可否

配偶者は善良な管理者の注意をもって居住建物の使用及び収益をしなければならないこととされています。また、配偶者居住権を譲渡することはできませんが（民法1032①②）、配偶者居住権の合意解除、放棄は可能と解されています。

④ 配偶者居住権の区分

配偶者居住権とは、配偶者が相続開始時に居住していた被相続人が所有する建物について、終身又は一定の期間無償で居住することができる権利のことです。この権利は、次表に掲げる「配偶者短期居住権」と「配偶者居住権」（長期）の２種類に区分されています。（民法1028～1037）

イ　配偶者短期居住権	配偶者が相続開始時に被相続人が所有する居住建物に遺産分割終了時までの間（少なくとも相続開始時から６か月間）は、その建物に無償で居住することができるという権利のことです。
ロ　配偶者居住権（長期）	配偶者が被相続人の所有する居住建物に終身又は一定期間、無償で居住することを認めるという権利のことです。

2　配偶者居住権に対する相続税の課税

⑴ 配偶者短期居住権の課税関係

配偶者短期居住権は、配偶者居住権とは異なり、使用借権類似の法定債権とされ、使用貸借の規定が準用されます。ただし、収益することはできず、財産性が認められない権利とされているため、配偶者短期居住権の設定によって受けた利益については、その配偶者の具体的相続分からその価額を控除することを要しないものとされています。したがって、相続税の課税対象には馴染まないものと考えられており、課税対象とはなりません。

⑵　配偶者居住権の課税関係

配偶者居住権（長期）は、従前から居住していた建物を使用・収益することができる権利であり、遺産分割等により取得した相続財産になることから、一定の財産的価値を有するものとして、相続税の課税対象になります。

ただし、この場合の財産の評価額の算定は、配偶者居住権の譲渡が禁止されているため、相続税法で定める「時価」による算定が困難であり、地上権等と同様、別途、法に定める評価方法によることとされています。

■配偶者短期居住権と配偶者居住権（長期）の比較

区　分	配偶者短期居住権	配偶者居住権（長期）
存続期間	短期	原則終身
対象	配偶者の無償使用部分のみ	建物全部
使用収益	使用のみ	使用収益可
登記	不可	可能
相続財産計算上の財産価値	なし	あり
相続税の課税対象	課税対象にならない	課税対象になる

⑶　適用時期

上記の改正は、令和２年４月１日以後に開始する相続により取得する財産に係る相続税について適用されます（改正法附則１七ロ、改正相令附則①二、民法及び家事事件手続法の一部を改正する法律附則10）。

3　配偶者居住権の評価方法

⑴　基本的な考え方

配偶者居住権を取得した配偶者は、その存続期間中、従前から居住していた建物を無償で使用・収益することができます。これをその建物を取得した相続人の側から見れば、配偶者居住権が存続する期間中は配偶者による無償の使用・収益を受忍する負担を負い、存続期間満了時点でその建物が自由な使用・収益が可能な完全な所有権に復帰することになります。

この点に着目し、まず、存続期間満了時点における建物所有権の価額を算定し、これを一定の割引率により現在価値に割り戻すことにより、相続開始時点における（配偶者居住権付の）建物所有権の評価額を算定します。

そして、この価額を配偶者居住権が設定されなかったものとした場合の相続開始時点における建物所有権の評価額から控除することにより、間接的に配偶者居住権を評価することとされました。（配偶者居住権に基づく敷地の使用権についても、同様とされます。）

⑵　配偶者居住権の評価額の算定

配偶者居住権は、取得した相続財産の分割行為である遺産分割等により定められ、具体的相続分を構成することから、相続により取得した財産として相続税の課税対象になります。その場合の財産評価については、相続税法第22条の“時価”によるのではなく、相続税法23の２において評価方法が規定されています。（相法23の２）

【イメージ図】

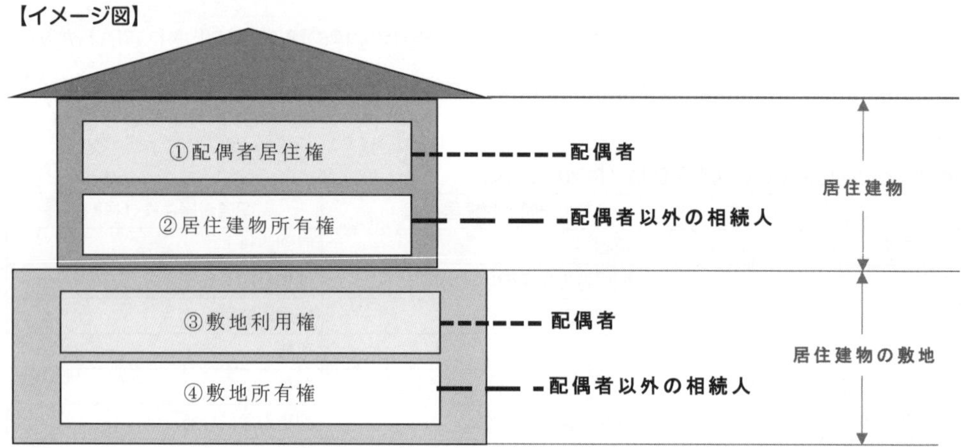

被相続人及びその配偶者が居住していた建物及びその敷地についての配偶者居住権の評価額は、次表の算式で求めます。

■評価方法の整理表

居住建物	イメージ図① 配偶者居住権の価額	居住建物の相続税評価額（※1） − 居住建物の相続税評価額（※1） × $\frac{\text{（耐用年数−経過年数）−存続年数}}{\text{耐用年数−経過年数}}$（「耐用年数−経過年数」＝残存耐用年数） × 存続年数に応じた法定利率による複利原価率
	イメージ図② 居住建物(所有権)の価額	居住建物の相続税評価額 − 配偶者居住権の価格（※2）
居住建物の敷地	イメージ図③ 敷地利用権の価額	居住建物の敷地の用に供される土地の相続税評価額（※3） − 居住建物の敷地の用に供される土地の相続税評価額（※3） × 存続年数に応じた法定利率による福利原価率
	イメージ図④ 居住建物の敷地（所有権）の価額	居住建物の敷地の用に供される土地の相続税評価額 − 敷地利用権の価格（※4）

用語の説明

上記算式中の「用語の意味」は、以下のとおりです。

1　**「評価方法の整理表」に掲げた評価額について**

（※１）**「居住建物の相続税評価額」とは**

居住建物の一部が賃貸の用に供されている場合又は被相続人が相続開始の直前において居住建物をその配偶者と共有していた場合には、次の算式により計算した金額となります。

$$\text{居住建物が賃貸の用に供されておらず、かつ、土地が共有でないものとした場合の相続税評価額} \times \frac{\text{賃貸の用に供されている部分以外の部分の床面積}}{\text{居住建物の床面積}} \times \text{被相続人が有していた持分割合}$$

（※２）**「配偶者居住権の価額」とは**

上段の**イメージ図**①で求めた「配偶者居住権の価額」です。

（※３）**「居住建物の用に供される土地の相続税評価額」とは**

居住建物の一部が賃貸の用に供されている場合又は被相続人が相続開始の直前において居住建物の敷地を他の者と共有し、若しくは居住建物をその配偶者と共有していた場合には、次の算式により計算した金額となります。

$$\text{居住建物が賃貸の用に供されておらず、かつ、土地が共有でないものとした場合の相続税評価額} \times \frac{\text{居住建物の賃貸の用に供されている部分以外の部分の床面積}}{\text{居住建物の床面積}} \times \text{被相続人が有していた居住建物の敷地の持分割合と当該建物の持分割合のうちいずれか低い割合}$$

（※４）**「敷地利用権の価額」とは**

イメージ図③で求めた敷地利用権の価額です。

2　**その他の用語について**

「評価方法の整理表」に掲げた用語の意味、内容、注意事項を整理すると次表のようになります。

■耐用年数、経過年数、存続年数、平均余命及び複利現価率の端数処理

項　目	内　容	端数処理
耐用年数	耐用年数省令の年数×1.5倍（※１）	６年以上端数切上げ、６年未満端数切捨て
経過年数	建築日から配偶者居住権が設定された時までの経過年数（※1）	
存続年数	配偶者居住権が設定された時の配偶者の平均余命（又は配偶者居住権の存続年数）（３年ごとに見直し）（※１）	
平均余命	完全生命表（※２）	
複利現価率	$1 \div (1+r)^n$ ｒ：法定福利 ｎ：配偶者居住権の存続年数	小数点以下３位未満四捨五入

（※１）(耐用年数－経過年数)－存続年数≦0の場合は、**イメージ図**①の算式の「$\frac{耐用年数－経過年数－存続年数}{耐用年数－経過年数}$」はゼロとします。

（※２）「完全生命表」は、５年ごとに改定されますが、配偶者居住権が設定された時の属する年の１月１日現在において公表されている最新のものになります。

（注）譲渡所得の計算における非事業用資産の耐用年数の端数処理は、１年未満切捨てとされていますので、注意してください。(所令85)

【関係法令等】 相法23の２①、相令５の８②③、相規12の２～12の４、相基通23の２－３、５　所令85、民法404

⑶ 【設例】による評価額の検証

配偶者居住権等の価額の具体的な計算例を示すと、次のとおりです。(国税庁「タックスアンサーNo.4666」を編集)

【計算例】

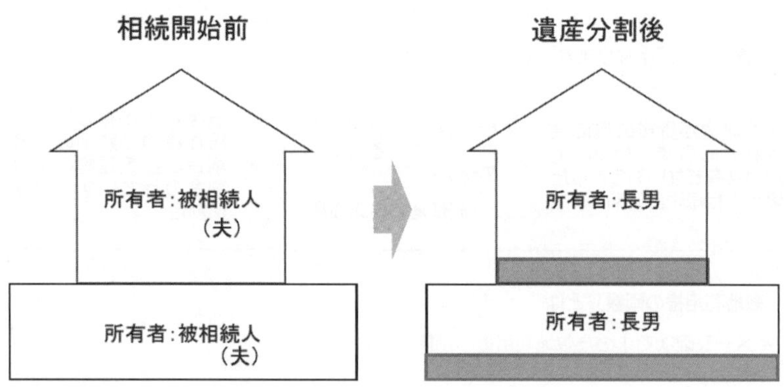

※図の　　　　部分は配偶者居住権又は敷地利用権の評価をする部分のイメージです。

相続税評価額：建物 2,000 万円 土地 5,000 万円	遺産分割日：2021年３月20日
建物建築日：2010年12月１日	配偶者の年齢：80歳10か月（分割時）
建物構造：木造	平均余命：11.71年
相続開始日：2020年10月１日	配偶者居住権存続期間：終身
賃貸の有無：無	法定利率：３%
建物所有者：被相続人（夫）	建物相続人：長男
土地所有者：被相続人（夫）	土地相続人：長男

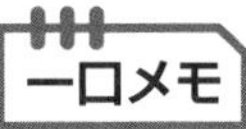

「法定利率」について

民法第404条（法定利率）で、法定利率は年５分（５％）とされている規定は、次のように改められています。（令和２年（2020年）４月１日から施行）

イ　利息を生ずべき債権について別段の意思表示がないときは、その利率は、当該利息が生じた最初の時点における法定利率によります。

ロ　法定利率は、３％とします。

ハ　ロにかかわらず、法定利率は、法務省令で定めるところにより、３年ごとに、３年を一期としてニの規定により変更されます。

ニ　各期の法定利率は、このニにより法定利率に変更があった期のうち直近のもの（当該変更がない場合にあっては、改正法の施行時の期。以下このニにおいて「直近変更期」といいます）の基準割合と当期の基準割合との差に相当する割合（当該割合に１％未満の端数があるときは、これを切り捨てます）を直近変更期の法定利率に加算し、又は減算した割合とします。

ホ　ニの基準割合とは、短期貸付けの平均利率（詳細は法務省令で規定されます）の過去５年間の平均値（0.1%未満の端数は切捨て）として法務大臣が告示します。（民法404⑤）

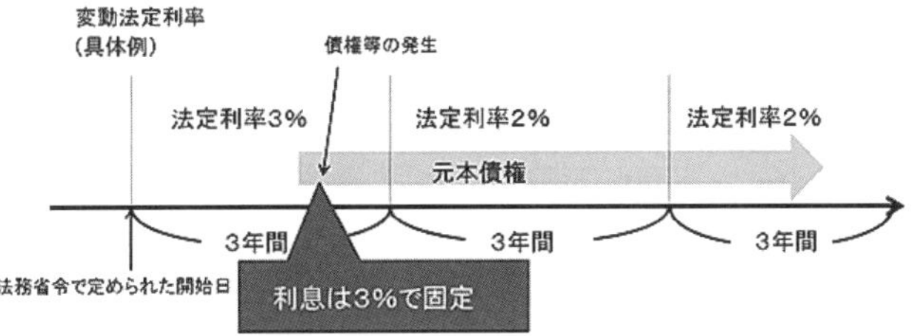

- 元本債権から生じる利息の法定利率は、当該利息が生じた最初の時点における法定利率に固定される。
- 金銭債務の不履行があった場合の損害賠償の額は、原則として債務者が遅滞の責任を負った時点の法定利率による。
- 将来取得すべき利益についての損害賠償額の計算において中間利息を控除するときは、損害賠償の請求権が生じた時点の法定利率による。

＜改正の理由＞

・法定利率を変動制にしたため、どの時点の法定利率を適用するかの基準時を定める必要があります。その時点より後に法定利率が変動しても、適用される法定利率は変わりません。

・中間利息控除の計算には、これまで年５％の法定利率が採用されてきましたが、現状の経済情勢では年５％の運用は困難だと考えられるからです。

① 配偶者居住権の価額

$$2{,}000\text{万円}_{(\text{居住建物の相続税評価額})} - 2{,}000\text{万円}_{(\text{居住建物の相続税評価額})} \times \frac{33\text{年}_{(\text{耐用年数})} - 10\text{年}_{(\text{経過年数})} - 12\text{年}_{(\text{存続年数})}}{33\text{年}_{(\text{耐用年数})} - 10\text{年}_{(\text{経過年数})}} \times 0.701_{(\text{複利現価率})} = \underline{13{,}294{,}783\text{円}}_{(\text{配偶者居住権の価額})}$$

（参考）耐用年数：33年（22年×1.5）（※）

経過年数：10年（2010年12月1日～2021年3月20日：10年3か月）

存続年数：12年（第22回生命表に基づく平均余命11.71年）

複利現価率：0.701（端数処理前0.7014）

※減価償却資産の耐用年数等に関する省令に定める住宅用の耐用年数を1.5倍したものを用います。

② 居住建物（所有権）の価額

（居住建物の相続税評価額）		（配偶者居住権の価額）		（居住建物の価額）
2,000万円	－	13,294,783円	＝	<u>6,705,217円</u>

③ 敷地利用権の価額

（居住建物の敷地の用に供される土地の相続税評価額）		（居住建物の敷地の用に供される土地の相続税評価額）		（複利現価率）		（敷地利用権の価額）
5,000万円	－	5,000万円	×	0.701	＝	<u>14,950,000円</u>

④ 居住建物の敷地（所有権）の価額

（居住建物の敷地の用に供される土地の相続税評価額）		（敷地利用権の価額）		（居住建物の敷地の価額）
5,000万円	－	14,950,000円	＝	<u>35,050,000円</u>

（相法23の2）

アドバイス　建物の構造別耐用年数、完全生命表、複利現価表の数値については、「配偶者居住権の評価明細書」の裏面に掲げられていますので、この数値を使用してください。

《参考１》配偶者居住権等の評価で用いる建物の構造別の耐用年数（「居住建物の内容」の③）

構　　造	耐用年数
鉄骨鉄筋コンクリート造又は鉄筋コンクリート造	71
れんが造、石造又はブロック造	57
金属造（骨格材の肉厚４㎜超）	51
金属造（骨格材の肉厚３㎜超～４㎜以下）	41

構　　造	耐用年数
金属造（骨格材の肉厚３㎜以下）	29
木造又は合成樹脂造	33
木骨モルタル造	30

《参考２》第22回生命表（完全生命表）に基づく平均余命（「配偶者居住権の存続年数等」の⑧）

※平成29年３月１日公表（厚生労働省）

満年齢	平均余命		満年齢	平均余命		満年齢	平均余命		満年齢	平均余命		満年齢	平均余命	
	男	女		男	女		男	女		男	女		男	女
16	－	71	36	46	52	56	27	32	76	11	15	96	3	3
17	－	70	37	45	51	57	26	32	77	11	14	97	3	3
18	63	69	38	44	50	58	25	31	78	10	13	98	2	3
19	62	68	39	43	49	59	24	30	79	9	12	99	2	3
20	61	67	40	42	48	60	24	29	80	9	12	100	2	3
21	60	66	41	41	47	61	23	28	81	8	11	101	2	2
22	59	65	42	40	46	62	22	27	82	8	10	102	2	2
23	58	64	43	39	45	63	21	26	83	7	10	103	2	2
24	57	63	44	38	44	64	20	25	84	7	9	104	2	2
25	56	62	45	37	43	65	19	24	85	6	8	105	2	2
26	55	61	46	36	42	66	19	23	86	6	8	106	2	2
27	54	60	47	35	41	67	18	22	87	5	7	107	1	2
28	53	59	48	34	40	68	17	22	88	5	7	108	1	1
29	52	58	49	33	39	69	16	21	89	5	6	109	1	1
30	51	57	50	32	38	70	16	20	90	4	6	110	1	1
31	50	56	51	31	37	71	15	19	91	4	5	111	1	1
32	49	55	52	31	36	72	14	18	92	4	5	112	1	1
33	49	55	53	30	35	73	13	17	93	3	4	113	－	1
34	48	54	54	29	34	74	13	16	94	3	4	114	－	1
35	47	53	55	28	33	75	12	16	95	3	4	115	－	1

《参考３》複利現価表（法定利率３％）（「配偶者居住権の存続年数等」の⑧）

存続年数	複利現価率	存続年数	複利現価率	存続年数	複利現価率	存続年数	複利現価率	存続年数	複利現価率	存続年数	複利現価率	存続年数	複利現価率
1	0.971	11	0.722	21	0.538	31	0.400	41	0.298	51	0.221	61	0.165
2	0.943	12	0.701	22	0.522	32	0.388	42	0.289	52	0.215	62	0.160
3	0.915	13	0.681	23	0.507	33	0.377	43	0.281	53	0.209	63	0.155
4	0.888	14	0.661	24	0.492	34	0.366	44	0.272	54	0.203	64	0.151
5	0.863	15	0.642	25	0.478	35	0.355	45	0.264	55	0.197	65	0.146
6	0.837	16	0.623	26	0.464	36	0.345	46	0.257	56	0.191	66	0.142
7	0.813	17	0.605	27	0.450	37	0.335	47	0.249	57	0.185	67	0.138
8	0.789	18	0.587	28	0.437	38	0.325	48	0.242	58	0.180	68	0.134
9	0.766	19	0.570	29	0.424	39	0.316	49	0.235	59	0.175	69	0.130
10	0.744	20	0.554	30	0.412	40	0.307	50	0.228	60	0.170	70	0.126

配偶者居住権等の評価明細書

（令和二年四月一日以降用）

所有者	建物	（被相続人氏名） ①持分割合	（配偶者氏名） 持分割合	所在地番（住居表示）（　）
	土地	（被相続人氏名） ②持分割合	（共有者氏名） 持分割合	（共有者氏名） 持分割合

居住建物の内容	建物の耐用年数	（建物の構造）※裏面《参考1》参照	年	③
	建築後の経過年数	（建築年月日）　年　月　日 から （配偶者居住権が設定された日）　年　月　日 …　年（6月以上の端数は1年　6月未満の端数は切捨て）	年	④
	建物の利用状況等	建物のうち賃貸の用に供されている部分以外の部分の床面積の合計	㎡	⑤
		建物の床面積の合計	㎡	⑥
配偶者居住権の存続年数等	〔存続期間が終身以外の場合の存続年数〕（配偶者居住権が設定された日）　年　月　日 から （存続期間満了日）　年　月　日 …　年 Ⓐ（6月以上の端数は1年　6月未満の端数は切捨て）		存続年数（Ⓒ）　年	⑦
	〔存続期間が終身の場合の存続年数〕（配偶者居住権が設定された日における配偶者の満年齢）　歳（生年月日　年　月　日、性別　）… （平均余命）Ⓑ ※裏面《参考2》参照　年 Ⓒ（ⒶとⒷのいずれか短い年とし、Ⓐがない場合はⒷの年数）　年		複利現価率 ※裏面《参考3》参照　0.	⑧

評価の基礎となる価額	建物	賃貸の用に供されておらず、かつ、共有でないものとした場合の相続税評価額	円	⑨
		共有でないものとした場合の相続税評価額	円	⑩
		相続税評価額 （⑩の相続税評価額）　円 × （①持分割合）	円（円未満切捨て）	⑪
	土地	建物が賃貸の用に供されておらず、かつ、土地が共有でないものとした場合の相続税評価額	円	⑫
		共有でないものとした場合の相続税評価額	円	⑬
		相続税評価額 （⑬の相続税評価額）　円 × （②持分割合）	円（円未満切捨て）	⑭

○配偶者居住権の価額

（⑨の相続税評価額）　円 × （⑤賃貸以外の床面積 / ⑥居住建物の床面積）　㎡/㎡ × （①持分割合）	円（円未満四捨五入）	⑮
（⑮の金額）　円 － （⑮の金額）　円 × （③耐用年数－④経過年数－⑦存続年数 / ③耐用年数－④経過年数）　－　－ / － × （⑧複利現価率）0.　（注）分子又は分母が零以下の場合は零。	（配偶者居住権の価額）　円（円未満四捨五入）	⑯

○居住建物の価額

（⑪の相続税評価額）　円 － （⑯配偶者居住権の価額）　円	円	⑰

○配偶者居住権に基づく敷地利用権の価額

（⑫の相続税評価額）　円 × （⑤賃貸以外の床面積 / ⑥居住建物の床面積）　㎡/㎡ × （①と②のいずれか低い持分割合）	円（円未満四捨五入）	⑱
（⑫の金額）　円 － （⑱の金額）　円 × （⑧複利現価率）0.	（敷地利用権の価額）　円（円未満四捨五入）	⑲

○居住建物の敷地の用に供される土地の価額

（⑭の相続税評価額）　円 － （⑲敷地利用権の価額）　円	円	⑳

備考	

（注）土地には、土地の上に存する権利を含みます。

（資4－25－3－A4統一）

4　具体的な評価方法

財務省ホームページの『令和元年度税制改正の概要』の「2　配偶者居住権の創設に伴う改正」（494ページ～505ページ）において、配偶者居住権の評価方法の算定等が詳しく解説されています。**【参考資料】**として、その一部を抜粋してご紹介します。

【参考資料】〈財務省『令和元年度税制改正の概要』～抜粋〉

（497ページ～502ページ抜粋）

2　配偶者居住権の創設に伴う改正

⑵　財産評価

③　具体的な評価方法

イ　配偶者居住権

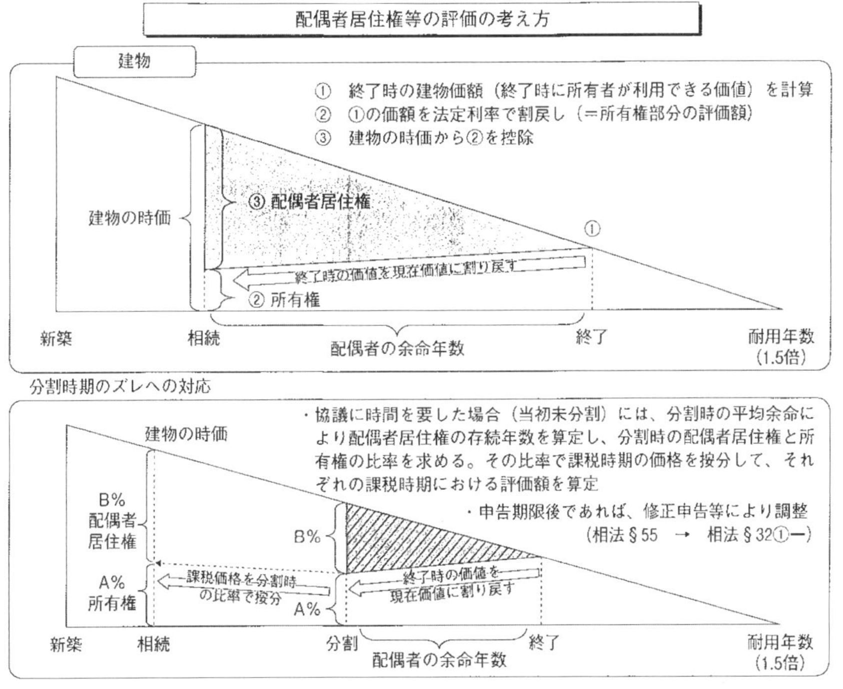

まず、配偶者居住権の目的となっている建物（居住建物）の配偶者居住権の存続期間が満了する時点での価額を算出します。建物は、使用又は時の経過により減価するため、存続期間満了時点の価額は、事業用建物の減価償却（定額法）に準じて減価した後の未償却残高に相当する額になります。

次に、これを法定利率による複利計算で現在価値に割り戻すことにより、相続開始時点における（配偶者居住権付の）居住建物の価額を算出します。最後に、この価額を配偶者居住権が設定されていないものとした場合の居住建物の価額から控除した残額が、配偶者居住権の評価額となります。

具体的には、次の算式により算出します。（相法23の２①）ただし、分数の項の分母又は分子が０以下となる場合には、分数の項を０とします。（結果的に居住建物の時価と一致することになります。）

《算式》

$$\text{居住建物の時価} - \text{居住建物の時価} \times \frac{\text{耐用年数} - \text{経過年数} - \text{存続年数}}{\text{耐用年数} - \text{経過年数}} \times \text{存続年数に応じた法定利率による複利現価率}$$

（イ）　居住建物の時価

上記算式中の「居住建物の時価」とは、居住建物に配偶者居住権が設定されていないものとした場合のその居住建物の相続開始時における時価をいいます。ただし、次に掲げる場合に該当する場合には、それぞれの区分に応じ、それぞれに定める金額となります。（相令５の８①）

（注）　ここでの配偶者居住権が設定されていないものとした場合の居住建物の時価とは、相続税法第22条の時価（財産評価基本通達で評価したもの）をいいます。

Ａ　居住建物の一部が賃貸の用に供されている場合（Ｃに掲げる場合を除きます。）……次のAに掲げる価額にBに掲げる割合を乗じて計算した金額

A　居住建物の相続開始時における配偶者居住権が設定されておらず、かつ、その賃貸の用に供されていないものとした場合の時価

B　居住建物のうちその賃貸の用に供されている部分以外の部分の床面積／居住建物の床面積

Ｂ　被相続人が居住建物を相続開始の直前においてその配偶者と共有していた場合（Ｃに掲げる場合を除きます。）……次のAに掲げる価額にBに掲げる割合を乗じて計算した金額

A　居住建物の相続開始時における配偶者居住権が設定されていないものとした場合の時価

B　被相続人が有していた居住建物の共有持分の割合

Ｃ　居住建物の一部が賃貸の用に供されており、かつ、被相続人がその居住建物を相続開始の直前においてその配偶者と共有していた場合……上記ＡAに掲げる価額に上記ＡBに掲げる割合及び上記ＢBに掲げる割合を乗じて計算した金額

このような按分計算をするのは、次の理由によるものです。

・居住建物の一部が貸し付けられている場合には、配偶者は相続開始前からその居住建物を賃借している賃借人に権利を主張することができない（対抗できない）ため、実質的に配偶者居住権に基づく使用・収益をすることができない部分を除外して評価する必要があること。

・被相続人の所有権が共有持分である場合には、その所有権の評価額は建物全体の評価額を共有持分で按分した価額となるので、配偶者居住権の評価額についても、被相続人の共有持分に応じた価額をベースとして算定するのが妥当であると考えられること。

(ロ)　耐用年数

上記算式中の「耐用年数」とは、居住建物の全部が住宅用であるものとした場合におけるその居住建物に係る減価償却資産の耐用年数等に関する省令（耐用年数省令）に定める耐用年数に1.5を乗じて計算した年数（６月以上の端数は１年とし、６月に満たない端数は切り捨てます。）をいいます（相法23の２①二イ、相令５の８②、相規12の２）。

ここで、耐用年数省令に定める耐用年数を1.5倍しているのは、耐用年数省令における耐用年数は事業用資産を前提として定められているところ、居住建物は通常は非事業用資産であり、事業用資産よりも耐用年数が長いと考えられることから、所得税の譲渡所得における非事業用資産の取得費の計算に関する規定（所令85）を参考にして、居住建物の耐用年数を設定したものです。

また、店舗併用住宅など、居住建物に非住宅用の部分がある場合の耐用年数については、用途区分毎に耐用年数を判定する等の方法も考えられますが、評価方法が煩雑となる面もあるため、簡便性の観点から、居住建物の全部が住宅用であるものとして、画一的に耐用年数を定めることとされました。

(ハ)　経過年数

上記算式中の「経過年数」とは、居住建物の新築時から配偶者居住権の設定時までの年数（６月以上の端数は１年とし、６月に満たない端数は切り捨てます。）をいいます。（相法23の２①二イ）

なお、遺産分割の協議又は審判により配偶者居住権が設定される場合には、配偶者居住権の効力が生じるのは相続開始時よりも後の時点であり、その時点を起算点として配偶者居住権の存続年数が定まると考えられることから、居住建物の経過年数についても、相続開始時ではなく、配偶者居住権の設定時までの年数でカウントすることとされています。

また、被相続人が生前に増改築をした場合には、増改築部分を区分することなく、新築時からの経過年数によることとなります。

(ニ)　存続年数

上記算式中の「存続年数」とは、配偶者居住権が存続する年数をいいますが、具体的には、次に掲げる場合の区分に応じ、それぞれに定める年数（６月以上の端数は１年とし、６月に満たない端数は切り捨てます。）となります（相法23の２①二イ、相令５の８③）。

A　配偶者居住権の存続期間が配偶者の終身の間とされている場合……その配偶者居住権が設定された時におけるその配偶者の平均余命（厚生労働省が男女別、年齢別に作成する完全生命表に掲載されている平均余命をいいます（相規12の3）。）

B　Aに掲げる場合以外の場合……遺産分割の協議・審判又は遺言により定められた配偶者居住権の存続年数（その年数がその配偶者居住権が設定された時における配偶者の平均余命を超える場合には、その平均余命とします。）

したがって、例えば平均余命が10年である配偶者について、遺産分割等により存続期間が50年の配偶者居住権を設定したとしても、上記Bカッコ書きの規定により、平均余命である10年が評価上の存続年数の上限となります。

(ホ)　存続年数に応じた法定利率による複利現価率

上記算式中の「存続年数に応じた法定利率による複利現価率」とは、次の算式（小数点以下3位未満四捨五入）により算出した率をいいます。（相法23の2①三、相規12の4）

《算式》

$$\frac{1}{(1+r)^n}$$

r：民法の法定利率
n：配偶者居住権の存続年数（上記(二)）

ロ　居住建物の所有権

居住建物の相続開始時における配偶者居住権が設定されていないものとした場合の時価から、上記イにより計算した配偶者居住権の価額を控除した残額によって評価します。（相法23の2②）

なお、この場合の居住建物の時価は、賃貸の用に供されていた部分がある場合であっても、上記イのような按分計算を行いません。

ハ　配偶者居住権に基づき居住建物の敷地を使用する権利

上記イの配偶者居住権の評価方法と同様に、まず、居住建物の敷地の用に供される土地（土地の上に存する権利を含みます。以下「土地等」といいます。）の配偶者居住権の存続期間が満了する時点での価額を算出します。この場合、将来時点における土地等の時価を評価するのは不確実性を伴い困難な場合が多いと考えられること等から、時価変動を捨象し、存続期間満了時における価額は相続開始時における価額と等しいものと仮定されています。

次に、この価額を法定利率による複利計算で現在価値に割り戻すことにより、相続開始時点における（配偶者居住権付の）土地等の価額を算出します。そして、これを居住建物に配偶者居住権が設定されていないものとした場合のその土地等の価額から控除した残額が、配偶者居住権に基づきその敷地を使用する権利の価額となります。

具体的には、次の算式により算出します。（相法23の２③）

《算式》

土地等の時価 － 土地等の時価 × 存続年数に応じた法定利率による複利原価率

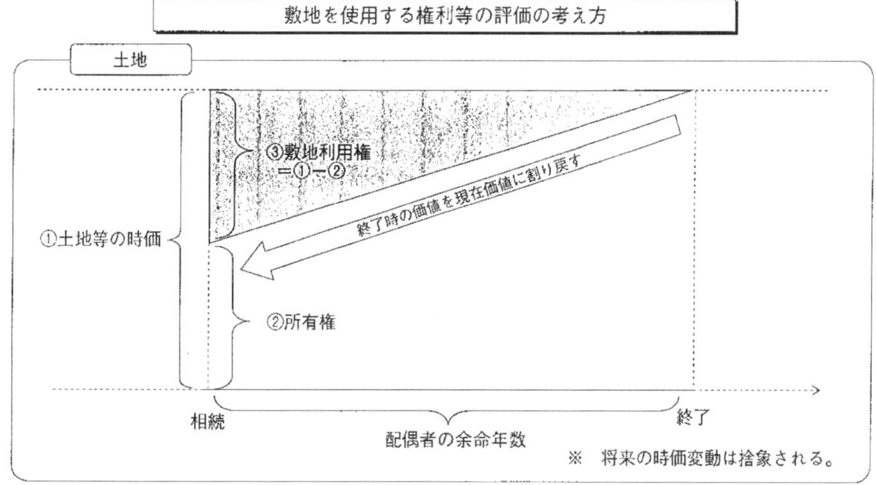

上記算式中の「土地等の時価」とは、居住建物に配偶者居住権が設定されていないものとした場合の、その居住建物の敷地の用に供されている土地等の相続開始時における時価をいいます。ただし、次に掲げる場合に該当する場合には、それぞれの区分に応じ、それぞれに定める金額となります。（相令５の８④）。

Ａ　居住建物の一部が賃貸の用に供されている場合（Ｃに掲げる場合を除きます。）……次のAに掲げる価額にBに掲げる割合を乗じて計算した金額

　A　居住建物の敷地の用に供される土地等の相続開始時における配偶者居住権が設定されておらず、かつ、その居住建物が賃貸の用に供されていないものとした場合の時価

　B　居住建物のうちその賃貸の用に供されている部分以外の部分の床面積／居住建物の床面積

Ｂ　被相続人が居住建物の敷地の用に供される土地等を相続開始の直前において他の者と共有していた場合又は被相続人が居住建物を相続開始の直前においてその配偶者と共有していた場合（Ｃに掲げる場合を除きます。）……次のAに掲げる価額にBに掲げる割合を乗じて計算した金額

　A　土地等の相続開始時における配偶者居住権が設定されていないものとした場合の時価

　B　被相続人が有していた土地等又は居住建物の共有持分の割合（被相続人がその土地等・居住建物両方の共有持分を有していた場合には、これらの共有持分の割合のうちいずれか低い割合）

Ｃ　居住建物の一部が賃貸の用に供されており、かつ、被相続人がその居住建物の敷地の用に供される土地等を相続開始の直前において他の者と共有していた場合又はその居住建物をその配偶者と共有していた場合……上記ＡＡに掲げる価額に上記ＡＢに掲げる割合及び上記ＢＢに掲げる割合を乗じて計算した金額

二　居住建物の敷地の用に供される土地等

土地等の相続開始時における配偶者居住権が設定されていないものとした場合の時価から、上記ハにより計算した配偶者居住権に基づき居住建物の敷地を使用する権利の価額を控除した残額によって評価します。（相法23の２④）

なお、この場合の土地等の時価は、居住建物に賃貸の用に供されていた部分がある場合であっても、上記ハのような按分計算を行いません。

5　その他実務上の留意事項

配偶者居住権が消滅した場合には、その事由によって課税関係が生じる場合があります。表に整理すると、次のとおりです。

◆配偶者居住権が消滅した場合の課税関係

	配偶者居住権の消滅事由（民法の根拠条文）	課税関係	摘　要
①	配偶者の死亡（1036,597③）	なし	配偶者居住権は消滅し、相続財産にはならない
②	存続期間の満了（1036,597①）	なし	配偶者居住権は消滅
③	居住建物の所有者による消滅請求（1032④）	贈与税	相法９、相基通９－13の２（令和元年７月１日）
④	建物全部の消滅等（1036，616の２）	なし	地震による建物の崩壊など、雑損控除（所令206③二、三）
⑤	配偶者による配偶者居住権の放棄・合意解除	贈与税	低額譲渡を含む→相法９、相基通９－13の２（令和元年７月１日）
		所得税	令和２年度税制改正、措通31・32共－１（令和２年７月１日）

（注１）上の表の③及び⑤（上段）

→配偶者が対価を取得しなかった場合は、土地・建物の所有者に贈与税が課税されます。

（注２）上の表の⑤（下段）

→配偶者が対価を取得した場合は、配偶者に所得税課税がなされます。この場合の所得の課税区分は、総合譲渡です。分離課税ではありませんので注意してください。

以下、課税関係について解説します。

⑴　配偶者が死亡した場合（二次相続）等

①　配偶者が死亡した場合の配偶者居住権の消滅

配偶者が死亡した場合には、民法の規定により配偶者居住権は消滅します。この場合、居住建物の所有者はその居住建物について使用収益ができることになりますが、民法の規定により（予定どおり）配偶者居住権が消滅するものであり、配偶者から居住建物の所有者に相

続を原因として移転する財産はありませんので、相続税の課税関係は生じません。

配偶者居住権の存続期間が終身ではなく、例えば10年といった有期で設定されて存続期間が満了した場合も、同様に贈与税の課税関係は生じません。

これについては、居住建物の所有者が使用収益することが可能となったことを利益と捉え、その居住建物の所有者に対してみなし課税をするという考え方もありますが、このように配偶者の生存中のみに存続し、死亡に伴い消滅するという権利関係が生じるのは、民法に定められた配偶者居住権の意義そのものに由来するものであることや、居住建物の所有者は、配偶者居住権の存続期間中は自らの使用収益が制約されるという負担を負っていることや、その負担は存続期間にわたって逓減するものであり、配偶者の死亡時にまとまって解消されるものではないこと等を踏まえれば、課税の公平上、問題があるともいえないことから、みなし課税を行う必要はないと考えられています。

（注）　配偶者は、その死亡による配偶者居住権の消滅の時に、当初設定した配偶者居住権に基づき建物の使用収益の完了に至ることから、移転し得る経済的価値は存在しないと考えられ、相続税法９条《贈与又は遺贈により取得したものとみなす場合―その他の利益の享受》の規定の適用もないと考えられています。

なお、配偶者居住権の評価に用いる存続年数は、原則として平均余命によることとされていますが、実際には、配偶者は相続税の課税時期における平均余命より早く亡くなる場合もあれば、それより長く生存される場合もあります。この場合、課税時期に想定された平均余命による評価額と実際の死亡時期を用いた事後的な評価額とでは結果的に差を生じることになりますが、平均余命による評価は、課税時期における最も合理的な評価方法であると考えられることから、この差が生じたとしても、事後的に税額を調整する必要はないものと考えられます。

この点は、同じく平均余命によっている相続税法24条の定期金に関する権利の評価においても同様とされています。

②　配偶者より先に居住建物の所有者が死亡した場合の相続税の課税

配偶者より先に居住建物の所有者が死亡した場合には、居住建物の所有権部分について所有者の相続人に相続税が課税されます。

この場合の配偶者居住権は存続中ですので、所有者の相続開始時において、配偶者の敷地利用権についても所有権部分と同様に評価します。また、居住建物の敷地についても同様です。

なお、居住建物の所有者から所有権部分の贈与があった場合も、同様に贈与税が課税され、その課税価格は贈与時点における居住建物の評価額から配偶者居住権部分の評価額を控除した金額とします。

⑵　期間の中途で配偶者居住権の合意解除又は放棄等があった場合

配偶者居住権は、当初設定した存続期間をその中途で変更することができないと解されていますが、配偶者がその権利を放棄すること、配偶者と所有者との間の合意によってその権利を解除することが可能です。

また、配偶者が民法1032条１項の用法遵守義務に違反した場合には、居住建物の所有者は、配偶者居住権を消滅させることができます。

このように配偶者居住権の存続期間の満了前に、何らかの事由により配偶者居住権が消滅することになった場合には、居住建物の所有者は、期間満了前に居住建物の使用収益が可能となります。これは、配偶者居住権が消滅したことにより所有者に使用収益する権利が移転したものと考えられるからです。

このような場合には、相続税法９条の規定により、配偶者から贈与があったものとみなして、居住建物の所有者に対して贈与税が課税されることになります。

Ⅱ　小規模宅地等の特例との関係

1　配偶者居住権と小規模宅地等の特例の適用関係

配偶者居住権は、借家権類似の建物についての権利とされていることから、配偶者居住権自体が小規模宅地等の特例の対象となることはありません。しかし、配偶者居住権に付随するその目的となっている建物の敷地を利用する権利《敷地利用権》については、「土地の上に存する権利」に該当するので、小規模宅地等の特例の対象となります。すなわち、配偶者は同居親族等の要件を満たす必要がないため、実質無条件で本特例の適用対象となります。

2　≪計算例≫で検証する配偶者敷地利用権設定宅地の小規模宅地等の特例との併用事例

『令和元年度税制改正の概要』（財務省）の**≪計算例１≫≪計算例２≫**（502～503ページ）において、配偶者敷地利用権を設定した宅地と小規模宅地等の特例とを併用した場合の計算例が示されていますので、以下にその二つの事例をご紹介しておきます。

《計算例１》　存続年数が残存耐用年数に満たない場合

【前提】

イ　居住用財産（１億円）

（イ）　建物（木造、築４年）

相続税評価額（＝固定資産税評価額×1.0）1,000万円

（ロ）　土地（300㎡、路線価30万円／㎡）

相続税評価額9,000万円

ロ　相続関係

（イ）　建物及び土地は子が相続し、配偶者（妻）が配偶者居住権を取得

（ロ）　配偶者居住権の存続年数は終身（配偶者は相続開始時に70歳）

ハ　使用する数値

（イ）　建物の耐用年数……22年×1.5＝33年

（ロ）　存続年数……20年（70歳女性の平均余命年数（厚生労働省・完全生命表））

（ハ）　複利現価率……0.554（法定利率３％　20年間）

【計算】

①　配偶者居住権の評価

1,000万円－1,000万円 × ｛(33年－４年）－20年｝／（33年－４年）× 0.554＝828万円

②　居住建物の所有権部分の評価

1,000万円－828万円＝172万円

③　敷地利用権の評価

9,000万円－9,000万円×0.554＝4,014万円

④　土地の所有権部分の評価

9,000万円－4,014万円＝4,986万円

【結果】

○　配偶者の取得額（①＋③）＝ 4,842万円

小規模宅地等の特例適用後（①＋③×0.2）＝ 1,630万円

○　子の取得額（②＋④）＝ 5,158万円

《計算例２》　存続年数が残存耐用年数を超える場合

【前提】

イ　居住用財産（9,200万円）

（イ）　建物（木造、築30年）、相続税評価額（＝固定資産税評価額×1.0）200万円

（ロ）　**《計算例１》**と同じ。

ロ　相続関係　**《計算例１》**に同じ。

ハ　使用する数値　**《計算例１》**に同じ。

【計算】

①　配偶者居住権の評価

200万円－200万円×｛(33年－30年）－20年｝／（33年－30年）※×0.554

＝200万円

※分数の項の分母又は分子が０以下となる場合には、分数の項を０とする。

②　居住建物の所有権部分の評価200万円－200万円＝０万円

③　敷地利用権の評価

9,000万円－9,000万円×0.554＝4,014万円

④　土地の所有権部分の評価

9,000万円－4,014万円＝4,986万円

【結果】

○　配偶者の取得額（①＋③）＝ 4,214万円

小規模宅地等の特例適用後（①＋③×0.2）＝ 1,002万円

○　子の取得額（②＋④）＝ 4,986万円

3　負担付所有権部分がある場合の小規模宅地等の特例との適用関係

配偶者居住権に基づく敷地利用権に本特例を適用する場合でも、要件を満たせば、配偶者居住権が設定された敷地そのもの（負担付所有権部分）についても、同居親族等が本特例を適用することができます。

例えば、父、母、子が同居しており、父の死亡で母が配偶者居住権を取得し、子がその居住建物と敷地を相続した場合、母の配偶者居住権に基づく敷地利用権が本特例の対象となるのに加えて、子が同居親族等の要件を満たしていれば、子が相続した居住用建物の敷地（負担付所有権部分）も本特例の対象になります。

4　配偶者居住権が設定されている場合の小規模宅地等の面積調整

小規模宅地等の特例を受けるものとしてその全部又は一部の選択をしようとする宅地等が配偶者居住権の目的となっている建物の敷地の用に供される宅地等又は配偶者居住権に基づく敷地利用権の全部又は一部である場合には、その宅地等の面積は、その面積に、それぞれその敷地の用に供される宅地等の価額又はその敷地利用権の価額がこれらの価額の合計額のうちに占める割合を乗じて得た面積であるものとみなして計算をし、限度面積要件を判定することになります。（措令40の２⑥）

■配偶者居住権が設定されている場合における小規模宅地等の面積調整の計算例

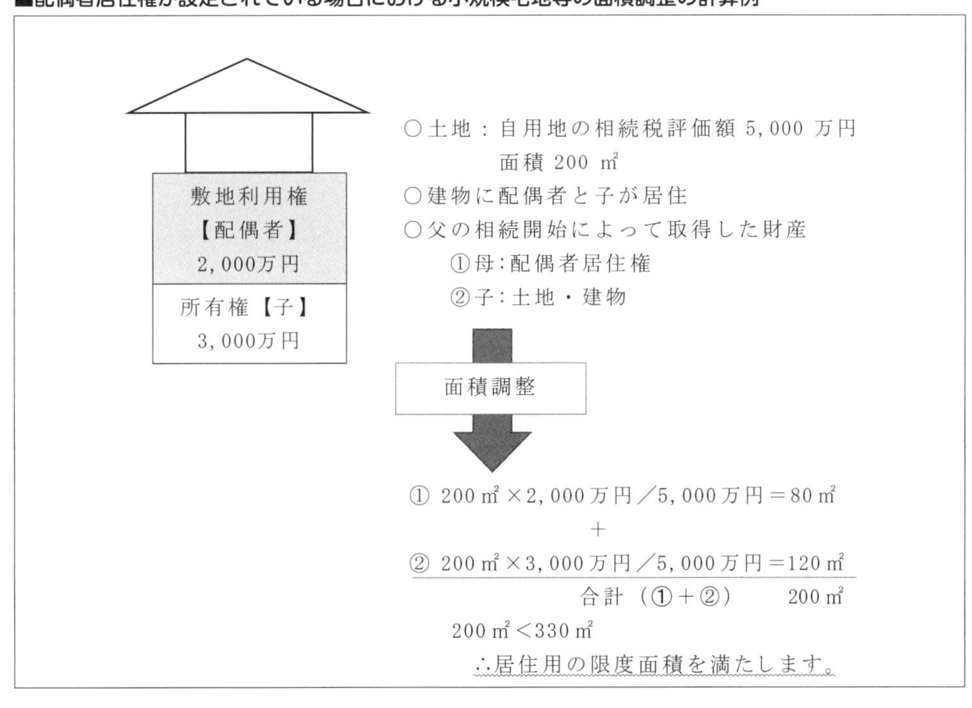

敷地利用権
【配偶者】
2,000万円
所有権【子】
3,000万円
○土地：自用地の相続税評価額 5,000 万円
面積 200 ㎡
○建物に配偶者と子が居住
○父の相続開始によって取得した財産
①母:配偶者居住権
②子:土地・建物
面積調整
① 200 ㎡×2,000 万円／5,000 万円＝80 ㎡
＋
② 200 ㎡×3,000 万円／5,000 万円＝120 ㎡
合計（①＋②）　200 ㎡
200 ㎡＜330 ㎡
∴居住用の限度面積を満たします。

Ⅲ 措置法通達のポイント

ポイント50

配偶者居住権等

<table>
<tr>
<td>措置法通達
69の4－1の2</td>
<td>配偶者居住権に基づく敷地利用権（※1）については、「土地の上に存する権利」に該当するため、本特例の適用対象となります。
選択適用しようとする特例対象宅地等が、配偶者居住権に基づく敷地利用権又は居住建物の敷地の用に供される宅地等の全部又は一部である場合には、配偶者居住権が設定されていない場合の宅地等について特例の適用を受けるときとの均衡も踏まえ、適用対象となる面積の調整を行うこととされています。
具体的には、次の宅地等の区分に応じ、それぞれ次の算式により算出した面積であるものとみなして、本特例を適用します。（措置法令40の2⑥）

（算式）
1　配偶者居住権に基づく敷地利用権の面積
特例対象宅地等の面積 × 配偶者居住権に基づく敷地利用権の価額 / 配偶者居住権に基づく敷地利用権の価額及び居住建物の敷地の用に供される宅地等の価額の合計額
2　居住建物の敷地の用に供される宅地等の面積
特例対象宅地等の面積 × 居住建物の敷地の用に供される宅地等の価額 / 配偶者居住権に基づく敷地利用権の価額及び居住建物の敷地の用に供される宅地等の価額の合計額

（注）1次相続（※2）に係る被相続人の所有していた宅地等が当該相続又は遺贈によりその配偶者を含む数人の共有に属することとなった場合には、次に掲げる宅地等が本特例の適用対象として選択することができるため、面積調整を行うこととなります。
①　当該配偶者が取得した当該敷地の用に供される宅地等の所有権（共有持分）
②　当該敷地利用権並びに他の相続人等が取得した当該敷地の用に供される宅地等の所有権（共有持分）</td>
</tr>
</table>

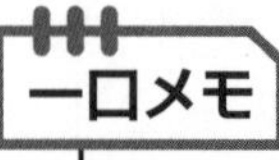

本項は、令和2年7月2日の改正によって新設されたものです。

用語の説明

（※1）**敷地利用権**：配偶者居住権が設定された場合、その配偶者は配偶者居住権に基づく居住建物の使用及び収益に必要な限度でその敷地を利用することができ、当該敷地を利用する権利を「敷地利用権」といいます。（以下、措置法通達69の4－24の2までにおいて同じです。）

（※2）**1次相続**：ここでは、配偶者居住権の設定に係る相続又は遺贈のことを指します。以下69の4－24の2までにおいて同じ。

アドバイス　配偶者居住権そのものは、借家権類似の建物についての権利とされることから、土地（土地の上に存する権利を含みます。以下同じ。）を対象とする小規模宅地等の特例の適用対象とはなりません。

しかし、配偶者居住権に基づく敷地利用権については、次の理由から、居住建物の敷地の用に供される土地も含め、本特例の対象とされます。

①　当該敷地利用権が建物でなく、土地を利用する権利であること

②　配偶者居住権が被相続人の配偶者の従前の居住環境での生活の継続等を趣旨としていること

③　小規模宅地等の特例が事業又は居住の継続等への配慮を趣旨とするものであること等

なお、配偶者居住権者（配偶者居住権を有する者をいいます。以下69の４－24の２までにおいて同じ。）が死亡した場合（２次相続）については、配偶者居住権そのものが消滅するため（民法1030、同法1036において準用する同法597③）、本特例の対象となる財産もないこととなります。したがって、面積調整を行う必要もありません。

ポイント51

宅地等が配偶者居住権の目的となっている建物等の敷地である場合の被相続人等の事業の用に供されていた宅地等の範囲

措置法通達 69の４－４の２	配偶者居住権が設定された相続の後の相続において、相続又は遺贈により取得した宅地等が、相続開始の直前において配偶者居住権に基づき使用又は収益されていた建物等の敷地の用に供されていたものである場合には、当該宅地等のうち、次に掲げる部分が事業用宅地等に該当します。 ①　他に貸し付けられていた宅地等 　ただし、当該貸付けが事業に該当する場合に限ります。 ②　①に掲げる宅地等を除き、被相続人等の事業の用に供されていた建物等（※１）で、次のいずれかのもの 　a　被相続人等（※２）が配偶者居住権者（※３）であるもの 　又は 　b　その他親族（※４）が配偶者居住権者であるものの敷地の用に供されていたもの 　ただし、bについては、被相続人等が当該建物等を配偶者居住権者である当該その他親族から無償で借り受けていた場合における当該建物等に限ります。

本項は、令和２年７月２日の改正によって新設されたものです。

用語の説明

（※１）**建物等**：ここでは、被相続人等又はその他親族が所有していた建物等をいいます。

（※２）**被相続人等**：被相続人又はその被相続人と生計を一にしていたその被相続人の親族をいいます。（以下、措置法通達69の４－24の２までにおいて同じです。）

（※３）**配偶者居住権者**：配偶者居住権を有する被相続人等又はその他親族をいいます。（以下、措置法通達69の４－23までにおいて同じです。）

（※４）**その他親族**：生計一親族以外の被相続人の親族をいいます。

まとめ　上記の措置法通達69の４－４の２のポイントをまとめると、次の整理表のようになります。

【整理表】

土地所有者	建物所有者	地代	配偶者居住権者	建物利用者（事業の用）	家賃	特例適用	上記通達のポイント
被相続人	被相続人等	無償	被相続人	被相続人	—	80%	②a
				生計一親族	無償	80%	②a
					有償	50%	**被相続人の貸付事業**
			生計一親族	左と同一生計親族	—	80%	②a
				左以外の被相続人等	無償	80%	②a
					有償	50%	**生計一親族の貸付事業**
			その他親族	被相続人等	無償	80%	②b
					有償	×	その他親族の貸付事業
	その他親族	無償	被相続人	被相続人	—	80%	②a
				生計一親族	無償	80%	②a
					有償	50%	**被相続人の貸付事業**
			生計一親族	左と同一生計親族	—	80%	②a
				左以外の被相続人等	無償	80%	②a
					有償	50%	**生計一親族の貸付事業**
			その他親族	被相続人等	無償	80%	②b
					有償	×	その他親族の貸付事業
	左以外の者	有償	→			50%	①

（注）80％ → 特定事業用宅地等として本特例適用の可能性がある。
　　　50％ → 貸付事業用宅地等として本特例適用の可能性がある。
　　　×　→ 本特例の適用対象とならない。

アドバイス　配偶者居住権の目的となっている建物等であっても、１次相続の開始前（配偶者居住権の設定前）から引き続き建物等が貸し付けられ、配偶者居住権者がその賃借人に権利を主張することができない場合など、実質的に配偶者居住権に基づき当該建物等を使用・収益していない場合の小規模宅地等の特例の適用については、この取扱いでなく、措置法通達69の４－４（被相続人等の事業の用に供されていた宅地等の範囲）の取扱いとなります。

なお、当該相続が配偶者居住権の設定に係る相続（１次相続）の場合については、この「被相続人等の事業の用に供されていた宅地等」の判定が相続開始の直前（配偶者居住権の取得前）の現況により行われることから、この場合においても、本項ではなく、上記と同様に措置法通達69の４－４の取扱いとなります。

ポイント52

宅地等が配偶者居住権の目的となっている家屋の敷地である場合の被相続人等の居住の用に供されていた宅地等の範囲

措置法通達 69の４－７の２	配偶者居住権が設定された相続の後の相続の場合において、相続又は遺贈により取得した宅地等については、次に掲げる部分が特定居住用宅地等に該当します。 ①　被相続人等の居住の用に供されていた家屋の敷地であること ②　相続人又は被相続人の親族が配偶者居住権者である場合のその配偶者居住権に基づき使用又は収益されていた建物等の敷地の用に供されていたものであること ③　次のいずれかの家屋の敷地であること ａ　被相続人が所有する家屋の場合 被相続人等が配偶者居住権者から無償で借り受けて居住していたもの ｂ　被相続人の親族が所有する家屋の場合 家屋の所有者が土地を無償で借り受け、かつ、被相続人等が配偶者居住権者から無償で借り受けて居住していたもの （注）老人ホーム等の場合 要件は上記①～③と同じですが、その判定時期は、相続開始の直前ではなく、被相続人の居住の用に供されなくなる直前です。 ただし、被相続人の居住の用に供されなくなった後、事業の用又は被相続人以外の居住の用に供された場合には、特例適用の対象になりません。

本項は、令和２年７月２日の改正によって新設されたものです。

まとめ　宅地等が配偶者居住権の目的となっている家屋の敷地である場合の被相続人等の居住の用に供されていた宅地等の範囲を整理すると、次ページの整理表のようになります。

【整理表】

土地所有者	建物所有者	地代	配偶者居住権者	建物利用者（居住の用）	使用料	特例適用	上記通達のポイント
被相続人	被相続人	無償	被相続人	被相続人	—	80%	①②③a
				生計一親族	無償	80%	①②③a
					有償	50%	被相続人の貸付事業
			生計一親族	被相続人等	無償	80%	①②③a
					有償	50%	生計一親族の貸付事業
			その他親族	被相続人等	無償	80%	①②③a
					有償	×	その他親族の貸付事業
	被相続人の親族	無償	被相続人	被相続人	—	80%	①②③b
				生計一親族	無償	80%	①②③b
					有償	50%	被相続人の貸付事業
			生計一親族	被相続人等	無償	80%	①②③b
					有償	50%	生計一親族の貸付事業
			その他親族	被相続人等	無償	80%	①②③b
					有償	×	その他親族の貸付事業
		有償		→		50%	被相続人の貸付事業

（注）80% → 特定居住用宅地等として本特例適用の可能性がある。
　　　50% → 貸付事業用宅地等として本特例適用の可能性がある。
　　　× → 本特例の適用対象とならない。

なお、被相続人等の居住用宅地等の判定は、相続開始の直前（配偶者居住権の取得前）の現況により行われることから、当該相続が配偶者居住権の設定に係る相続（1次相続）の場合における判定は、本通達ではなく、措置法通達69の4－7（被相続人等の居住の用に供されていた宅地等の範囲）の取扱いとなります。

ポイント53

法人の事業の用に供されていた宅地等の範囲

措置法通達69の4－23（再掲）	相続開始の直前において、建物等が、配偶者居住権者により配偶者居住権に基づいて使用・収益されていたときは、次の宅地等が「法人の事業の用に供されていた宅地等」に該当することとなります。 ①　被相続人から当該法人に貸し付けられていた宅地等 ②　配偶者居住権者である「被相続人等」により当該法人へ貸し付けられ、当該法人の事業の用に供されていた建物等で、次のa又はbが所有するものの敷地の用に供されていたもの a　「被相続人」が所有していたもの b　被相続人の親族が所有していたもの 当該親族が当該建物等の敷地を被相続人から無償で借り受けていた場合における当該建物等に限ります。 ただし、上記①及び②における貸付は、その貸付けが措置法第69条の4第1項に規定する事業に該当する場合に限ります。つまり、準事業を含みます。

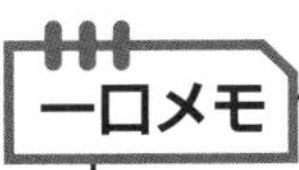

一口メモ

本項は、令和２年７月２日の改正によるものです。

まとめ　特定同族会社事業用宅地等に該当するためには、被相続人等の不動産貸付（不動産の貸付けで、相当の対価により継続的に行われるもの）に供されている宅地等でなければなりません。

宅地等が配偶者居住権の目的となっている家屋の敷地である場合の特定同族会社事業用宅地等の範囲を整理すると、下表のようになります。

【整理表】

土地所有者	建物所有者	地代	配偶者居住権者	建物利用者	家賃	特例適用	上記通達のポイント
被相続人	被相続人	—	被相続人等	同族法人	無償	×	事業に該当しない
					有償	80%	②a
	被相続人の親族	無償	被相続人等	同族法人	無償	×	事業に該当しない
					有償	80%	②b
	同族法人（※）	有償	被相続人等	同族法人	—	80%	①

（※）例えば、配偶者居住権の目的となっている建物を当該法人が買い取り、被相続人がその敷地を当該法人に貸し付けていた場合が考えられます。

（注）80％ → 特定同族会社事業用宅地等として本特例適用の可能性がある。
　　　×　 → 本特例の適用対象とならない。

ポイント54

被相続人等の貸付事業の用に供されていた宅地等

措置法通達 69の４－24の２ （再掲）	配偶者居住権の設定に係る相続又は遺贈（１次相続）により、貸付事業に係る建物等（※）の敷地の用に供されていた宅地等を取得した場合には、当該宅地等のうち当該配偶者居住権に基づく敷地利用権に相当する部分については、当該貸付事業の用に供されていた宅地等に該当しません。したがって、この部分に係る敷地利用権については本特例の適用はありません。 （※）配偶者居住権の目的とされた建物に限ります。

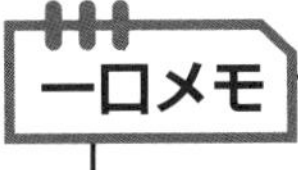

一口メモ

本項は、令和２年７月２日の改正によるものです。

アドバイス　配偶者居住権については、その設定における相続（１次相続）に係る被相続人が建物等の一部を賃貸していた場合であっても、その配偶者は当該建物等を目的とする配偶者居住権を取得することができるため、建物等所有者との関係では使用・収益できる権利を取得しますが、既に当該建物等を賃借している建物等賃借人に対してはその権利を主張することはできないと解されます。

したがって、この場合には、当該配偶者は当該建物等を賃貸している部分について実質的に配偶者居住権に基づき使用・収益することができないこととなります。

【参考】建物等の一部が貸し付けられている場合には、配偶者居住権者は相続開始前からその建物等を賃借している賃借人に権利を主張することができない（対抗できない）ことから、配偶者居住権及び配偶者居住権に基づく敷地利用権の相続税法における評価では、実質的に配偶者居住権に基づき使用及び収益をすることができない部分を除外してその価額を算出することとされています。（相法23の２、相令５の８、「令和元年度税制改正の解説」（財務省、499頁））

そして、配偶者居住権に基づく敷地利用権については、当該敷地利用権が配偶者居住権に基づき建物等の使用・収益をするために必要な限度で土地を利用する権利であることを踏まえれば、当該敷地利用権に基づき土地を利用する部分は、実質的に配偶者居住権に基づき使用・収益することができる範囲と基本的に同様の範囲であると解することが相当です。したがって、上記の場合において、当該相続に係る被相続人が建物等を貸付事業の用に供していた部分については、その配偶者が配偶者居住権に基づき実質的に使用・収益することができない部分であるため、この場合における当該配偶者居住権に基づく敷地利用権についても、被相続人等の貸付事業の用に供されていた部分はないこととなります。

（注）配偶者居住権の設定後において、配偶者居住権を取得したその配偶者は建物等の所有者の承諾を得てその建物等を第三者に賃貸し、貸付事業の用に供することができますが（民法1032③）、当該貸付事業の用に供している建物等の部分は、配偶者が配偶者居住権に基づき使用・収益している部分であるため、当該建物等の部分に係る配偶者居住権に基づく敷地利用権については、上記と異なり、当該配偶者の貸付事業の用に供しているものとなります。

Ⅳ 設例による解説

本項の**設例**は、令和２年７月７日資産課税課情報第17号「相続税及び贈与税等に関する質疑応答事例（民法（相続法）改正関係）について」を基に作成しています。事例番号も当該質疑応答事例の付番に対応させています。必要に応じて国税庁ホームページをご参照ください。

１　１次相続によって配偶者居住権が設定される場合設例

（事例１－１）
１次相続　①相続人が土地を共有で取得した場合

Q　下図のとおり、山田太郎（被相続人 甲）は、自己の所有する土地の上に建物１棟を所有し、その建物を山田太郎、その配偶者 乙（花子）及び子 丙（一郎）が居住の用に供していました。山田太郎の相続に係る遺産分割により、花子は配偶者居住権等を、一郎は居住建物及び敷地所有権の共有持分２分の１を取得し、引き続き居住の用に供しています。

また、山田太郎と生計を別にする子 丁（二郎）は、当該敷地所有権の共有持分２分の１を相続により取得しましたが、自己が所有する建物に居住しています。この場合、小規模宅地等の特例の適用対象となるのはどの部分でしょうか。

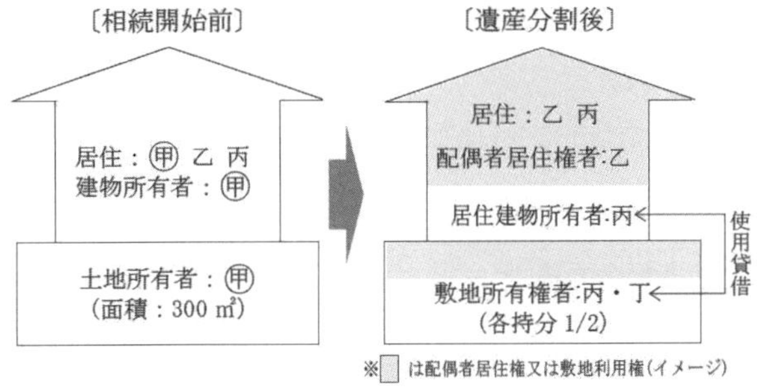

【前提】
＜関係者＞
㊙甲：山田太郎（被相続人）
乙：山田花子（配偶者）
丙：山田一郎（長男、山田太郎と生計一）
丁：山田二郎（二男、山田太郎と生計別）

＜配偶者居住権が設定されていないものとした場合の財産評価額＞
土地の相続税評価額：75,000,000円
敷地利用権の相続税評価額：22,500,000円
敷地所有権の相続税評価額：52,500,000円

A　宅地等のうち、特定居住用宅地等として本特例の適用対象となる部分を図示すると、次のようになります。

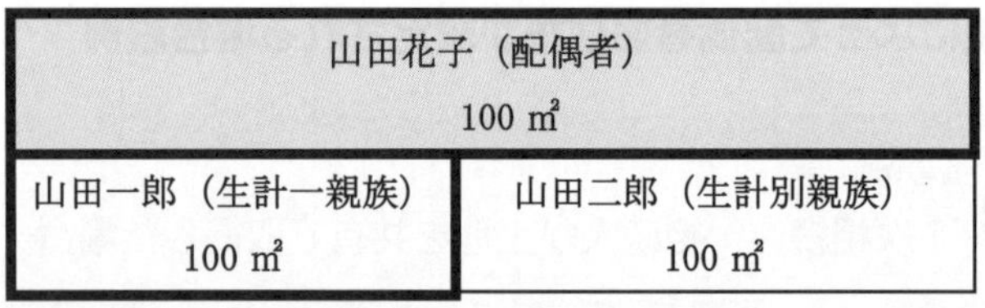

山田花子（配偶者） 100 ㎡	
山田一郎（生計一親族） 100 ㎡	山田二郎（生計別親族） 100 ㎡

・網掛け部分は配偶者居住権に基づく敷地利用権
　それ以外の部分は敷地所有権に相当する部分
・太枠部分は特定居住用宅地等の適用対象となる部分

≪計算≫

1　個人が相続により取得した宅地等（措置法69の4①）
～敷地利用権及び敷地所有権～

特例の適用を受けようとする特例対象宅地等が敷地利用権又は敷地所有権である場合におけるそれらの面積は、措置法令第40条の2第6項の規定を踏まえ、次のとおり、それらの価額に基づき計算された面積となります。（以下の事例において同じです。）

① 敷地利用権の面積

$$300㎡（\text{土地の面積}）\times \frac{22{,}500{,}000\text{円}（\text{敷地利用権の相続税評価額}）}{75{,}000{,}000\text{円}（\text{土地の相続税評価額}）} = 90㎡$$

② 敷地所有権の面積

$$300㎡（\text{土地の面積}）\times \frac{52{,}500{,}000\text{円}（\text{敷地所有権の相続税評価額}）}{75{,}000{,}000\text{円}（\text{土地の相続税評価額}）} = 210㎡$$

2　取得者ごとの特例対象宅地等の区分等（措置法69の4①③）

① 花子が取得した宅地等のうち特定居住用宅地等に該当する部分
敷地利用権 22,500,000円（90㎡）

② 一郎が取得した宅地等のうち特定居住用宅地等に該当する部分

$$210㎡（\text{敷地所有権の面積}）\times \frac{1}{2}（\text{一郎の持分}）= 105㎡$$

$$52{,}500{,}000\text{円}（\text{敷地所有権の価額}）\times \frac{1}{2}（\text{一郎の持分}）= 26{,}250{,}000\text{円}$$

③ 二郎が取得した居住用部分の宅地等

210㎡（敷地所有権の面積）×$\frac{1}{2}$（二郎の持分）＝ 105㎡

52,500,000円（敷地所有権の価額）×$\frac{1}{2}$（二郎の持分）＝ 26,250,000円

（注）二郎が取得した敷地所有権は特定居住用宅地等の要件を満たしていないことから、小規模宅地等の特例の適用はありません。

3　限度面積要件の判定等（措置法69の４①②）

上記２①②の面積の合計（195㎡）は、限度面積要件（330㎡以下）を満たしています。したがって、花子は敷地利用権（90㎡）、一郎は敷地所有権（105㎡）について、他の要件を満たす限り、小規模宅地等の特例の適用を受けることができます。この場合の相続税の申告書第11・11の２表の付表１（別表１の２）の**記載例**は、次ページのとおりです。

【記載例】１－１

小規模宅地等についての課税価格の計算明細書（別表１の２）

被相続人	事例1-1

この計算明細書は、特例の対象として小規模宅地等を選択する一の宅地等（注）が配偶者居住権の目的となっている建物の敷地の用に供される宅地等（以下「居住建物の敷地の用に供される土地」といいます。）又はその宅地等を配偶者居住権に基づき使用する権利（以下「配偶者居住権に基づく敷地利用権」といいます。）の全部又は一部である場合に作成します。
なお、この計算明細書の書きかた等については、裏面をご覧ください。
（注）一の宅地等とは、一棟の建物又は構築物の敷地をいいます。ただし、マンションなどの区分所有建物の場合には、区分所有された建物の部分に係る敷地をいいます。

1　一の宅地等の所在地、面積及び評価額

宅地等の所在地	××市〇〇町△丁目□番◇号	①宅地等の面積	300 ㎡

	相続開始の直前における宅地等の利用区分	面積（㎡）	評価額（円）配偶者居住権に基づく敷地利用権	評価額（円）居住建物の敷地の用に供される土地
A	①のうち被相続人等の事業の用に供されていた宅地等（B、C及びDに該当するものを除きます。）			
B	①のうち特定同族会社の事業（貸付事業を除きます。）の用に供されていた宅地等		（1次相続の場合は0としてください。）	
C	①のうち被相続人等の貸付事業の用に供されていた宅地等（相続開始の時において継続的に貸付事業の用に供されていると認められる部分の敷地）		（1次相続の場合は0としてください。）	
D	①のうち被相続人等の貸付事業の用に供されていた宅地等（Cに該当する部分以外の部分の敷地）			
E	①のうち被相続人等の居住の用に供されていた宅地等	300	22,500,000	52,500,000
F	①のうちAからEの宅地等に該当しない宅地等			

2　一の宅地等の取得者ごとの面積及び評価額

i　配偶者居住権に基づく敷地利用権の取得者氏名　山田　花子

	1 利用区分に応じた宅地等 面積（㎡）	評価額（円）	2 左記の宅地等のうち選択特例対象宅地等 面積（㎡）	評価額（円）	3 特例の対象とならない宅地等（1－2）面積（㎡）	評価額（円）
A						
B						
C						
D						
E	90	22,500,000	90	22,500,000		
F						

ii　居住建物の敷地の用に供される土地の取得者氏名　山田　一郎　持分割合　1／2

	1 持分に応じた宅地等 面積（㎡）	評価額（円）	2 左記の宅地等のうち選択特例対象宅地等 面積（㎡）	評価額（円）	3 特例の対象とならない宅地等（1－2）面積（㎡）	評価額（円）
A						
B						
C						
D						
E	105	26,250,000	105	26,250,000		
F						

iii　居住建物の敷地の用に供される土地の取得者氏名　山田　二郎　持分割合　1／2

	1 持分に応じた宅地等 面積（㎡）	評価額（円）	2 左記の宅地等のうち選択特例対象宅地等 面積（㎡）	評価額（円）	3 特例の対象とならない宅地等（1－2）面積（㎡）	評価額（円）
A						
B						
C						
D						
E	105	26,250,000			105	26,250,000
F						

第11・11の2表の付表1（別表1の2）（令2．7）　（資4－20－12－3－9－A4統一）

第11・11の2表の付表1（別表1の2）（令和2年4月分以降用）

（事例１－５）
１次相続　⑤店舗併用住宅の場合

下図のとおり、山田太郎（被相続人 甲）は、自己の所有する土地の上に建物１棟を所有し、その建物のうち２階を山田太郎及びその配偶者 乙（花子）が居住の用に、１階を山田太郎が事業の用に供していました。山田太郎の相続に係る遺産分割により、花子は配偶者居住権等を、一郎（山田太郎と生計を別にする子 丙）は居住建物及び敷地所有権を取得し、花子は居住建物に引き続き居住しているほか、山田太郎の事業を引き継ぎ、申告期限まで引き続き営んでいます（一郎は自己の所有する別の建物に居住している。）。この場合、小規模宅地等の特例の適用対象となるのはどの部分でしょうか。

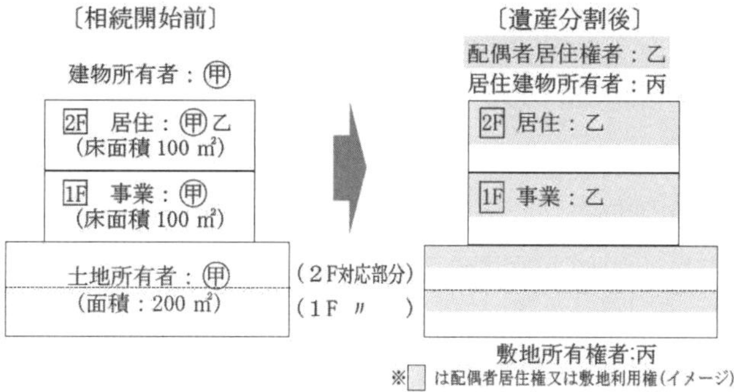

【前提】

＜関係者＞

甲：山田太郎（被相続人）
乙：山田花子（配偶者）
丙：山田一郎（長男、山田太郎と生計別）

＜配偶者居住権が設定されていないものとした場合の財産評価額＞

相続税評価額：30,000,000円
敷地利用権の相続税評価額：　9,000,000円
敷地所有権の相続税評価額：21,000,000円

宅地等のうち、本特例の適用対象となる部分を図示すると次のようになります。

２Ｆ　居住用 100 ㎡	山田花子（配偶者） 30 ㎡	←特定居住用宅地等
	山田一郎（生計別親族） 70 ㎡	
１Ｆ　事業用 100 ㎡	山田花子（配偶者） 30 ㎡	
	山田一郎（生計別親族） 70 ㎡	

・網掛け部分は配偶者居住権に基づく敷地利用権
　それ以外の部分は敷地所有権に相当する部分
・太枠部分は小規模宅地等の特例の適用対象となる部分

≪計算≫

１　個人が相続により取得した宅地等（措置法69の４①）敷地利用権及び敷地所有権

これらの面積については、措置法令第40条の２第６項の規定を踏まえ、次のとおり、土地の利用区分ごとに計算します。

２　当該宅地等の利用区分

① 居住の用に供していた部分

【評価額】

$$200㎡（土地の面積）\times \frac{100㎡（居住用部分の床面積）}{200㎡（建物の総床面積）}$$

＝ 100㎡（土地の居住用部分の面積）

$$30,000,000円（土地の評価額）\times \frac{100㎡（土地の居住用部分の面積）}{200㎡（土地の面積）}$$

＝ 15,000,000円（土地の居住用部分の評価額）

《権利ごとの評価額》

配偶者居住権者の使用収益権限が及ぶ範囲は、居住建物の全部とされており（民法1028）、配偶者居住権者は、従前の用法に従い、居住建物の使用・収益をしなければなりませんしたがって、本事例においては、居住建物の居住用の部分に加え、事業用の部分についても配偶者が配偶者居住権に基づき使用・収益することが可能であることから、当該配偶者居住権に基づく敷地利用権については、居住の用に供していた部分と事業の用に供していた部分とがあるものと解されます。

（※）ただし、居住の用に供するため従前の用法を変更することは認められています。（民法1032）

・敷地利用権の居住用部分の評価額

9,000,000円（敷地利用権の評価額）× 100㎡（土地の居住用部分の面積）/ 200㎡（土地の面積）

= 4,500,000円…Ⓐ

・敷地所有権の居住用部分の評価額

15,000,000円（土地の居住用部分の評価額）

－4,500,000 円（敷地利用権の居住用部分の評価額）= 10,500,000円…Ⓐ'

【面積】

・100 ㎡（土地の居住用部分の面積）

《権利ごとの面積》

・敷地利用権の居住用部分の面積

100㎡（土地の居住用部分の面積）× 4,500,000円（敷地利用権の居住用部分の評価額）/ 15,000,000円（土地の居住用部分の評価額）

= 30㎡…Ⓑ

・敷地所有権の居住用部分の面積

100㎡（土地の居住用部分の面積）× 10,500,000円（敷地所有権の居住用部分の評価額）/ 15,000,000円（土地の居住用部分の評価額）

= 70㎡…Ⓑ'

② 事業の用に供していた部分

【評価額】

・200 ㎡（土地の面積）× 100㎡（事業用部分の床面積）/ 200㎡（建物の総床面積）

= 100㎡（土地の事業用部分の面積）

・30,000,000円（土地の評価額）× 100㎡（土地の事業用部分の面積）/ 200㎡（土地の面積）

= 15,000,000円（土地の事業用部分の評価額）

《権利ごとの評価額》

・敷地利用権の事業用部分の評価額

9,000,000円（敷地利用権の評価額）× 100㎡（土地の事業用部分の面積）/ 200㎡（土地の面積）

= 4,500,000円…Ⓒ

・敷地所有権の事業用部分の評価額

15,000,000円（土地の事業用部分の評価額）

－4,500,000円（敷地利用権の事業用部分の評価額）= 10,500,000円…Ⓒ'

【面積】

・100㎡（土地の事業用部分の面積）

《権利ごとの面積》

・敷地利用権の事業用部分の面積

100㎡（土地の事業用部分の面積）× 4,500,000円（敷地利用権の事業用部分の評価額）/ 15,000,000円（土地の事業用部分の評価額）

= 30㎡…Ⓓ

・敷地所有権の事業用部分の面積

100㎡（土地の事業用部分の面積）× $\frac{\text{10,500,000円（敷地所有権の事業用部分の評価額）}}{\text{15,000,000円（土地の事業用部分の評価額）}}$

＝ 70㎡…Ⓓ'

3　取得者ごとの特例対象宅地等の区分等（措置法69の4①③）

① 花子が取得した敷地利用権

⑴ 特定居住用宅地等に該当する部分 Ⓐ（Ⓑ）…4,500,000円（30㎡）

⑵ 特定事業用宅地等に該当する部分 Ⓒ（Ⓓ）…4,500,000円（30㎡）

② 一郎が取得した敷地所有権 Ⓐ'（Ⓑ'）、Ⓒ'（Ⓓ'）

一郎が取得した敷地所有権については、特定居住用宅地等の要件及び特定事業用宅地等の要件を満たしていないため、小規模宅地等の特例の適用はありません。

4　限度面積要件の判定等（措置法69の4①②）

上記3①（1）の面積（30㎡）は330㎡以下であり、上記3①（2）の面積（30㎡）は400㎡以下であるため、限度面積要件を満たすこととなります。したがって、花子は敷地利用権について、他の要件を満たす限り、小規模宅地等の特例の適用を受けることができます。この場合の相続税の申告書第11・11の2表の付表1（別表1の2）の**記載例**は次ページのとおりです。

【記載例】１－５

小規模宅地等についての課税価格の計算明細書（別表１の２）

被相続人	事例1-5

この計算明細書は、特例の対象として小規模宅地等を選択する一の宅地等（注）が配偶者居住権の目的となっている建物の敷地の用に供される宅地等（以下「居住建物の敷地の用に供される土地」といいます。）又はその宅地等を配偶者居住権に基づき使用する権利（以下「配偶者居住権に基づく敷地利用権」といいます。）の全部又は一部である場合に作成します。
なお、この計算明細書の書きかた等については、裏面をご覧ください。
（注）一の宅地等とは、一棟の建物又は構築物の敷地をいいます。ただし、マンションなどの区分所有建物の場合には、区分所有された建物の部分に係る敷地をいいます。

１　一の宅地等の所在地、面積及び評価額

宅地等の所在地	××市〇〇町△丁目□番◇号	①宅地等の面積	200 ㎡

	相続開始の直前における宅地等の利用区分	面積（㎡）	評価額（円）配偶者居住権に基づく敷地利用権	評価額（円）居住建物の敷地の用に供される土地
A	①のうち被相続人等の事業の用に供されていた宅地等（B、C及びDに該当するものを除きます。）	100	4,500,000	10,500,000
B	①のうち特定同族会社の事業（貸付事業を除きます。）の用に供されていた宅地等		（1次相続の場合は0としてください。）	
C	①のうち被相続人等の貸付事業の用に供されていた宅地等（相続開始の時において継続的に貸付事業の用に供されていると認められる部分の敷地）		（1次相続の場合は0としてください。）	
D	①のうち被相続人等の貸付事業の用に供されていた宅地等（Cに該当する部分以外の部分の敷地）			
E	①のうち被相続人等の居住の用に供されていた宅地等	100	4,500,000	10,500,000
F	①のうちAからEの宅地等に該当しない宅地等			

２　一の宅地等の取得者ごとの面積及び評価額

ⅰ　配偶者居住権に基づく敷地利用権の取得者氏名　山田　花子

	1 利用区分に応じた宅地等 面積（㎡）	評価額（円）	2 左記の宅地等のうち選択特例対象宅地等 面積（㎡）	評価額（円）	3 特例の対象とならない宅地等（1－2） 面積（㎡）	評価額（円）
A	30	4,500,000	30	4,500,000		
B						
C						
D						
E	30	4,500,000	30	4,500,000		
F						

ⅱ　居住建物の敷地の用に供される土地の取得者氏名　山田　一郎　持分割合　1/1

	1 持分に応じた宅地等 面積（㎡）	評価額（円）	2 左記の宅地等のうち選択特例対象宅地等 面積（㎡）	評価額（円）	3 特例の対象とならない宅地等（1－2） 面積（㎡）	評価額（円）
A	70	10,500,000	0	0	70	10,500,000
B						
C						
D						
E	70	10,500,000	0	0	70	10,500,000
F						

ⅲ　居住建物の敷地の用に供される土地の取得者氏名　　持分割合

	1 持分に応じた宅地等 面積（㎡）	評価額（円）	2 左記の宅地等のうち選択特例対象宅地等 面積（㎡）	評価額（円）	3 特例の対象とならない宅地等（1－2） 面積（㎡）	評価額（円）
A						
B						
C						
D						
E						
F						

第11・11の２表の付表１（別表１の２）（令２．７）　（資４－20－12－３－９－A４統一）

第11・11の２表の付表１（別表１の２）（令和２年４月分以降用）

（事例１－６）
１次相続　⑥賃貸併用住宅の場合

下図のとおり、山田太郎（被相続人 甲）は、自己の所有する土地の上に建物１棟を所有し、その建物のうち２階を山田太郎及びその配偶者　乙（花子）が居住の用に、１階を山田太郎が貸付事業の用にそれぞれ供していました。山田太郎の相続に係る遺産分割により、花子は配偶者居住権等を取得して居住建物を引き続き居住の用に供し、一郎（山田太郎と生計を別にする子 丙）は居住建物及び敷地所有権を取得した上で山田太郎の貸付事業を引き継ぎ、申告期限まで引き続き貸付事業の用に供しています（一郎は自己の所有する別の建物に居住しています。）。この場合、小規模宅地等の特例の適用対象となるのはどの部分でしょうか。

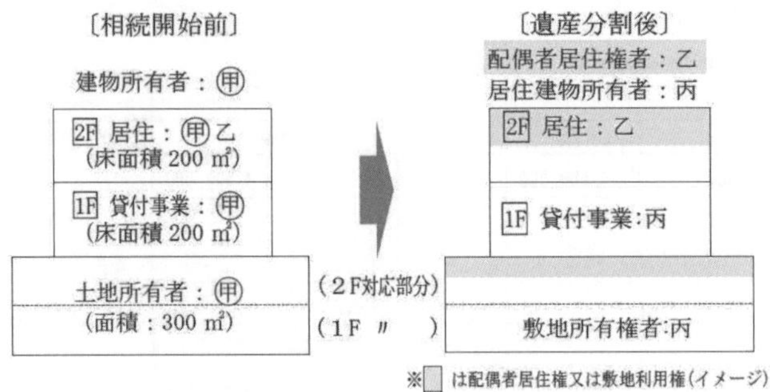

【前提】

＜関係者＞

㊙：山田太郎（被相続人）

乙：山田花子（配偶者）

丙：山田一郎（長男、山田太郎と生計別）

＜配偶者居住権が設定されていないものとした場合の財産評価額＞

土地の相続税評価額：33,840,000円

（内訳１）

山田太郎と花子の居住の用に供されていた部分：18,000,000円

山田太郎の貸付事業の用に供されていた部分：15,840,000円

（内訳２）

敷地利用権の相続税評価額：　5,400,000円

敷地所有権の相続税評価額：28,440,000円

A　宅地等のうち、本特例の適用対象となる部分を図示すると次のようになります。

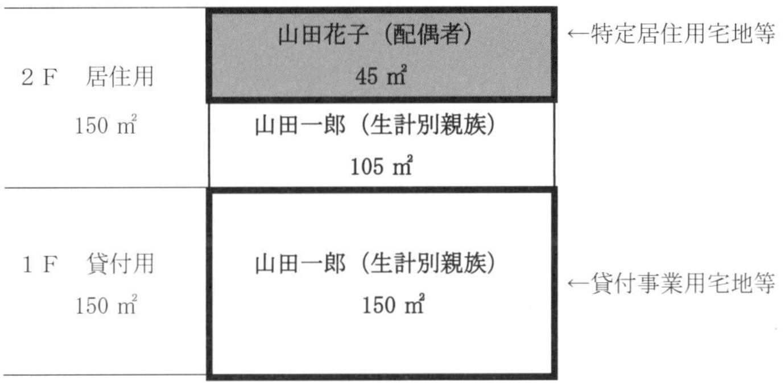

２Ｆ　居住用 150 ㎡	山田花子（配偶者） 45 ㎡	←特定居住用宅地等
	山田一郎（生計別親族） 105 ㎡	
１Ｆ　貸付用 150 ㎡	山田一郎（生計別親族） 150 ㎡	←貸付事業用宅地等

・網掛け部分は配偶者居住権に基づく敷地利用権
・それ以外の部分は敷地所有権に相当する部分
・太枠部分は小規模宅地等の特例の適用対象となる部分

【解説】

1　個人が相続により取得した宅地等（措置法69の４①）敷地利用権及び敷地所有権

2　当該宅地等の利用区分

利用区分と具体的な計算は次のとおり整理されます

宅地等	33,840,000円（300㎡）			
		敷地利用権	乙：5,400,000円（45㎡）	
		敷地所有権	丙：28,440,000円（255㎡）	
居住用部分	18,000,000円（150㎡）			
		敷地利用権	乙：5,400,000円（45㎡）	Ⓐ（Ⓑ）
		敷地所有権	丙：12,600,000円（105㎡）	Ⓐ’（Ⓑ’）
貸付用部分	15,840,000円（150㎡）			
		敷地利用権	―	
		敷地所有権	丙：15,840,000円（150㎡）	C（D）

※太枠部分は、特例の対象となる部分。

① 居住の用に供していた部分

【評価額】

・18,000,000円（土地の居住用部分の評価額）

《権利ごとの評価額》

・敷地利用権の居住用部分の評価額 5,400,000円…Ⓐ

（注）当該建物のうち貸付事業の用に供されている部分について、配偶者居住権者は当該相続の開始前から当該部分を賃借している賃借人に権利を主張することができないため（対抗できないため）、当該配偶者居住権に基づく敷地利用権は、当該貸付事業の用に供されていないと考えられることから、当該敷地利用権のうち「1F部分（貸付部分）」に相当する部分はないものと考えられます（措通69の4－24の2）。

（参考）

なお、居住建物等の一部が貸し付けられている場合には、配偶者居住権者は相続開始前からその居住建物等を賃借している賃借人に権利を主張することができない（対抗できない）ことから、配偶者居住権及び配偶者居住権に基づく敷地利用権の相続税法における評価では、実質的に配偶者居住権に基づき使用・収益をすることができない部分を除いてその価額を算出することとされています（相法23の2、相令5の8、「令和元年度税制改正の解説」（財務省　499頁））。

・敷地所有権の居住用部分の評価額

18,000,000円（土地の居住用部分の評価額）
－5,400,000円（敷地利用権の評価額）＝ 12,600,000円…Ⓐ'

【面積】

・300㎡（土地の面積）× $\frac{200㎡（居住用部分の床面積）}{400㎡（建物の総床面積）}$

＝ 150㎡（土地の居住用部分の面積）

《権利ごとの面積》

・敷地利用権の居住用部分の面積

150㎡（土地の居住用部分の面積）× $\frac{5,400,000円（敷地利用権の居住用部分の評価額）}{18,000,000円（土地の居住用部分の評価額）}$

＝45㎡…Ⓑ

・敷地所有権の居住用部分の面積

150㎡（土地の居住用部分の面積）× $\frac{12,600,000円（敷地所有権の居住用部分の評価額）}{18,000,000円（土地の居住用部分の評価額）}$

＝ 105㎡…Ⓑ'

② 貸付事業の用に供していた部分

【評価額】

・15,840,000円（土地の貸付用部分の評価額）

《権利ごとの評価額》

・敷地利用権の貸付用部分の評価額 なし

・敷地所有権の貸付用部分の評価額 15,840,000円…Ⓒ

（注）建物のうち貸付事業の用に供されている部分について、配偶者居住権者は当該相続の開始前から当該部分を賃借している賃借人に権利を主張することができないため（対抗できないため）、当該配偶者居住権に基づく敷地利用権は、当該貸付事業の用に供されていないと考えられることから、当該敷地利用権のうち「１Ｆ部分（貸付部分）」に相当する部分はないものと考えられます（措通69の４－24の２）。

【面積】

$$\cdot 300\text{㎡（土地の面積）} \times \frac{200\text{㎡（貸付用部分の床面積）}}{400\text{㎡（建物の総床面積）}} = 150\text{㎡（土地の貸付用部分の面積）}$$

《権利ごとの面積》

・敷地利用権の貸付用部分の面積 なし

・敷地所有権の貸付用部分の面積 150 ㎡…Ⓓ

３　取得者ごとの特例対象宅地等の区分等（措置法69の４①③）

① 花子が取得した敷地利用権

特定居住用宅地等に該当する部分 Ⓐ（Ⓑ）…5,400,000円（45㎡）

② 一郎が取得した敷地所有権

⑴ 貸付事業用宅地等に該当する部分 Ⓒ（Ⓓ）…15,840,000円（150㎡）

⑵ 居住用部分に相当する部分 Ⓐ'（Ⓑ'）

一郎が取得した敷地所有権のうち「２Ｆ部分（居住用部分）」に相当する部分は、特定居住用宅地等の要件を満たしていないため、当該部分について、小規模宅地等の特例の適用はありません。

４　限度面積要件の判定等（措置法69の４①②）

上記のとおり、花子が取得した特定居住用宅地等に該当する敷地利用権（45㎡）及び一郎が取得した敷地所有権のうち貸付事業用宅地等に該当する「１Ｆ部分（貸付用部分）」に相当する部分（150㎡）については、次の算式のとおり、限度面積要件を満たすため、他の要件を満たす限り、小規模宅地等の特例の適用を選択することができます。この場合の相続税の申告書第11・11の2表の付表1（別表1の2）の**記載例**は次ページのとおりです。

（算式）

45㎡（特定居住用宅地等の面積）× $\frac{200}{330}$

＋150㎡（貸付事業用宅地等の面積）≦ 200㎡

【記載例】１－６

小規模宅地等についての課税価格の計算明細書（別表１の２）

被相続人	事例1-6

第11・11の2表の付表1（別表1の2）（令和2年4月分以降用）

この計算明細書は、特例の対象として小規模宅地等を選択する一の宅地等（注）が配偶者居住権の目的となっている建物の敷地の用に供される宅地等（以下「居住建物の敷地の用に供される土地」といいます。）又はその宅地等を配偶者居住権に基づき使用する権利（以下「配偶者居住権に基づく敷地利用権」といいます。）の全部又は一部である場合に作成します。
なお、この計算明細書の書きかた等については、裏面をご覧ください。
（注）一の宅地等とは、一棟の建物又は構築物の敷地をいいます。ただし、マンションなどの区分所有建物の場合には、区分所有された建物の部分に係る敷地をいいます。

1　一の宅地等の所在地、面積及び評価額

宅地等の所在地	××市○○町△丁目□番◇号	①宅地等の面積	300 ㎡

	相続開始の直前における宅地等の利用区分	面積（㎡）	評価額（円）配偶者居住権に基づく敷地利用権	評価額（円）居住建物の敷地の用に供される土地
A	①のうち被相続人等の事業の用に供されていた宅地等（B、C及びDに該当するものを除きます。）			
B	①のうち特定同族会社の事業（貸付事業を除きます。）の用に供されていた宅地等		（1次相続の場合は0としてください。）	
C	①のうち被相続人等の貸付事業の用に供されていた宅地等（相続開始の時において継続的に貸付事業の用に供されていると認められる部分の敷地）	150	（1次相続の場合は0としてください。） 0	15,840,000
D	①のうち被相続人等の貸付事業の用に供されていた宅地等（Cに該当する部分以外の部分の敷地）			
E	①のうち被相続人等の居住の用に供されていた宅地等	150	5,400,000	12,600,000
F	①のうちAからEの宅地等に該当しない宅地等			

2　一の宅地等の取得者ごとの面積及び評価額

i 配偶者居住権に基づく敷地利用権の取得者氏名	山田　花子

	1 利用区分に応じた宅地等 面積（㎡）	評価額（円）	2 左記の宅地等のうち選択特例対象宅地等 面積（㎡）	評価額（円）	3 特例の対象とならない宅地等（1－2） 面積（㎡）	評価額（円）
A						
B						
C						
D						
E	45	5,400,000	45	5,400,000		
F						

ii 居住建物の敷地の用に供される土地の取得者氏名	山田　一郎	⑳持分割合	1／1

	1 持分に応じた宅地等 面積（㎡）	評価額（円）	2 左記の宅地等のうち選択特例対象宅地等 面積（㎡）	評価額（円）	3 特例の対象とならない宅地等（1－2） 面積（㎡）	評価額（円）
A						
B						
C	150	15,840,000	150	15,840,000		
D						
E	150	12,600,000			105	12,600,000
F						

iii 居住建物の敷地の用に供される土地の取得者氏名		㉑持分割合	／

	1 持分に応じた宅地等 面積（㎡）	評価額（円）	2 左記の宅地等のうち選択特例対象宅地等 面積（㎡）	評価額（円）	3 特例の対象とならない宅地等（1－2） 面積（㎡）	評価額（円）
A						
B						
C						
D						
E						
F						

第11・11の2表の付表1（別表1の2）（令2.7）　（資4-20-12-3-9-A4統一）

（事例1－7）
1次相続　⑦賃貸併用住宅（空室あり）の場合

下図のとおり、山田太郎（被相続人 甲）は、自己の所有する土地の上に建物1棟を所有し、その建物のうち1階を山田太郎及びその配偶者 乙（花子）が居住の用に、2階を山田太郎が貸付事業の用にそれぞれ供していました（空室部分については新規の入居者の募集をしておらず、今後貸し付ける予定はありません。）。山田太郎の相続に係る遺産分割により、花子は配偶者居住権等を取得して引き続き居住建物に居住し、一郎（山田太郎と生計を別にする子 丙）は居住建物及び敷地所有権を取得した上で山田太郎の貸付事業を引き継ぎ、申告期限まで引き続き貸付事業の用に供しています（一郎は自己の所有する別の建物に居住している。）。この場合、小規模宅地等の特例の適用対象となるのはどの部分でしょうか。

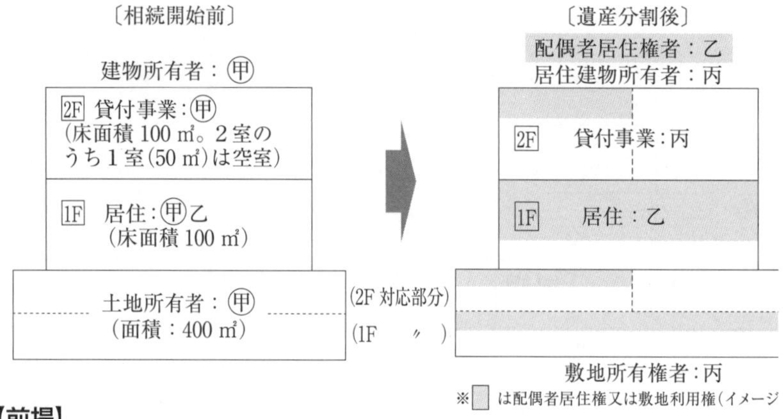

【前提】

＜関係者＞

㊙甲：山田太郎（被相続人）

乙：山田花子（配偶者）

丙：山田一郎（長男、郎と生計別）

＜配偶者居住権が設定されていないものとした場合の財産評価額＞

土地の相続税評価額：46,560,000円

（内訳1）

山田太郎の貸付事業の用に供されていた部分：22,560,000円

山田太郎と花子の居住の用に供されていた部分：24,000,000円

（内訳2）

敷地利用権の相続税評価額：10,800,000円

敷地所有権の相続税評価額：35,760,000円
路線価 120,000円/㎡　借地権割合 40%　借家権割合 30%

A　宅地等のうち、本特例の適用対象となる部分を図示すると次のようになります。

<table>
<tr><td></td><td>空室部分　100 ㎡</td><td>賃貸部分　100 ㎡</td><td></td></tr>
<tr><td rowspan="2">2Ｆ貸付用
200 ㎡</td><td>山田花子（配偶者）
30 ㎡</td><td>—</td><td></td></tr>
<tr><td>山田一郎（生計別親族）
70 ㎡</td><td>山田一郎（生計別親族）
100 ㎡</td><td>←貸付事業用宅地等</td></tr>
<tr><td rowspan="2">1Ｆ居住用
200 ㎡</td><td colspan="2">山田花子（配偶者）
60 ㎡</td><td>←特定居住用宅地等</td></tr>
<tr><td colspan="2">山田一郎（生計別親族）
140 ㎡</td><td></td></tr>
</table>

・網掛け部分は配偶者居住権に基づく敷地利用権
・それ以外の部分は敷地所有権に相当する部分
・太枠部分は小規模宅地等の特例の適用対象となる部分

【計算】

1　個人が相続により取得した宅地等（措置法69の４①）敷地利用権及び敷地所有権

2　当該宅地等の利用区分

利用区分と具体的な計算は次のとおり整理されます。

<table>
<tr><td rowspan="3">宅地等</td><td colspan="4">46,560,000円(400㎡)</td></tr>
<tr><td></td><td>敷地利用権</td><td colspan="2">乙:10,800,000円(90㎡)</td></tr>
<tr><td></td><td>敷地所有権</td><td colspan="2">丙:35,760,000円(310㎡)</td></tr>
<tr><td rowspan="3">貸付用部分</td><td colspan="2">22,560,000円(200㎡)</td><td>空室部分12,000,000円(100㎡)</td><td>賃貸部分10,560,000円(100㎡)</td></tr>
<tr><td></td><td>敷地利用権
3,600,000円
(30㎡)</td><td>乙:3,600,000円
(30㎡)　Ⓐ(Ⓐ’)</td><td>—</td></tr>
<tr><td></td><td>敷地所有権
18,960,000円
(170㎡)</td><td>丙:8,400,000円
(70㎡)　Ⓑ(Ⓑ’)</td><td>丙:10,560,000円
(100㎡)　Ⓒ(Ⓒ’)</td></tr>
<tr><td rowspan="3">居住用部分</td><td colspan="4">24,000,000円(200㎡)</td></tr>
<tr><td></td><td>敷地利用権</td><td colspan="2">乙:7,200,000円(60㎡)　Ⓓ(Ⓓ’)</td></tr>
<tr><td></td><td>敷地所有権</td><td colspan="2">丙:16,800,000円(140㎡)　Ⓔ(Ⓔ’)</td></tr>
</table>

※太枠部分は、特例の対象となる部分。

① 貸付事業の用に供していた部分

$$\cdot\ 400㎡（土地の面積）\times \frac{100㎡（2F部分の床面積）}{200㎡（建物の総床面積）}$$

＝ 200㎡（土地の貸付用部分の面積）

・22,560,000円（土地の貸付用部分の評価額）

（内訳）

(1) 空室部分

400㎡（土地の面積）× $\frac{50㎡（2F部分（空室）の床面積）}{200㎡（建物の総床面積）}$

＝100㎡（土地の空室部分の面積）

@120,000円×100㎡（土地の空室部分の面積）

＝12,000,000円（土地の空室部分の評価額）

(2) 賃貸部分

400㎡（土地の面積）× $\frac{50㎡（2F部分（賃貸中）の床面積）}{200㎡（建物の総床面積）}$

＝100㎡（土地の賃貸部分の面積）

@120,000円×100㎡（土地の賃貸部分の面積）×（1－0.4×0.3）

＝10,560,000円（土地の賃貸部分の評価額）

② 居住の用に供していた部分

・400㎡（土地の面積）× $\frac{100㎡（1F部分の床面積）}{200㎡（建物の総床面積）}$

＝200㎡（土地の居住用部分の面積）

・@120,000円×200㎡=24,000,000円（土地の居住用部分の評価額）

3　敷地利用権及び敷地所有権ごとの利用区分

【評価額】

①　貸付事業の用に供していた部分

(1) 敷地利用権

イ　空室部分

10,800,000円（敷地利用権の評価額）× $\frac{100㎡（土地の空室部分の面積）}{300㎡（土地の空室・居住用部分の面積）}$

＝3,600,000円（敷地利用権の空室部分の評価額）…Ⓐ

（注）配偶者居住権は建物全体に及ぶところ、空室部分については、賃借人に権利を主張できないということもないため、配偶者は配偶者居住権に基づき使用・収益することが可能と解されます。したがって、当該配偶者居住権に基づく敷地利用権についても「２Ｆ部分（空室部分）」の用に供されているものと考えられます。

ロ　賃貸部分 なし

（注）本事例において、当該建物のうち賃貸されている部分については、配偶

者は当該相続の開始前から当該部分を賃借している賃借人に権利を主張することができないため（対抗できないため）、当該配偶者居住権に基づく敷地利用権は、当該貸付事業の用に供されていないと考えられることから、当該敷地利用権のうち「２Ｆ部分（賃貸部分）」に相当する部分はないものと考えられます（措通69の４－24の２）。

(2) 敷地所有権

イ　空室部分

12,000,000円（土地の空室部分の評価額）－3,600,000円（敷地利用権の空室部分の評価額）＝ 8,400,000円（敷地所有権の空室部分の評価額）…Ⓑ

ロ　賃貸部分 10,560,000円…Ⓒ

②　居住の用に供していた部分

(1) 敷地利用権

$$10{,}800{,}000\text{円（敷地利用権の評価額）}\times\frac{200\text{㎡（土地の居住用部分の面積）}}{300\text{㎡（土地の空室・居住用部分の面積）}}$$

＝ 7,200,000円（敷地利用権の居住用部分の評価額）…Ⓓ

(2) 敷地所有権

24,000,000円（土地の居住用部分の評価額）－7,200,000円（敷地利用権の居住用部分の評価額）＝ 16,800,000円（敷地所有権の居住用部分の評価額）…Ⓔ

【面積】

①　貸付事業の用に供していた部分

(1) 敷地利用権

イ　空室部分

$$100\text{㎡（土地の空室部分の面積）}\times\frac{3{,}600{,}000\text{円（敷地利用権の空室部分の評価額）}}{12{,}000{,}000\text{円（土地の空室部分の評価額）}}$$

＝ 30㎡…Ⓐ'

ロ　賃貸部分 なし

(2) 敷地所有権

イ　空室部分

$$100\text{㎡（土地の空室部分の面積）}\times\frac{8{,}400{,}000\text{円（敷地所有権の空室用部分の評価額）}}{12{,}000{,}000\text{円（土地の空室部分の評価額）}}$$

＝ 70㎡…Ⓑ'

ロ　賃貸部分 100㎡…Ⓒ'

②　居住の用に供していた部分

(1) 敷地利用権

200㎡（土地の居住用部分の面積）× $\frac{\text{7,200,000円（敷地利用権の居住用部分の評価額）}}{\text{24,000,000円（土地の居住用部分の評価額）}}$

＝ 60㎡…Ⓓ'

(2) 敷地所有権

200㎡（土地の居住用部分の面積）× $\frac{\text{16,800,000円（敷地所有権の居住用部分の評価額）}}{\text{24,000,000円（土地の居住用部分の評価額）}}$

＝ 140㎡…Ⓔ'

4　取得者ごとの特例対象宅地等の区分等（措置法69の4①③）

①　花子が取得した敷地利用権

(1) 空室部分に相当する部分 Ⓐ（Ⓐ'）

花子が取得した「2Ｆ部分（空室部分）」に相当する部分については、相続開始の直前において被相続人の貸付事業の用に供されていないことから、小規模宅地等の特例の適用の対象とはなりません。（措通69の4－24の2）

(2) 特定居住用宅地等に該当する部分 Ⓓ（Ⓓ'）…7,200,000円（60㎡）

②　一郎が取得した敷地所有権

(1) 空室部分及び居住用部分に相当する部分 Ⓑ（Ⓑ'）、Ⓔ（Ⓔ'）

一郎が取得した「2Ｆ部分（空室部分）」に相当する部分については、上記①のとおり相続開始の直前において被相続人の貸付事業の用に供されておらず、「1Ｆ部分（居住部分）」に相当する部分については、特定居住用宅地等の要件を満たしていないことから、これら宅地等は小規模宅地等の特例の適用の対象となりません。

(2) 貸付事業用宅地等に該当する部分 Ⓒ（Ⓒ'）…10,560,000円（100㎡）

5　限度面積要件の判定（措置法69の4①②）

花子が取得した特定居住用宅地等に該当する敷地利用権（60㎡）及び一郎が取得した貸付事業用宅地等に該当する敷地所有権（賃貸中の部分：100㎡）については、次の算式のとおり、限面積要件を満たすため、これらの宅地等について、他の要件を満たす限り、小規模宅地等の特例の適用を受けることができます。この場合の相続税の申告書第11・11の2表の付表1（別表1の2）の**記載例**は226ページのとおりです。

（算式）

$$60㎡（特定居住用宅地等の面積）\times \frac{200}{330} + 100㎡（貸付事業用宅地等の面積）\leqq 200㎡$$

【記載例】１－７

小規模宅地等についての課税価格の計算明細書（別表１の２）

被相続人	事例1-7

第11・11の2表の付表1（別表1の2）（令和2年4月分以降用）

この計算明細書は、特例の対象として小規模宅地等を選択する一の宅地等（注）が配偶者居住権の目的となっている建物の敷地の用に供される宅地等（以下「居住建物の敷地の用に供される土地」といいます。）又はその宅地等を配偶者居住権に基づき使用する権利（以下「配偶者居住権に基づく敷地利用権」といいます。）の全部又は一部である場合に作成します。
なお、この計算明細書の書きかた等については、裏面をご覧ください。
（注）一の宅地等とは、一棟の建物又は構築物の敷地をいいます。ただし、マンションなどの区分所有建物の場合には、区分所有された建物の部分に係る敷地をいいます。

1　一の宅地等の所在地、面積及び評価額

宅地等の所在地	××市○○町△丁目□番◇号	①宅地等の面積	400 ㎡

	相続開始の直前における宅地等の利用区分	面積（㎡）	評価額（円）配偶者居住権に基づく敷地利用権	評価額（円）居住建物の敷地の用に供される土地
A	①のうち被相続人等の事業の用に供されていた宅地等（B、C及びDに該当するものを除きます。）			
B	①のうち特定同族会社の事業（貸付事業を除きます。）の用に供されていた宅地等		（1次相続の場合は0としてください。）	
C	①のうち被相続人等の貸付事業の用に供されていた宅地等（相続開始の時において継続的に貸付事業の用に供されていると認められる部分の敷地）	100	（1次相続の場合は0としてください。） 0	10,560,000
D	①のうち被相続人等の貸付事業の用に供されていた宅地等（Cに該当する部分以外の部分の敷地）	100	3,600,000	8,400,000
E	①のうち被相続人等の居住の用に供されていた宅地等	200	7,200,000	16,800,000
F	①のうちAからEの宅地等に該当しない宅地等			

2　一の宅地等の取得者ごとの面積及び評価額

i　配偶者居住権に基づく敷地利用権の取得者氏名　山田　花子

	1 利用区分に応じた宅地等 面積（㎡）	評価額（円）	2 左記の宅地等のうち選択特例対象宅地等 面積（㎡）	評価額（円）	3 特例の対象とならない宅地等（1－2） 面積（㎡）	評価額（円）
A						
B						
C						
D	30	3,600,000			30	3,600,000
E	60	7,200,000	60	7,200,000		
F						

ii　居住建物の敷地の用に供される土地の取得者氏名　山田　一郎　　持分割合　1／1

	1 持分に応じた宅地等 面積（㎡）	評価額（円）	2 左記の宅地等のうち選択特例対象宅地等 面積（㎡）	評価額（円）	3 特例の対象とならない宅地等（1－2） 面積（㎡）	評価額（円）
A						
B						
C	100	10,560,000	100	10,560,000		
D	70	8,400,000			70	8,400,000
E	140	16,800,000			140	16,800,000
F						

iii　居住建物の敷地の用に供される土地の取得者氏名　　持分割合

	1 持分に応じた宅地等 面積（㎡）	評価額（円）	2 左記の宅地等のうち選択特例対象宅地等 面積（㎡）	評価額（円）	3 特例の対象とならない宅地等（1－2） 面積（㎡）	評価額（円）
A						
B						
C						
D						
E						
F						

第11・11の2表の付表1（別表1の2）（令2.7）　（資4－20－12－3－9－A4統一）

54 （事例１－10）
１次相続　⑩申告期限までに宅地等の一部の譲渡があった場合

Q　下図のとおり、山田太郎（被相続人 甲）は、自己の所有する土地の上に建物１棟を所有し、その建物を山田太郎、その配偶者 乙（花子）及び子 丙（一郎）が居住の用に供していました。山田太郎の相続に係る遺産分割により、花子は配偶者居住権等及び敷地所有権の共有持分の４分の１を、一郎は居住建物及び敷地所有権の共有持分の４分の３を取得し、引き続き花子及び一郎が居住の用に供しています。

花子及び一郎は、この土地の一部（50㎡）について隣地所有者から譲渡してほしいとの申込みを受けたことから、相続税の申告期限が到来する前に譲渡契約を締結し、引渡しを完了しました。この場合、小規模宅地等の特例の適用対象となるのはどの部分でしょうか。

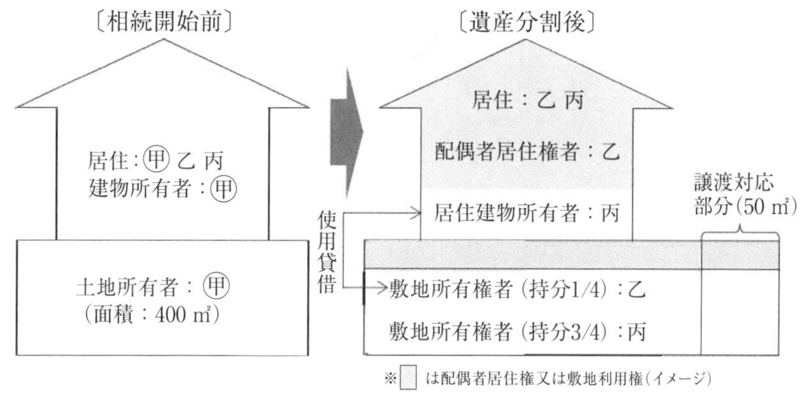

【前提】

<関係者>

甲：山田太郎（被相続人）

乙：山田花子（配偶者）

丙：山田一郎（長男、山田太郎と生計一）

<配偶者居住権が設定されていないものとした場合の財産評価額>

土地の相続税評価額：50,000,000円

（内訳）

敷地利用権の相続税評価額：12,500,000円

敷地所有権の相続税評価額：37,500,000円

A　宅地等のうち、特定居住用宅地等として本特例の適用対象となる部分を図示すると次のようになります。

なお、本件は限度面積要件を超えることを想定した設例です。

	（保有部分）　350 ㎡	（譲渡対応部分）50 ㎡
山田花子 （配偶者） 取得分 175 ㎡	山田花子（配偶者） 約　87.5 ㎡	山田花子（配偶者） 約　12.5 ㎡
	山田花子（配偶者） 約　65.625 ㎡	山田花子（配偶者） 約　9.375 ㎡
山田一郎 （生計一親族） 取得分 225 ㎡	山田一郎（生計一親族） 196. 875 ㎡	山田一郎（生計一親族） 28. 125 ㎡

・網掛け部分は配偶者居住権に基づく敷地利用権
　それ以外の部分は敷地所有権に相当する部分
・太枠部分は特定居住用宅地等の適用対象となる部分
　（注）配偶者取得部分は無条件です。

【計算】

1　個人が相続により取得した宅地等（措置法69の４①）敷地利用権及び敷地所有権

2　取得者ごとの特例対象宅地等の区分等（措置法69の４①③）

①　花子が取得した宅地等のうち特定居住用宅地等に該当する部分

⑴ 敷地利用権

・12,500,000円（敷地利用権の評価額）

・400㎡（土地の面積）× $\frac{\text{12,500,000円（敷地利用権の相続税評価額）}}{\text{50,000,000円（土地の相続税評価額）}}$

＝ 100㎡（敷地利用権の面積）

⑵ 敷地所有権

・37,500,000円（敷地所有権の評価額）× $\frac{1}{4}$（花子の持分）

＝ 9,375,000円（花子の敷地所有権の評価額）

・400㎡（土地の面積）× $\frac{\text{37,500,000円（敷地所有権の相続税評価額）}}{\text{50,000,000円（土地の相続税評価額）}}$ × $\frac{1}{4}$（花子の持分）

＝ 75㎡（花子の敷地所有権の面積）

（注）花子が取得した敷地所有権の持分は、山田太郎の所有していた土地が相続により花子と一郎の共有に属することとなったものであるため、土地の所有権の全てを取得した場合（事例１－３参照）とは異なり、措置法令第40条の２第６項の規定により、上記の面積の調整計算を行うこととなります（措通69の４－１の２）。

②　一郎が取得した宅地等のうち特定居住用宅地等に該当する部分

⑴ 取得した敷地所有権

・37,500,000円（敷地所有権の評価額）× $\frac{3}{4}$（一郎の持分）

＝ 28,125,000円（一郎の敷地所有権の評価額）

・400㎡（土地の面積）× $\frac{37{,}500{,}000円（敷地所有権の相続税評価額）}{50{,}000{,}000円（土地の相続税評価額）}$ × $\frac{3}{4}$（一郎の持分）

＝ 225㎡（一郎の敷地所有権の面積）

⑵ 譲渡した敷地所有権の面積

・225㎡（敷地所有権の面積）× $\frac{50㎡（譲渡した土地の面積）}{400㎡（土地の面積）}$

＝ 28.125 ㎡（譲渡した敷地所有権の面積）

⑶ 特定居住用宅地等に該当する部分

・225㎡（敷地所有権の面積）－28.125㎡（譲渡した敷地所有権の面積）

＝ 196.875㎡（継続保有する敷地所有権の面積）

・28,125,000円（一郎の敷地所有権の評価額）× $\frac{196.875㎡（保有する敷地所有権の面積）}{225㎡（一郎の敷地所有権の面積）}$

＝ 24,609,375円（継続保有する敷地所有権の評価額）

（注）被相続人の親族（配偶者を除く。）の取得した宅地等が特定居住用宅地等に該当するためには、当該親族は相続税の申告期限まで引き続き当該宅地等を有している必要（継続保有要件）があります（措置法69の4③二）。

したがって、本事例における当該親族（一郎）については、相続税の申告期限までに相続により取得した宅地等の一部を譲渡しているため、当該譲渡した部分は特定居住用宅地等に該当しないこととなりますが、申告期限まで所有している残りの部分については、他の要件を満たしている限り、特定居住用宅地等に該当することとなります。

なお、被相続人の配偶者である花子については、この継続保有要件がないため、申告期限までに譲渡した部分も含めて特定居住用宅地等に該当することとなります。

3　限度面積要件の判定等（措置法69の4①②）

上記２①の面積の計（175㎡）と２②⑶の面積（196.875㎡）との合計（371.875㎡）は、限度面積である330㎡を超えますが、330㎡以下の部分を選択した場合には、他の要件を満たす限り、当該選択をした部分について、小規模宅地等の特例の適用を受けることができます。

仮に、花子が取得した敷地利用権（100㎡）の全てと敷地所有権のうち33.125㎡の部分及び一郎が取得した敷地所有権のうち特定居住用宅地等に該当する部分の全て（196.875㎡）を選択して、小規模宅地等の特例の適用を受ける場合の相続税の申告書第11・11の２表の付表１及び第11・11の２表の付表１（別表１の２）の**記載例**は次ページのとおりです。

【記載例】1－10

小規模宅地等についての課税価格の計算明細書（別表1の2）

被相続人	事例1-10

この計算明細書は、特例の対象として小規模宅地等を選択する一の宅地等（注）が配偶者居住権の目的となっている建物の敷地の用に供される宅地等（以下「居住建物の敷地の用に供される土地」といいます。）又はその宅地等を配偶者居住権に基づき使用する権利（以下「配偶者居住権に基づく敷地利用権」といいます。）の全部又は一部である場合に作成します。
なお、この計算明細書の書きかた等については、裏面をご覧ください。
（注）一の宅地等とは、一棟の建物又は構築物の敷地をいいます。ただし、マンションなどの区分所有建物の場合には、区分所有された建物の部分に係る敷地をいいます。

1　一の宅地等の所在地、面積及び評価額

宅地等の所在地	××市○○町△丁目□番◇号	①宅地等の面積	400 ㎡

	相続開始の直前における宅地等の利用区分	面積（㎡）	評価額（円）配偶者居住権に基づく敷地利用権	評価額（円）居住建物の敷地の用に供される土地
A	①のうち被相続人等の事業の用に供されていた宅地等（B、C及びDに該当するものを除きます。）			
B	①のうち特定同族会社の事業（貸付事業を除きます。）の用に供されていた宅地等		（1次相続の場合は0としてください）	
C	①のうち被相続人等の貸付事業の用に供されていた宅地等（相続開始の時において継続的に貸付事業の用に供されていると認められる部分の敷地）		（1次相続の場合は0としてください）	
D	①のうち被相続人等の貸付事業の用に供されていた宅地等（Cに該当する部分以外の部分の敷地）			
E	①のうち被相続人等の居住の用に供されていた宅地等	400	12,500,000	37,500,000
F	①のうちAからEの宅地等に該当しない宅地等			

2　一の宅地等の取得者ごとの面積及び評価額

i　配偶者居住権に基づく敷地利用権の取得者氏名：山田　花子

	1 利用区分に応じた宅地等 面積（㎡）	評価額（円）	2 左記の宅地等のうち選択特例対象宅地等 面積（㎡）	評価額（円）	3 特例の対象とならない宅地等（1－2） 面積（㎡）	評価額（円）
A						
B						
C						
D						
E	100	12,500,000	100	12,500,000		
F						

ii　居住建物の敷地の用に供される土地の取得者氏名：山田　花子　持分割合：1/4

	1 持分に応じた宅地等 面積（㎡）	評価額（円）	2 左記の宅地等のうち選択特例対象宅地等 面積（㎡）	評価額（円）	3 特例の対象とならない宅地等（1－2） 面積（㎡）	評価額（円）
A						
B						
C						
D						
E	75	9,375,000	75	9,375,000		
F						

iii　居住建物の敷地の用に供される土地の取得者氏名：山田　一郎　持分割合：3/4

	1 持分に応じた宅地等 面積（㎡）	評価額（円）	2 左記の宅地等のうち選択特例対象宅地等 面積（㎡）	評価額（円）	3 特例の対象とならない宅地等（1－2） 面積（㎡）	評価額（円）
A						
B						
C						
D						
E	225	28,125,000	196.875	24,609,375	28.125	3,515,625
F						

第11・11の2表の付表1（別表1の2）（令2．7）

第11・11の2表の付表1（別表1の2）（令和2年4月分以降用）

2　配偶者居住権を２次相続で取得する場合の設例

55（事例１－11）２次相続　①敷地所有権者の相続：⑴ 複数の利用区分がある場合

Q　山田一郎（山田太郎と花子の子：被相続人 丙）は、自己の所有する敷地所有権の上に居住建物１棟を所有し、その建物を下図のように利用していました※。山田一郎の相続に係る遺産分割により、生計を別にする次郎 戊(山田一郎の子。自己の所有する別の建物に居住している。）が居住建物及び敷地所有権を取得し、山田一郎の貸付事業を引き継ぎ、申告期限まで引き続き当該貸付事業の用に供しています。また、山田一郎がこの建物で営んでいた事業についても、次郎が引き継ぎ、申告期限までに営んでいます。なお、花子（配偶者居住権者 乙）については、申告期限まで引き続き居住建物に居住しています。この場合、小規模宅地等の特例の適用対象となるのはどの部分でしょうか。

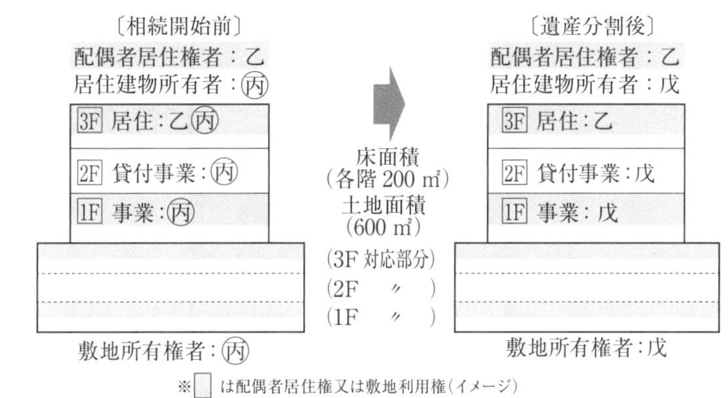

※□は配偶者居住権又は敷地利用権（イメージ）

<関係者>

㊂：山田一郎（２次相続被相続人）
乙：山田花子（２次相続被相続人山田一郎の母、配偶者居住権者）
戊：山田次郎（２次相続被相続人山田一郎の長男、生計別）

<配偶者居住権が設定されていないものとした場合の財産評価額>

土地の相続税評価額：72,000,000円

（内訳１）

山田花子と山田一郎の居住の用に供されていた部分：25,000,000円

山田一郎の貸付事業の用に供されていた部分：22,000,000円

山田一郎の事業の用に供されていた部分：25,000,000円

（内訳２）

敷地利用権の相続税評価額：30,000,000円
敷地所有権の相続税評価額：42,000,000円

※　当該配偶者居住権は、当該土地の所有者であった山田太郎（１次相続の被相続人）が所有していた建物に設定され、当該１次相続において、花子が配偶者居住権等を、山田一郎が居住建物及び敷地所有権を取得しました。なお、山田一郎は１次相続時に山田太郎の事業及び貸付事業を引き継ぎ、２次相続の開始直前まで引き続き事業及び貸付事業の用に供していました。

A　宅地等のうち、本特例の適用対象となる部分を図示すると次のようになります。

３Ｆ　居住用 200 ㎡	山田花子（配偶者居住権者） 120 ㎡	
	山田次郎（生計別親族） 80 ㎡	
２Ｆ　貸付用 200 ㎡	山田次郎（生計別親族） 200 ㎡	←貸付事業用宅地等
１Ｆ　事業用 200 ㎡	山田花子（配偶者居住権者） 120 ㎡	
	山田次郎（生計別親族） 80 ㎡	←特定事業用宅地等

・網掛け部分は配偶者居住権に基づく敷地利用権
・それ以外の部分は敷地所有権に相当する部分
・太枠部分は小規模宅地等の特例の適用対象となる部分

【計算】

１　個人が相続により取得した宅地等（措置法69の４①）敷地所有権

敷地利用権は、引き続き花子が有しており、山田一郎の相続財産ではないため、特例の対象になりません。

２　当該宅地等の利用区分

① 居住の用に供していた部分

【評価額】

・25,000,000円（土地の居住用部分の評価額）

《権利ごとの評価額》

・敷地利用権の居住用部分の評価額

$$600㎡（土地の面積）\times \frac{200㎡（居住用部分の床面積）}{600㎡（建物の総床面積）}$$

＝200㎡（土地の居住用部分の面積）

$$30{,}000{,}000円（敷地利用権の評価額）\times \frac{200㎡（土地の居住用部分の面積）}{400㎡（貸付以外の部分に相当する土地の面積）}$$

＝15,000,000円

・敷地所有権の居住用部分の評価額

25,000,000円（土地の居住用部分の評価額）
　－15,000,000円（敷地利用権の居住用部分の評価額）

＝10,000,000円…Ⓐ

（注）本事例において当該建物のうち貸付事業の用に供されている部分について、配偶者居住権者は当該相続の開始前から引き続き当該部分を賃借している賃借人に権利を主張することができないため（対抗できないため）、当該配偶者居住権に基づく敷地利用権は、当該貸付事業の用に供されていないと考えられることから、当該敷地利用権のうち「２Ｆ部分（貸付部分）」に相当する部分はないものと考えられます（措通69の４－24の２）。

【面積】

・200 ㎡（土地の居住用部分の面積）

《権利ごとの面積》

・敷地所有権の居住用部分の面積

$$200㎡（土地の居住用部分の面積）\times \frac{10{,}000{,}000円（敷地所有権の居住用部分の評価額）}{25{,}000{,}000円（土地の居住用部分の評価額）}$$

＝80㎡…Ⓐ'

敷地利用権の居住用部分の面積

$$200㎡（土地の居住用部分の面積）\times \frac{15{,}000{,}000円（敷地利用権の居住用部分の評価額）}{25{,}000{,}000円（土地の居住用部分の評価額）}$$

＝120㎡

② 貸付事業の用に供していた部分

【評価額】

・22,000,000円（土地の貸付用部分の評価額）

《権利ごとの評価額》

・敷地利用権の貸付用部分の評価額　なし

（注）本事例において当該建物のうち貸付事業の用に供されている部分について、配偶者居住権者は当該相続の開始前から引き続き当該部分を賃借している賃借人に権利を主張することができないため（対抗できないため）、当

該配偶者居住権に基づく敷地利用権は、当該貸付事業の用に供されていないと考えられることから、当該敷地利用権のうち「2F部分（貸付部分）」に相当する部分はないものと考えられます。（措通69の4－24の2）

・敷地所有権の貸付用部分の評価額 22,000,000円…Ⓑ

【面積】

・600㎡（土地の面積）× $\frac{200㎡（貸付用部分の床面積）}{600㎡（建物の総床面積）}$

＝200㎡（土地の貸付用部分の面積）

《権利ごとの面積》

・敷地所有権の貸付用部分の面積 200㎡…Ⓑ'

敷地利用権の貸付用部分の面積 なし

③ 事業の用に供していた部分

【評価額】

・25,000,000円（土地の事業用部分の評価額）

《権利ごとの評価額》

・敷地利用権の事業用部分の評価額

600㎡（土地の面積）× $\frac{200㎡（事業用部分の床面積）}{600㎡（建物の総床面積）}$

＝200㎡（土地の事業用部分の面積）

30,000,000円（敷地利用権の評価額）× $\frac{200㎡（土地の事業用部分の面積）}{400㎡（貸付以外の部分に相当する土地の面積）}$

＝15,000,000円

・敷地所有権の事業用部分の評価額

25,000,000円（土地の事業用部分の評価額）
　－15,000,000円（敷地利用権の事業用部分の評価額）

＝10,000,000円…Ⓒ

【面積】

・200 ㎡（土地の事業用部分の面積）

《権利ごとの面積》

・敷地所有権の事業用部分の面積

200㎡（土地の事業用部分の面積）× $\frac{10,000,000円（敷地所有権の事業用部分の評価額）}{25,000,000円（土地の事業用部分の評価額）}$

＝80㎡…Ⓒ'

敷地利用権の事業用部分の面積

200㎡（土地の事業用部分の面積）× $\frac{15,000,000円（敷地利用権の事業用部分の評価額）}{25,000,000円（土地の事業用部分の評価額）}$

＝ 120㎡

３　次郎が取得した敷地所有権の特例対象宅地等の区分等（措置法69の４①③）

① 居住用部分に相当する部分（３Ｆ部分）…Ⓐ（Ⓐ'）

次郎が取得した敷地所有権のうち「３Ｆ部分（居住用部分）」に相当する部分は、特定居住用宅地等の要件を満たしていないため、当該部分について、小規模宅地等の特例の適用はありません。

② 貸付事業用宅地等に該当する部分（２Ｆ部分）Ⓑ（Ⓑ'）

…22,000,000円（200㎡）

③ 特定事業用宅地等に該当する部分（１Ｆ部分）Ⓒ（Ⓒ'）

…10,000,000円（80㎡）

４　限度面積要件の判定等（措置法69の４①②）

次郎が取得した敷地所有権のうち、「２Ｆ部分（貸付用部分）」に相当する部分(200㎡)については貸付事業用宅地等として、「１Ｆ部分(事業用部分)」に相当する部分（80㎡）については特定事業用宅地等として、小規模宅地等の特例の適用を選択することができます。ただし、限度面積要件があるため、次郎が取得した部分のうち特例の選択が可能な部分の全てを小規模宅地等の特例の適用対象として選択することはできません。この場合において、例えば、上記の特定事業用宅地等（80㎡）の全てを選択したときは、上記の貸付事業用宅地等として選択できる部分は160㎡となります。なお、相続税の申告書第11・11の２表の付表１及び第11・11の２表の付表１（別表１の2）の**記載例**は次ページのとおりです。

（算式）

200㎡－80㎡（特定事業用宅地等）× $\frac{200}{400}$ ＝ 160㎡

【記載例】 1－11

小規模宅地等についての課税価格の計算明細書（別表1の2）

被相続人	事例 1-11

この計算明細書は、特例の対象として小規模宅地等を選択する一の宅地等（注）が配偶者居住権の目的となっている建物の敷地の用に供される宅地等（以下「居住建物の敷地の用に供される土地」といいます。）又はその宅地等を配偶者居住権に基づき使用する権利（以下「配偶者居住権に基づく敷地利用権」といいます。）の全部又は一部である場合に作成します。
なお、この計算明細書の書きかた等については、裏面をご覧ください。
（注）一の宅地等とは、一棟の建物又は構築物の敷地をいいます。ただし、マンションなどの区分所有建物の場合には、区分所有された建物の部分に係る敷地をいいます。

1　一の宅地等の所在地、面積及び評価額

宅地等の所在地	××市○○町△丁目□番◇号	①宅地等の面積	600 ㎡

	相続開始の直前における宅地等の利用区分	面積（㎡）	評価額（円） 配偶者居住権に基づく敷地利用権	評価額（円） 居住建物の敷地の用に供される土地
A	①のうち被相続人等の事業の用に供されていた宅地等（B、C及びDに該当するものを除きます。）	200	15,000,000	10,000,000
B	①のうち特定同族会社の事業（貸付事業を除きます。）の用に供されていた宅地等		（1次相続の場合は0としてください。）	
C	①のうち被相続人等の貸付事業の用に供されていた宅地等（相続開始の時において継続的に貸付事業の用に供されていると認められる部分の敷地）	200	（1次相続の場合は0としてください。） 0	22,000,000
D	①のうち被相続人等の貸付事業の用に供されていた宅地等（Cに該当する部分以外の部分の敷地）			
E	①のうち被相続人等の居住の用に供されていた宅地等	200	15,000,000	10,000,000
F	①のうちAからEの宅地等に該当しない宅地等			

2　一の宅地等の取得者ごとの面積及び評価額

i　配偶者居住権に基づく敷地利用権の取得者氏名

	1 利用区分に応じた宅地等 面積（㎡）	評価額（円）	2 左記の宅地等のうち選択特例対象宅地等 面積（㎡）	評価額（円）	3 特例の対象とならない宅地等（1－2） 面積（㎡）	評価額（円）
A						
B						
C						
D						
E						
F						

ii　居住建物の敷地の用に供される土地の取得者氏名　山田　次郎　　持分割合　1／1

	1 持分に応じた宅地等 面積（㎡）	評価額（円）	2 左記の宅地等のうち選択特例対象宅地等 面積（㎡）	評価額（円）	3 特例の対象とならない宅地等（1－2） 面積（㎡）	評価額（円）
A	80	10,000,000	80	10,000,000		
B						
C	200	22,000,000	200	22,000,000		
D						
E	80	10,000,000			80	10,000,000
F						

iii　居住建物の敷地の用に供される土地の取得者氏名　　　持分割合

	1 持分に応じた宅地等 面積（㎡）	評価額（円）	2 左記の宅地等のうち選択特例対象宅地等 面積（㎡）	評価額（円）	3 特例の対象とならない宅地等（1－2） 面積（㎡）	評価額（円）
A						
B						
C						
D						
E						
F						

第11・11の2表の付表1（別表1の2）（令2.7）　　（資4－20－12－3－9－A4統一）

第11・11の2表の付表1（別表1の2）（令和2年4月分以降用）

（事例１－13）
２次相続　①敷地所有権者の相続：（3）居住建物所有者の承諾を得て居住建物を貸し付けていた場合（複数の利用区分がある場合）

Q

下図のとおり、居住建物に居住していた配偶者居住権者 乙※である花子は、居住建物及び敷地所有権を有する山田一郎（花子の子。２次相続被相続人 丙）の承諾を得て、相当の対価を得て継続的に当該居住建物のうち１階部分を第三者に貸し付け、２Ｆ部分については花子、山田一郎、次郎（山田一郎の子 戊）の居住の用に供していました。山田一郎の相続（２次相続）に係る遺産分割により、次郎が居住建物及び敷地所有権を取得しました。この場合、次郎が取得した当該敷地所有権は小規模宅地等の特例の適用対象となりますか。

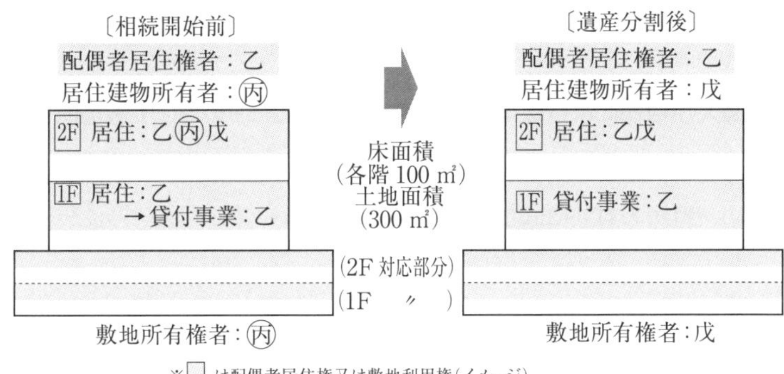

【前提】

＜関係者＞

丙：山田一郎（２次相続被相続人）
乙：山田花子（２次相続被相続人山田一郎の母、配偶者居住権者）
戊：山田次郎（２次相続被相続人山田一郎の長男、生計一）

＜配偶者居住権が設定されていないものとした場合の財産評価額＞

土地の相続税評価額：40,000,000円

（内訳）

敷地利用権の相続税評価額：12,000,000円
敷地所有権の相続税評価額：28,000,000円

※　当該配偶者居住権は、当該土地の所有者であった山田太郎（１次相続の被相続人）が所有していた建物に設定され、当該１次相続において、花子は配偶者居住権等を取得し、当該建物（１Ｆ部分）について当該第三者に貸し付けるまで引き続き居住の用に供しており、山田一郎は居住建物及び敷地所有権を取得して２次相続開始まで引き続き所有していた。

宅地等のうち、本特例の適用対象となる部分を図示すると次のようになります。

2Ｆ　居住用 150 ㎡	山田花子（配偶者居住権者） 45 ㎡
	山田次郎（生計一親族） 105 ㎡　←特定居住用宅地等
1Ｆ　貸付用 150 ㎡	山田花子（配偶者居住権者） 45 ㎡
	山田一郎（生計一親族） 105 ㎡

・網掛け部分は配偶者居住権に基づく敷地利用権
・それ以外の部分は敷地所有権に相当する部分
・太枠部分は小規模宅地等の特例の適用対象となる部分

1　個人が相続により取得した宅地等（措置法69の４①）敷地所有権

敷地利用権は、引き続き花子が有しており、山田一郎の相続財産ではないため、特例の対象にはなりません。

2　当該宅地等の利用区分

① 居住の用に供していた部分

【評価額】

・300㎡（土地の面積）× 100㎡（居住用部分の床面積）／200㎡（建物の総床面積）

＝ 150㎡（土地の居住用部分の面積）

・40,000,000円（土地の評価額）× 150㎡（土地の居住用部分の面積）／300㎡（土地の面積）

＝ 20,000,000円（土地の居住用部分の評価額）

《権利ごとの評価額》

・敷地利用権の居住用部分の評価額

12,000,000円（敷地利用権の評価額）× 150㎡（土地の居住用部分の面積）／300㎡（土地の面積）

＝ 6,000,000円

・敷地所有権の居住用部分の評価額

20,000,000円（土地の居住用部分の評価額）
−6,000,000円（敷地利用権の居住用部分の評価額）
＝ 14,000,000円…Ⓐ

【面積】

・150㎡（土地の居住用部分の面積）

《権利ごとの面積》

・敷地所有権の居住用部分の面積

150㎡（土地の居住用部分の面積）× $\frac{\text{14,000,000円（敷地所有権の居住用部分の評価額）}}{\text{20,000,000円（土地の居住用部分の評価額）}}$

＝105㎡…Ⓐ'

敷地利用権の居住用部分の面積

150㎡（土地の居住用部分の面積）× $\frac{\text{6,000,000円（敷地利用権の居住用部分の評価額）}}{\text{20,000,000円（土地の居住用部分の評価額）}}$

＝45㎡

② 貸付事業の用に供していた部分

【評価額】

・300㎡（土地の面積）× $\frac{\text{100㎡（貸付用部分の床面積）}}{\text{200㎡（建物の総床面積）}}$

＝150㎡（土地の貸付用部分の面積）

・40,000,000円（土地の評価額）× $\frac{\text{150㎡（土地の貸付用部分の面積）}}{\text{300㎡（土地の面積）}}$

＝20,000,000円（土地の貸付用部分の評価額）

《権利ごとの評価額》

・敷地利用権の貸付用部分の評価額

12,000,000円（敷地利用権の評価額）× $\frac{\text{150㎡（土地の貸付用部分の面積）}}{\text{300㎡（土地の面積）}}$

＝6,000,000円

・敷地所有権の貸付用部分の評価額

20,000,000円（土地の貸付用部分の評価額）
－6,000,000円（敷地利用権の貸付用部分の評価額）
＝14,000,000円…Ⓑ

【面積】

・150㎡（土地の貸付用部分の面積）

《権利ごとの面積》

・敷地所有権の貸付用部分の面積

150㎡（土地の貸付用部分の面積）× $\frac{\text{14,000,000円（敷地所有権の貸付用部分の評価額）}}{\text{20,000,000円（土地の貸付用部分の評価額）}}$

＝105㎡…Ⓑ'

敷地利用権の貸付用部分の面積

150㎡（土地の貸付用部分の面積）× $\frac{\text{6,000,000円（敷地利用権の貸付用部分の評価額）}}{\text{20,000,000円（土地の貸付用部分の評価額）}}$

＝45㎡

3　次郎が取得した敷地所有権の特例対象宅地等の区分等（措置法69の4①③）

① 特定居住用宅地等に該当する部分 Ⓐ（Ⓐ'）…14,000,000円（105㎡）

② 貸付用部分に相当する部分 Ⓑ（Ⓑ'）

次郎が取得した敷地所有権のうち「1F部分（貸付用部分）」に相当する部分は、花子が自己の有する配偶者居住権に基づき、貸付事業の用に供していた建物の敷地の用に供されていたものであり（措通69の4－4の2）、2次相続被相続人（山田一郎）の貸付事業の用に供されたもの又は次郎の自己の貸付事業の用に供されたもののいずれにも該当しません。したがって、次郎が取得した当該部分については、貸付事業用宅地等の要件を満たしていないため、小規模宅地等の特例の適用対象とはなりません。

（注）仮に、山田一郎と生計を一にしていた花子が、当該敷地所有権のうち「1F部分（貸付用部分）」を取得した場合には、当該部分について貸付事業用宅地等に該当しうることとなります（措置法69の4③四ロ）。

4　限度面積要件の判定等（措置法69の4①②）

上記**3**①の面積（105㎡）は、限度面積要件（330㎡以下）を満たしています。したがって、次郎は敷地所有権105㎡について、他の要件を満たす限り、小規模宅地等の特例の適用を受けることができます。この場合の相続税の申告書第11・11の2表の付表1（別表1の2）の**記載例**は次ページのとおりです。

【記載例】1－13

小規模宅地等についての課税価格の計算明細書（別表１の２）

被相続人	事例1-13

第11・11の2表の付表1（別表1の2）（令和2年4月分以降用）

この計算明細書は、特例の対象として小規模宅地等を選択する一の宅地等（注）が配偶者居住権の目的となっている建物の敷地の用に供される宅地等（以下「居住建物の敷地の用に供される土地」といいます。）又はその宅地等を配偶者居住権に基づき使用する権利（以下「配偶者居住権に基づく敷地利用権」といいます。）の全部又は一部である場合に作成します。
なお、この計算明細書の書きかた等については、裏面をご覧ください。
（注）一の宅地等とは、一棟の建物又は構築物の敷地をいいます。ただし、マンションなどの区分所有建物の場合には、区分所有された建物の部分に係る敷地をいいます。

1　一の宅地等の所在地、面積及び評価額

宅地等の所在地	××市〇〇町△丁目□番◇号	①宅地等の面積	300 ㎡

	相続開始の直前における宅地等の利用区分	面積（㎡）	評価額（円）配偶者居住権に基づく敷地利用権	評価額（円）居住建物の敷地の用に供される土地
A	①のうち被相続人等の事業の用に供されていた宅地等（B、C及びDに該当するものを除きます。）	②	⑧	⑭
B	①のうち特定同族会社の事業（貸付事業を除きます。）の用に供されていた宅地等	③	⑨（1次相続の場合は0としてください。）	⑮
C	①のうち被相続人等の貸付事業の用に供されていた宅地等（相続開始の時において継続的に貸付事業の用に供されていると認められる部分の敷地）	④ 150	⑩（1次相続の場合は0としてください。） 6,000,000	⑯ 14,000,000
D	①のうち被相続人等の貸付事業の用に供されていた宅地等（Cに該当する部分以外の部分の敷地）	⑤	⑪	⑰
E	①のうち被相続人等の居住の用に供されていた宅地等	⑥ 150	⑫ 6,000,000	⑱ 14,000,000
F	①のうちAからEの宅地等に該当しない宅地等	⑦	⑬	⑲

2　一の宅地等の取得者ごとの面積及び評価額

i　配偶者居住権に基づく敷地利用権の取得者氏名：

	1 利用区分に応じた宅地等 面積（㎡）	評価額（円）	2 左記の宅地等のうち選択特例対象宅地等 面積（㎡）	評価額（円）	3 特例の対象とならない宅地等（1－2） 面積（㎡）	評価額（円）
A	②×⑧/(⑧+⑭)	⑧				
B	③×⑨/(⑨+⑮)	⑨				
C	④×⑩/(⑩+⑯)	⑩				
D	⑤×⑪/(⑪+⑰)	⑪				
E	⑥×⑫/(⑫+⑱)	⑫				
F	⑦×⑬/(⑬+⑲)	⑬				

ii　居住建物の敷地の用に供される土地の取得者氏名：山田　次郎　⑳持分割合：1／1

	1 持分に応じた宅地等 面積（㎡）	評価額（円）	2 左記の宅地等のうち選択特例対象宅地等 面積（㎡）	評価額（円）	3 特例の対象とならない宅地等（1－2） 面積（㎡）	評価額（円）
A	②×⑭/(⑧+⑭)×⑳	⑭×⑳				
B	③×⑮/(⑨+⑮)×⑳	⑮×⑳				
C	④×⑯/(⑩+⑯)×⑳ 105	⑯×⑳ 14,000,000			105	14,000,000
D	⑤×⑰/(⑪+⑰)×⑳	⑰×⑳				
E	⑥×⑱/(⑫+⑱)×⑳ 105	⑱×⑳ 14,000,000	105	14,000,000		
F	⑦×⑲/(⑬+⑲)×⑳	⑲×⑳				

iii　居住建物の敷地の用に供される土地の取得者氏名：　㉑持分割合：／

	1 持分に応じた宅地等 面積（㎡）	評価額（円）	2 左記の宅地等のうち選択特例対象宅地等 面積（㎡）	評価額（円）	3 特例の対象とならない宅地等（1－2） 面積（㎡）	評価額（円）
A	②×⑭/(⑧+⑭)×㉑	⑭×㉑				
B	③×⑮/(⑨+⑮)×㉑	⑮×㉑				
C	④×⑯/(⑩+⑯)×㉑	⑯×㉑				
D	⑤×⑰/(⑪+⑰)×㉑	⑰×㉑				
E	⑥×⑱/(⑫+⑱)×㉑	⑱×㉑				
F	⑦×⑲/(⑬+⑲)×㉑	⑲×㉑				

第11・11の2表の付表1（別表1の2）（令2.7）　（資4－20－12－3－9－A4統一）

3 配偶者短期居住権について

（事例3－1）
配偶者短期居住権の相続税の課税関係

Q 配偶者居住権は相続税の課税対象とされていますが、配偶者短期居住権は相続税の課税対象となりますか。

A 配偶者は、被相続人の財産に属した建物に相続開始の時に無償で居住していた場合には、遺産の分割によりその居住していた建物（居住建物）の帰属が確定した日又は相続開始のときから6か月を経過する日のいずれか遅い日まで等の間、居住建物の所有権を相続又は遺贈により取得した者（居住建物取得者）に対し、居住建物について無償で使用する権利（配偶者短期居住権）を有することとされています（民法1037）。

使用借権類似の法定債権とされている配偶者短期居住権は、配偶者居住権とは異なり、収益することはできず、この権利によって受けた利益については，その配偶者の具体的相続分からその価額を控除することを要しないとされています。したがって、経済的価値のあるものを対象とする相続税の課税対象には馴染まないと考えられます。（相法2、相通11 の2－1）

（参考）

〇財務省ホームページ「令和元年度税制改正の解説」495 頁（抄）

「配偶者短期居住権は、被相続人の建物に相続開始のときにその配偶者が無償で居住していた場合に、一定期間、その居住していた建物を無償で使用できる権利です（民法1037）。配偶者短期居住権については、使用貸借の規定が準用されます（民法1041）。ただし、収益はできず、財産性が認められない権利とされていることから、相続税の課税対象には馴染まないと考えられます。」

■その他の質疑応答事例のポイント

<table>
<tr><th colspan="2">１次相続によって配偶者居住権が設定される場合</th></tr>
<tr><td rowspan="2">（事例１－２）</td><td>②被相続人が土地を共有していた場合</td></tr>
<tr><td>被相続人が配偶者と土地を共有していた場合には、共有持分割合で判定します。
（注）被相続人が配偶者以外の者と土地を共有していた場合には、配偶者居住権は成立しません。</td></tr>
<tr><td rowspan="2">（事例１－３）</td><td>③配偶者居住権者が配偶者居住権と土地の所有権のいずれも取得した場合</td></tr>
<tr><td>配偶者が居住建物の土地の所有権を取得する場合、重ねて配偶者居住権に基づく敷地利用権を取得する必要はありません。このため、小規模宅地等の特例は敷地利用権についてのみ適用対象となります。</td></tr>
<tr><td rowspan="2">（事例１－４）</td><td>④被相続人が借地権を有していた場合</td></tr>
<tr><td>配偶者居住権に係る敷地利用権の目的が借地権である場合には、底地の所有権部分は考慮せず、借地権部分について、借地権部分と当該借地権部分に係る敷地利用権に区分して判定します。</td></tr>
<tr><td rowspan="2">（事例１－８）</td><td>⑧区分所有建物の登記がされている一棟の建物の場合</td></tr>
<tr><td>区分所有建物の登記がされている一棟の建物の場合、建物の区分所有されている部分ごとに別々に判定します。敷地部分についても、建物の区分所有に応じた面積を算定し、それぞれ判定を行います。</td></tr>
<tr><td rowspan="2">（事例１－９）</td><td>⑨被相続人が宅地等を無償で借り受けていた場合</td></tr>
<tr><td>被相続人が使用貸借によって土地を使用していた場合には、自ら土地を所有していないのですから、配偶者が相続によって取得する土地はなく、本特例の対象となる財産はありません。</td></tr>
<tr><th colspan="2">２次相続開始時点で配偶者居住権が存在する場合</th></tr>
<tr><td rowspan="2">（事例１－12）</td><td>①敷地所有権者の相続
⑵ １次相続に係る被相続人が無償で借り受けていた宅地等の上の建物について配偶者居住権が設定されていた場合</td></tr>
<tr><td>配偶者居住権の対象となっている建物の敷地利用権は使用借権ですから、配偶者居住権に基づき土地を利用する権利の価額も零になります。したがって、事例のケースにおいては、敷地所有権のみが小規模宅地等の特例の適用対象になります。</td></tr>
<tr><td rowspan="2">（事例１－14）</td><td>②配偶者居住権者の相続</td></tr>
<tr><td>配偶者の死亡により配偶者居住権は消滅するため、小規模宅地等の特例の適用対象となる財産はありません。</td></tr>
<tr><th colspan="2">その他</th></tr>
<tr><td rowspan="2">（事例１－15）</td><td>配偶者居住権の設定が申告期限後になる場合の相続税の申告等</td></tr>
<tr><td>原則として、相続税の申告期限までに分割されていない宅地等については、特例の適用対象となりませんが、相続税の申告書に「申告期限後３年以内の分割見込書」を添付して提出しておき、相続税の申告期限から３年以内に分割が行われ、配偶者居住権に基づく敷地利用権又は敷地所有権を取得した場合には、それらについて特例の適用を受けることができます。→第４編特例の適用手続きと留意点参照</td></tr>
</table>

第５章　令和元年度改正に伴うその他の留意点

～ 個人版事業承継税制・遺留分侵害額請求権と小規模宅地等特例の適用関係 ～

Ⅰ　個人版事業承継税制《相続税の納税猶予制度》の創設に伴う影響

1　個人版事業承継税制と小規模宅地等特例　～ 重複適用か選択適用か ～

⑴　「個人版事業承継税制」とは

令和元年度税制改正では、平成30年度税制改正における非上場株式等に関する事業承継税制（以下「法人版事業承継税制」といいます）に続き、個人事業者についても、高齢化が急速に進展する中での円滑な世代交代を通じた事業の持続的な発展の確保が喫緊の課題となっていることを踏まえ、特定事業用宅地等に係る小規模宅地等の特例と同様、事業の継続に配慮した個人事業者の事業承継を促進するための制度として、相続税・贈与税の新たな納税猶予制度（以下「個人版事業承継税制」といいます）が創設されました。

個人版事業承継税制は、平成31年１月１日から令和10年12月31日までの10年間の時限措置とされ、税額の猶予割合は100%となっているほか、相続のみならず生前贈与にも適用可能とされるなどの措置が講じられています。

ただし、この制度の適正性を確保するため、終身の事業・資産保有の継続要件が設けられるとともに、債務控除を利用した制度の濫用防止を考慮した猶予税額の計算方法が採られ、法人の事業承継税制同様、後継者以外の相続人には影響を及ぼさない仕組みとされる一方、法人版同様、厳しい要件が課されています。

⑵　個人版事業承継税制の適用対象資産

個人版事業承継税制の適用対象となる資産《特定事業用資産》は、青色申告決算書の「貸借対照表」に記載されている資産で、贈与者又は被相続人（その贈与者又は被相続人と生計を一にする配偶者その他の親族を含みます）の事業（不動産貸付業、駐車場業、自転車駐車場業を除きます）の用に供されていた次の資産に限定されています。

■特定事業用資産の範囲

①	宅地等（棚卸資産に該当しないもので、面積400㎡までの部分）
②	建物（棚卸資産に該当しないもので、床面積800㎡までの部分）
③	②以外の減価償却資産（固定資産税の課税対象となるもの、自動車税・軽自動車税の営業用の標準税率適用車、その他一定のもの）

⑶　個人版事業承継税制と小規模宅地等の特例の適用上の問題点

上記⑵の表の①の宅地等については、個人版事業承継税制と小規模宅地等の特例との選択適用とされ、両制度の重複適用は、認められません。（措法69の４⑥）

そのため、個人版事業承継税制と小規模宅地等の特例のどちらを適用するのかという、選択が問題となってきます。

小規模宅地等の特例の適用対象となる事業用宅地等は、減額割合が最大80％に留まるとはいえ、当該相続で完結しますので、納税猶予がメインとなる個人版事業承継税制とは異なります。

また、小規模宅地等の特例は、保有継続・事業継続要件が申告期限までの10か月に限られるほか、後継者以外の相続税額も減少するという利点も考慮する必要があります。さらには、法人版事業承継税制同様、後継者以外の相続人への遺留分侵害の問題を、どうクリアしていくかという相続の問題も詰めておく必要があります。

2　猶予税額の計算

⑴　猶予税額の計算方法

国税庁の『個人の事業用資産についての贈与税・相続税の納税猶予・免除（個人版事業承継税制）のあらまし』に、猶予税額の計算手順が図示（次ページ参照）されていますので、その手順に従って計算することになります。

⑵　小規模宅地等の特例に関する問題点

従来から小規模宅地等の特例については、租税回避的に次のように利用されるという問題点が指摘されています。

①　借入金で事業用宅地等を取得した上で、小規模宅地等の特例を適用すると、相続税の課税価格を実質ゼロとすることが可能である。

②　個人事業者の債務には、事業・非事業の区別がないため、当該債務の金額を他の非事業用資産の価額から差し引くことで、事業と無関係な資産にまで節税効果が及ぶことになる。

こうした問題は、小規模宅地等の特例に限ったことではないため、個人の事業用資産についての納税猶予制度の創設に当たっても、債務控除を利用した租税回避を防止するため、事業用資産の価額から事業用債務（※１）の価額を控除した価額をもって猶予税額の計算をすることとされました。

具体的には、当該特例事業相続人等（※２）が相続等により取得した特定価額（※３）を、当該特例事業相続人等に係る相続税の課税価格とみなして、特例事業相続人等の猶予税額を算出することになります。

【参考法令】措法70の6の8②三イ、70の6の10②三、
措令40の7の8⑧、40の7の9⑨⑩、40の7の10⑨～⑪)

一口メモ

上記の（※1）～（※3）は、以下のことを表示しています。

（※1）明らかに事業用と認められない債務を除いた債務

（※2）相続税の特例措置の適用対象となる後継者

（※3）特定事業用資産の価額から特定債務額を控除した残額

・「特定事業用資産」とは、この制度の適用を受ける特定事業用資産をいいます。

・「特定債務額」とは、次の算式により計算した金額をいいます。

特定債務額＝（A－B）＋C　ただし、（A－B）＜0の場合は零

A：相続税法第13条〔債務控除〕の規定により控除すべき特定事業相続人等の負担に属する部分の金額からCの金額を控除した残額

B：特例事業相続人等が相続等により取得した財産の価額から特定事業用資産の価額を控除した残額

C：相続税法第13条〔債務控除〕の規定により控除すべき特例事業相続人等の負担に属する部分の金額から特定事業用資産に係る事業に関する債務と認められるもの以外の債務の金額を控除した残額

〔参考〕納税が猶予される相続税などの計算方法

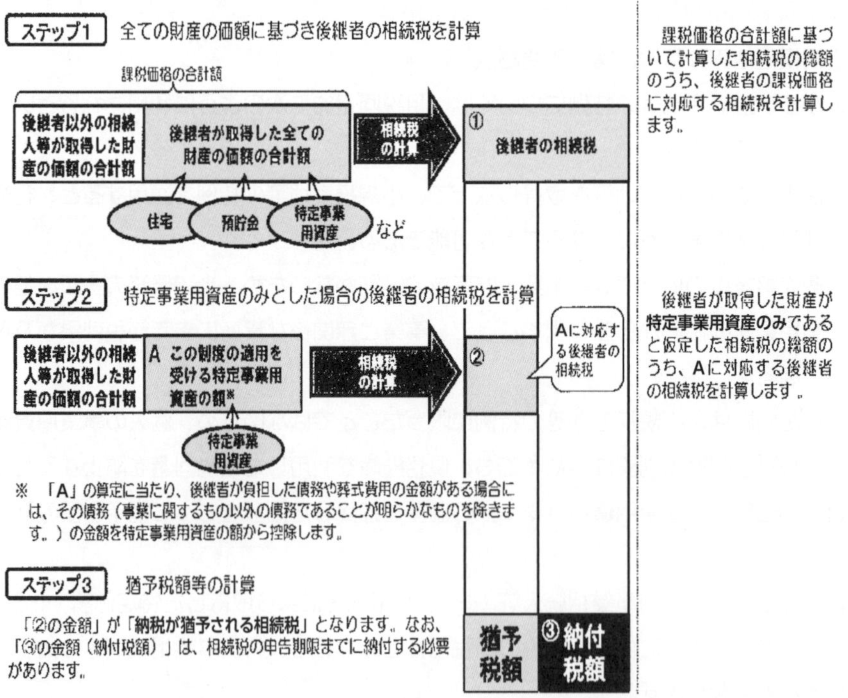

（国税庁「令和2年4月 個人版事業承継税制のあらまし」9ページ一部補正）

3　小規模宅地等の特例と個人版事業承継税制との選択適用

先代事業者等（被相続人）に係る相続又は遺贈により取得した宅地等について小規模宅地等の特例の適用を受ける者がある場合、その適用を受ける小規模宅地等の区分に応じ、個人版事業承継税制の適用が次のとおり制限されます。

(1)　特定事業用宅地等と個人版事業承継税制の選択適用

特定事業相続人等が個人版事業承継税制の相続税の納税猶予の適用を受けると、特定事業相続人のみならず他の相続人等も特定事業用宅地等の小規模宅地等の特例を受けることはできません。言い換えると、他の相続人等が特定事業用宅地等の小規模宅地等の特例を受けると、後継者は個人版事業承継税制の適用を受けることはできません。

(2)　特定事業用宅地等と個人版事業承継税制とを併用した場合の限度面積

個人版事業承継税制の「相続税の納税猶予」の適用対象となる宅地等には400㎡の限度面積が設けられていますが、被相続人から相続又は遺贈により取得をした宅地等について「小規模宅地等の特例」の適用を受ける者がある場合には、その適用を受ける「小規模宅地等」の区分に応じ、「相続税の納税猶予」の適用対象となる宅地等の面積は、次表のとおりとなります。（措法70の６の10②一イ、二へ、措令40の７の10⑦）

■「相続税の納税猶予」の適用対象となる宅地等の限度面積

	適用を受ける 小規模宅地等の区分	個人版事業承継税制の適用がある場合の 宅地等の限度面積
イ	特定事業用宅地等	小規模宅地等の特例の適用を受ける者がいる場合には、事業用資産の全てについて「相続税の納税猶予」の適用を受けることはできない。
ロ	特定同族会社事業用宅地等※	400㎡－特定同族会社事業用宅地等の面積（B）
ハ	貸付事業用宅地等	$400㎡ - 2 \times \left(A \times \frac{200}{330} + B \times \frac{200}{300} + C \right)$ ＊Aは特定居住用宅地等の面積、Bは特定同族会社事業用宅地等の面積、Cは貸付事業用宅地等の面積
ニ	特定居住用宅地等※	400㎡

※他に貸付事業用宅地等について小規模宅地等の特例の適用を受ける場合には、ハによります。

上の表を整理すると、相続人等が小規模宅地等の特例の適用を受けようとする場合には、その適用を受けようとする宅地等の区分に応じ、個人版事業承継税制の適用可能な面積が次のように制限されます。ただし、特定居住用宅地等の適用については、何ら制限はありません。

イ　特定事業用宅地等に係る特例との併用はできません。
ロ　特定同族会社事業用宅地等に係る特例を受けた場合には、400㎡からその面積が控除されます。
ハ　貸付事業用宅地等に係る特例の適用を受けた場合には、調整後の全ての特例対象宅地等の面積の合計額に２を乗じた面積が控除されます。
ニ　特定居住用宅地等の適用については、何ら制限はありません。

⑶　【想定事例】による併用適用の検証

併用適用のケースについて、**【想定事例】**を掲げて検証してみましょう。

【想定事例１】個人事業用と特定同族会社への貸付用としての併用適用のケース

被相続人が事業用の土地・建物を所有しており、その一部は被相続人の個人事業の用に供され、残りの部分は被相続人の親族が経営している特定会社へ貸し付けていることを想定します。

例えば、被相続人が500㎡の土地を所有しており、そのうち150㎡を自己の個人事業の用に供しており、残りの350㎡を特定会社へ貸し付けている場合です。相続人がこの土地を取得し、個人版事業承継税制の適用を受けたときは、被相続人の個人事業の用に供されていた150㎡の土地は、小規模宅地等の特例の適用を受けることはできません。

しかし、残りの350㎡が特定同族会社事業用宅地等としての要件を満たしているのであれば、小規模宅地等の特例の適用を受けることができます。ただし、特定事業用等宅地等（特定事業用宅地等と特定同族会社事業用宅地等の合計）の限度面積は400㎡とされていますから、結局、400㎡－150㎡＝250㎡について適用を受けることができます。

【想定事例２】貸付事業用宅地等との併用適用のケース

被相続人が営んでいた事業を子甲が引き継いで個人版事業承継税制の適用を受け、子乙が貸付事業用宅地を相続する場合を想定します。

例えば、子甲が180㎡の事業用の土地の相続を受けて個人版事業承継税制を適用し、子乙が300㎡の貸付事業用宅地等を相続した場合、子甲が相続した特定事業用宅地等については、小規模宅地等の特例の適用を受けることはできません。

しかし、子乙の相続した300㎡の土地については、他の要件を満たす限り貸付事業用宅地等の対象となります。ただし、前ページの表の面積制限を受けますので、次の計算式によって、適用可能な限度面積は、110㎡になります。

$$400㎡ - 2 \times 180㎡ \times \frac{200}{400} = 220㎡$$

【想定事例３】特定居住用宅地等との併用適用のケース

特定居住用宅地等については、特定事業用宅地等との完全併用適用が可能ですので、特定居住用宅地等の適用要件を満たす場合には、限度面積330㎡までの部分の宅地等について、小規模宅地等の特例の適用を受けることができます。

⑷　納税猶予制度と小規模宅地等の特例の適用要件の対比

納税猶予制度の個人事業用資産との選択適用となる小規模宅地等の特例の特定事業用宅地等との適用要件を一覧表によって対比すると、次のとおりとなります。

■特定事業用宅地等と納税猶予制度の適用要件の比較

区分	特定事業用宅地等 （小規模宅地等の特例）	個人の事業用資産についての 相続税の納税猶予及び免除制度
事前計画	不要	５年以内の個人事業承継計画の提出 平成31年４月１日から 令和６年３月31日まで
適用期限	なし	10年以内の贈与・相続等 平成31年１月１日から 令和10年12月31日まで
承継パターン	相続等のみ	贈与・相続等
事業	不動産貸付業、駐車場業、自転車駐車場及び準事業は除かれます。	
対象資産	宅地等 （土地又は土地の上に存する権利） ・400㎡まで	宅地等（土地又は土地の上に存する権利） ・400㎡まで
		建物 ・床面積800㎡まで
		一定の減価償却資産
対象者	相続又は遺贈により上記対象資産を取得した被相続人の親族	相続又は遺贈により上記対象資産を取得した個人
事業承継要件	相続税の申告期限までに引継ぎ	相続税の申告期限までに引継ぎ
事業継続要件	相続税の申告期限まで継続	終身
保有継続要件	相続税の申告期限まで保有	終身
分割要件	原則申告期限内分割	申告期限内分割
減額割合	８０％（課税価格の減額）	100％（納税猶予）

4　設例による解説　～ケーススタディ－～

(1)　限度面積等の計算

小規模宅地等の特例の適用を受ける者がある場合（その１）

～ 限度面積等の計算例 ～

Q

子Ｘは、甲から相続によりＡ事業に係る事業用資産を取得したが、その事業用資産のうちにはａ宅地があります。

この場合において、子Ｙが甲から相続した次の宅地について「小規模宅地等の特例」の適用を受けるときは、「相続税の納税猶予」の対象となるａ宅地の限度面積は、それぞれどのようになるのでしょうか。

【ケース①】　ｂ宅地(特定事業用宅地等に該当)　：200㎡
【ケース②】　ｃ宅地(特定同族会社事業用宅地等に該当)：100㎡
【ケース③】　ｄ宅地(貸付事業用宅地等に該当)　：70㎡
【ケース④】　ｅ宅地(特定居住用宅地等に該当)　：99㎡

A

「相続税の納税猶予」の対象となるａ宅地の限度面積は、それぞれ以下のとおりとなります。

【ケース①】の場合……子Ｘは、Ａ事業に係る事業用資産の全てについて、「相続税の納税猶予」の適用を受けることはできません。

【ケース②】の場合……300㎡

【ケース③】の場合……260㎡

【ケース④】の場合……400㎡

コメント　「相続税の納税猶予」の適用対象となる宅地等には400㎡の限度面積が設けられていますが、その相続に係る被相続人から相続又は遺贈により取得をした宅地等について「小規模宅地等の特例」の適用を受ける者がある場合には、その適用を受ける「小規模宅地等」の区分に応じ、「相続税の納税猶予」の適用対象となる宅地等の面積等は、それぞれ次表のとおりとなります。(措法70の６の10②一イ、二へ、措令40の７の10⑦)

	適用を受ける小規模宅地等の区分	「相続税の納税猶予」の対象となる a宅地の限度面積等
イ	特定事業用宅地等	事業用資産の全てについて「相続税の納税猶予」の適用を受けることはできない。
ロ	特定同族会社事業用宅地等※	400㎡－特定同族会社事業用宅地等の面積
ハ	貸付事業用宅地等	$400㎡-2\times(\alpha\times\frac{200}{330}+\beta\times\frac{200}{400}+\gamma)$ αは特定居住用宅地等の面積、βは特定同族会社事業用宅地等の面積、γは貸付事業用宅地等の面積です。
ニ	特定居住用宅地等※	400㎡

※　他に貸付事業用宅地等について小規模宅地等の特例の適用を受ける場合には、ハによる。

【検証結果】　a宅地の限度面積

この≪Q＆A㊳≫のa宅地の限度面積は、それぞれ次のとおりとなります。

《ケース①》　子Ｙが小規模宅地等の特例の適用を受けるｂ宅地は、「特定事業用宅地等」であるため、子Ｘはａ宅地だけでなく、Ａ事業に係る事業用資産の全てについて「相続税の納税猶予」の適用を受けることはできません。

《ケース②》　子Ｙが小規模宅地等の特例の適用を受けるｃ宅地（100㎡）は、「特定同族会社事業用宅地等」であるため、「相続税の納税猶予」の適用対象となる宅地等の限度面積は、300㎡（＝400㎡－100㎡）となります。

《ケース③》　子Ｙが小規模宅地等の特例の適用を受けるｄ宅地（70㎡）は、「貸付事業用宅地等」であるため、「相続税の納税猶予」の適用対象となる宅地等の限度面積は、260㎡（＝400㎡－２×70㎡）となります。

《ケース④》　子Ｙが小規模宅地等の特例の適用を受けるｅ宅地（99㎡）は「特定居住用宅地等」であるため、「相続税の納税猶予」の適用対象となる宅地等の限度面積に影響はなく、400㎡となります。

アドバイス　複数の宅地等について小規模宅地等の特例の適用を受けた場合

被相続人から「相続税の納税猶予」の対象となる宅地等又は「小規模宅地等の特例」の対象となる宅地等を相続又は遺贈により取得した者が一人でない場合には、これらの宅地等を取得した全ての者の、これらの制度の適用を受けるものの選択についての同意を証する書類を、相続税の申告書に添付することとされています。（措令40の２⑤三、措規23の８の９⑭ハ）

■複数の宅地等について小規模宅地等の特例の適用を受けた場合の限度面積の計算例

上記《Q＆A58》の事例において、子Yが複数の宅地等について小規模宅地等の特例の適用を受けた場合の限度面積は、それぞれ次表のとおりとされます。

小規模宅地等の特例の適用を受ける宅地等	計　算	限度面積
同族　貸付 c ＋ d	400㎡ － 2 × (100㎡(同族) × $\frac{200}{400}$ ＋ 70㎡(貸付)) ＝ 160㎡	160㎡
同族　居住 c ＋ e	400㎡ － 100㎡(同族) ＝ 300㎡	300㎡
貸付　居住 d ＋ e	400㎡ － 2 × (99㎡(居住) × $\frac{200}{330}$ ＋ 70㎡(貸付)) ＝ 140㎡	140㎡
同族　貸付　居住 c ＋ d ＋ e	400㎡ － 2 × (99㎡(居住) × $\frac{200}{330}$ ＋ 100㎡(同族) × $\frac{200}{400}$ ＋ 70㎡(貸付)) ＝ 40㎡	40㎡

※1　c宅地（特定同族会社事業用宅地等）：100㎡
　　d宅地（貸付事業用宅地等）　　　　： 70㎡
　　e宅地（特定居住用宅地等）　　　　： 99㎡

※2　b宅地（特定事業用宅地等）について小規模宅地等の特例の適用を受ける場合、他に小規模宅地等の特例の適用を受ける宅地の区分にかかわらず、子Xは事業用資産の全てについて「相続税の納税猶予」の適用を受けることはできません。

⑵　限度面積要件を満たさない場合

小規模宅地等の特例の適用を受ける者がある場合（その2）
～ 限度面積要件を満たさない場合 ～

Q　被相続人甲の死亡に係る相続税について、子Xは「相続税の納税猶予」を、また子Yは「小規模宅地等の特例」の適用を受ける旨の相続税の申告書を提出しましたが、当該申告書に特例事業用資産である宅地等として記載したa宅地及び貸付事業用宅地等である小規模宅地等として記載したb宅地は、措置法第70条の6の10《特定事業用資産に該当する宅地等》第2項第1号イに定める限度面積要件を満たしていませんでした。

この場合、「相続税の納税猶予」及び「小規模宅地等の特例」の適用はどのようになるのでしょうか。

A 子Ｘは、ａ宅地については「相続税の納税猶予」の適用を受けることができず、また、子Ｙはｂ宅地について、「小規模宅地等の特例」の適用を受けることができません。

ただし、その後の修正申告等において限度面積を超えないこととなった場合には、子Ｙは、「小規模宅地等の特例」の適用を受けることができます。

コメント 被相続人から相続又は遺贈により取得した宅地等について「相続税の納税猶予」及び「小規模宅地等の特例」を重複して適用する場合には、前問の《Q＆A㊽》のとおり、その適用を受ける特定事業用資産である宅地等については、一定の限度面積が設けられています。

アドバイス この限度面積を満たさない場合には、法令の要件を満たす有効な選択が行われていないことから、「相続税の納税猶予」及び「小規模宅地等の特例」の適用を受けるものとして相続税の申告書に記載した宅地等の全てについて、これらの規定の適用はできないことになります。

ただし、「小規模宅地等の特例」の適用を受けるものとした宅地等については、その後の修正申告等において、当該限度面積を超えないこととなったときには、「小規模宅地等の特例」の適用を受けることができます。

一口メモ

「小規模宅地等の特例」については、期限内申告に限り適用される「相続税の納税猶予」と異なり、修正申告等においても適用できることとされており、ゆうじょ規定も設けられています。（措法69の４⑦、⑧）

なお、「相続税の納税猶予」と措法69の５《特定計画山林についての相続税の課税価格の計算の特例》を重複して適用する場合に、同条第５項（措置法令第40条の２の２第９項において読み替えて適用する場合を含みます。）に規定する限度額を満たさない場合についても、上記と同様の取扱いとされています。

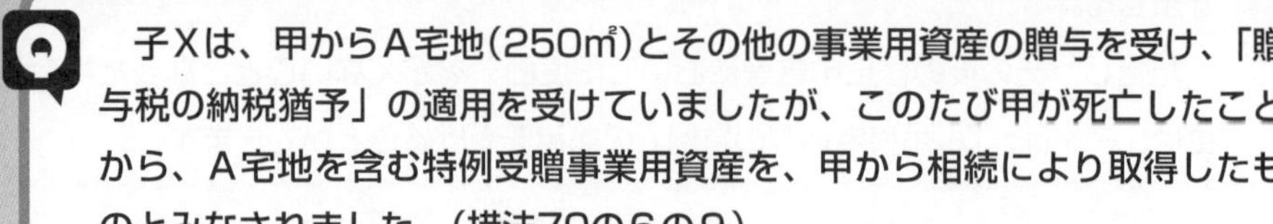

Q&A 60 事業用資産の贈与者が死亡した場合の小規模宅地等の特例との適用関係

Q

子Xは、甲からA宅地(250㎡)とその他の事業用資産の贈与を受け、「贈与税の納税猶予」の適用を受けていましたが、このたび甲が死亡したことから、A宅地を含む特例受贈事業用資産を、甲から相続により取得したものとみなされました。(措法70の6の9)

この場合、【ケース①】子Yは、甲から相続により取得したB宅地（100㎡）について、特定事業用宅地等に係る「小規模宅地等の特例」の適用を受けることができるでしょうか。

また、【ケース②】子Zが、甲から相続により取得したC宅地（150㎡）について、貸付事業用宅地等に係る「小規模宅地等の特例」の適用を受けるとした場合、「相続税の納税猶予」の適用対象となるA宅地の面積は、どのようになるのでしょうか。

（注）子Xは、特例受贈事業用資産としてA宅地250㎡を贈与税の申告書に記載しています。

【ケース①】について：子Yは、B宅地について特定事業用宅地等に係る「小規模宅地等の特例」の適用を受けることはできません。

【ケース②】について：A宅地250㎡のうち100㎡までが「相続税の納税猶予」の適用対象となります。

【検証結果】

《ケース①》について

措置法第69条の4第6項は、「贈与税の納税猶予」の適用を受けた特例事業受贈者に係る贈与者から相続又は遺贈により取得した特定事業用宅地等及び「相続税の納税猶予」の適用を受ける特例事業相続人等に係る被相続人から相続又は遺贈により取得した特定事業用宅地等については、「小規模宅地等の特例」の適用がない旨を規定しています。

したがって、この事例の子Yは、B宅地について「小規模宅地等の特例」の適用を受けることはできないことになります。

《ケース②》について

特例事業受贈者が、措置法第70条の6の9の規定により「贈与税の納税猶予」の適用に係る贈与者から相続又は遺贈により取得したものとみなされた特例受贈事業用資産について、「相続税の納税猶予」の適用を受ける場合に、当該贈与者から相続又は遺贈により取得した財産について「小規模宅地等の特例」の適用を受ける者がいるときには、当該特例受贈事業用資産のうち、宅地等に該当するものについては、贈与税の申告書に記載された当該宅地等の面積のうち400㎡から措置法令第40条の７の10第７項に定める面積を控除した面積に達するまでの部分に限り、「相続税の納税猶予」の適用を受けることができることとされています。（措令40の７の10㉟三）

（注）「措置法令第40条の７の10第７項に定める面積」については、《Q＆A㊽》を参照。

上記《Q＆A㊿》の事例では、子Ｚが貸付事業用宅地等に該当するＣ宅地（150㎡）について、「小規模宅地等の特例」の適用を受けるため、「措置法令第40条の７の10第７項に定める面積」は300㎡（＝２×150㎡）となり、「相続税の納税猶予」の適用対象となる宅地等は、贈与税の申告書に記載したＡ宅地の面積250㎡のうち、100㎡（=400㎡－300㎡）までの部分となります。

（３） 選択摘用

個人版事業承継税制の適用対象として事業の用に供している宅地等を選択すると、事業用宅地等の最大400㎡までの評価額全額に対応する相続税額の納税が猶予されます。

一方、小規模宅地等の特定事業用宅地等については、事業用宅地等の最大400㎡までの80%が減額されるに過ぎません。このことだけをとらえると納税猶予の適用を受けた方が有利と思われますが、実際はどうなのか、具体的な**【事例】**を挙げて検証してみましょう。

両特例適用による納税額の比較

Q 次の【事例】の場合、納税猶予を選択した場合と小規模宅地等の特例を選択した場合とでは、どのような違いがありますか。

相 続 人：長男（特例事業相続人）、長女
相続財産：長男→特例事業用資産３億円、その他の財産３億円
　　　　　長女→４億円
　　　　　合計→10億円
債　　務：２億円

※特例事業用資産は、小規模宅地等の特例の適用が可能な財産であるものとします。

A 試算結果を対比すると、下表のようになります。

■両制度適用結果の対比　（単位：千円）

相続財産	納税猶予を選択		小規模宅地等の特例を選択	
	長男	長女	長男	長女
特定事業用資産	300,000		300,000	
小規模宅地等の特例			▲240,000	
その他の財産	300,000	400,000	300,000	400,000
債務	▲200,000		▲200,000	
課税価格	400,000	400,000	160,000	400,000
相続税の総額	295,000		179,100	
各人の相続税額	147,500	147,500	51,171	127,929
納税猶予額(注)	▲91,250			
納付税額	56,250	147,500	51,171	127,929
納付税額の合計額	203,750		179,100	

（注）納税猶予額の計算
→長男が特定事業用資産のみを取得して全て特例適用したと仮定して計算しています。
課税遺産総額:700,000－200,000－42,000（基礎控除）＝458,000千円
相続税の総額:152,100千円
納税猶予税額:152,100×300,000／（300,000＋200,000）＝91,250千円

【検証結果】

納税猶予税額の計算は、「長男が特定事業用資産のみを取得したと仮定して計算」するため、遺産総額に対する実効税率の観点から見ると、税率の少ない部分で計算することになり、案外、猶予税額が少ない場合が多いようです。遺産に占める事業用財産が少ない場合には、特にこの傾向が顕著に現れます。

この事例は、小規模宅地等の特例の適用額を大きく想定した事例ではありますが、相続財産の内容によっては納税猶予を受けるよりも、小規模宅地等の特例を適用した方が納税額は少なくなるケースがあることを示しています。

Ⅱ　遺留分制度の見直しに伴う留意点

～ 遺留分侵害額請求権の創設に伴う小規模宅地等特例への影響 ～

平成30年７月６日、「民法及び家事事件手続法の一部を改正する法律」（平成30年法律第72号）が成立（同年７月13日公布）し、遺留分制度が改正され、令和元年７月１日から施行されています。

1　遺留分侵害額請求権の概要

⑴　民法の遺留分制度の見直し

①　遺留分とは

遺留分とは、民法で規定されている被相続人の兄弟姉妹を除く一定の親族のために最低限の相続分として一定割合を留保しなければならないとされている相続財産のことです。

このように民法では、配偶者、子、父母などの一定範囲の相続人には、遺留分として相続財産の一定割合を相続する権利が保障されています。この法定相続人に保障されている遺留分の割合は、次表のとおりです。

遺留分権利者	遺留分の割合
直系尊属（父母）のみである場合	被相続人の相続財産の３分の１
上記①以外の者である場合	被相続人の相続財産の２分の１

＊被相続人の兄弟姉妹には、この権利は認められていません。

②　遺留分制度の改正内容

被相続人が、遺贈、贈与、相続分の指定などによって、この権利を侵害したときには、遺留分権利者は、侵害された財産の返還を請求することができるとされていました。

この遺留分を取り戻すための請求権は、旧民法では「遺留分減殺請求権」と称されていましたが、今回の改正により、「遺留分侵害額請求権」に呼称が改正されました。そして、旧民法では相続財産そのものに対して侵害額相当額を請求することとされていましたが、今回の改正により、遺留分侵害額の請求は、金銭の支払のみの請求《金銭債権による請求》となりましたので、侵害額は金銭で返還することになりました。

今回の改正によって、「モノ」での請求が「おカネ」での請求になったことにより、遺産の選定や分配でのモメゴトが少なくなり、遺留分侵害額の支払を請求する人（遺留分権利者）にとっても、遺留分侵害額を金銭で支払をする相続人（遺留分義務者）にとっても、メリットのある改正であると言われています。（民法1046①）

⑵　遺留分減殺請求（旧法）と遺留分侵害額請求権（新法）の法的性格

①　遺留分減殺請求（旧法）

遺留分減殺請求（旧法）の法的性質については、一般的には、形成権であり、減殺権を行使すると、法律上、当然に減殺の効力が生ずると理解されていました（最判昭和41・７・14）。こうした遺留分減殺請求権が行使されると、受遺者又は受贈者が取得した権利は、遺留分侵害を限度に、当然に遺留分権利者に帰属するとされ（最判昭和51・８・30）、また、こうした物権的な効果は遡及的なものだとされていました。

②　遺留分侵害額請求権（新法）

「遺留分侵害額請求権」とは、遺留分を侵害された者が、贈与又は遺贈を受けた者に対し、遺留分侵害額に相当する金銭の支払を請求する権利のことです。

遺留分侵害額請求権について、当事者間で話合いがつかない場合や、話合いができないときには、遺留分権利者は家庭裁判所の調停手続を利用することができます。

遺留分侵害額請求権は、相手方に対する意思表示をもってすれば足りますが、家庭裁判所の調停を申し立てただけでは、相手方に対する意思表示とはならず、調停の申立てとは別に内容証明郵便等によって意思表示を行う必要があります。この意思表示は、相続開始及び遺留分を侵害する贈与又は遺贈のあったことを知った時から１年又は相続開始の時から10年を経過したときは、することができなくなります。（民法1048）

調停手続では、当事者双方から事情を聴いたり、必要に応じて資料等を提出してもらったり、遺産について鑑定などを行うなどして事情をよく把握したうえで、当事者双方の意向を聴取し、解決案を提示したり、解決のために必要な助言をし、話合いを進めていきます。

⑶　遺留分侵害額の支払請求があった場合の相続税の計算

①　相続税の課税価格の計算

遺贈が遺留分を侵害するものとして遺留分侵害額の支払の請求が行われた場合において、その金額が確定したときの相続税法第11条の２《相続税の課税価格》の規定による相続税の計算は、次に掲げる者の区分に応じ、それぞれに定める課税価格の合計額により計算することとされています。

金銭の支払を受ける相続人（遺留分権利者）	相続又は遺贈により取得した現物の財産の価額	＋	遺留分侵害額に相当する価額
金銭を支払う受遺者（遺留分義務者）	相続又は遺贈により取得した現物の財産の価額	－	遺留分侵害額に相当する価額

②　遺留分侵害額に相当する価額の計算

上記①の「遺留分侵害額に相当する価額」は、相続開始の時における時価であることとされていますが（相法22）、その金額については、代償分割が行われた場合（相通11の２－10）に準じて計算することとして差し支えないとされています。

この場合に、遺留分侵害額の支払の請求の基因となった遺贈に係る財産が特定され、かつ、その財産の相続開始の時における通常の取引価額を基として当該遺留分侵害額が決定されているときの「遺留分侵害額に相当する価額」は、次の算式により計算した金額となります。

【算式】

$$\text{遺留分侵害額} \times \frac{\text{遺留分侵害額の支払の請求の基因となった遺贈に係る財産の相続開始の時における価額（相続税評価額）}}{\text{遺留分侵害額の支払の請求の基因となった遺贈に係る財産の遺留分侵害額の決定の基となった相続開始の時における価額（時価）}}$$

（注）　共同相続人及び包括受遺者（遺留分義務者を含みます。）の全員の協議に基づいて、上記の方法に準じた方法又は他の合理的と認められる方法によりその遺留分侵害額に相当する価額を計算して申告する場合は、その申告した額として差し支えないものとされています。

③　遺留分侵害額の支払金銭に代えてその債務の履行として資産を交付する場合

遺留分侵害額に相当する金銭の支払に代えて、その債務の履行として資産（遺留分侵害額の支払の請求の基因となった遺贈により取得した財産を含みます。）を交付する場合においても、相続税の計算は上記と同様とされています。

（注）　上記の資産の交付は、遺留分侵害額に係る金銭債務を履行するための資産の移転（代物弁済）に該当するため、その履行をした者については、原則として、その履行により消滅した金銭債務の額に相当する価額によりその資産を譲渡したとして、所得税が課税されます。（所法33、所基通33－１の６）

所得税においては、今回の改正に伴って取扱いも異なることとなりましたので注意が必要です。

⑷　相続税の申告書の提出期限までに遺留分侵害額が確定していない場合の申告等

①　請求に争いがあり、その額が確定していないとき

遺留分権利者から遺留分侵害額の支払請求が行われた場合には、遺留分権利者と遺留分義務者との間に、遺留分侵害額に相当する金銭債権が発生することとなりますが、当事者間においてその請求に争いがあり、その額が確定していないとき、その不確定事実を基として相続税の申告を行うことは困難です。

このため、相続税法基本通達11の２－４《裁判確定前の相続分》では、相続税の申告書を提出する時又は課税価格及び相続税額を更正し、若しくは決定する時において、まだ相続税法第32条第１項第２号、第３号、相続税法施行令第８条第２項第１号又は第２号に掲げる事由が未確定の場合には、当該事由がないものとして課税価格を計算することとしています。

②　相続税の申告後において支払うべき遺留分侵害額が確定した場合

相続税の申告後において支払うべき遺留分侵害額が確定した場合には、これにより相続税額が過大となる者（遺留分義務者）は、その事由が生じたことを知った日の翌日から４月以内に税務署長に対し更正の請求をすることができ（相法32①三）、他方、新たに期限内申告書を提出すべき要件に該当することとなった者又は相続税額に不足が生じた者（遺留分権利者）は、期限後申告書又は修正申告書を提出することができます。（相法30①、31①）

（注1）　上記の期限後申告書又は修正申告書を提出した遺留分権利者は、その申告書を提出した日までに、相続税額を納付する必要があります。（国税通則法35②一）

　また、税務署長は、上記②の更正の請求に基づき更正をした場合には、相続税額に不足が生じる者について更正をすることになります。（相法35③）

（注2）　上記に規定する更正の請求、期限後申告又は修正申告は、いずれも「…することができる」規定であるため、義務ではありません。しかし、一方の相続人が更正の請求を行い、他方の相続人が期限後申告又は修正申告を行わないというようなことは認められません。

一口メモ

　下記の判決は、「民法及び家事事件手続法の一部を改正する法律」（平成30年法律第72号）による改正前の民法における遺留分減殺請求に伴い価額弁償金を取得した場合の事例です。**【参考】**として掲げておきます。

【参考】

東京地方裁判所平成27年2月9日判決（税務訴訟資料 第265号－19（順号12602））

「民法1041条所定の価額弁償金の価額の算定の基準時は、事実審の口頭弁論終結の時であると解されること（最高裁昭和50年（オ）第920号同51年8月30日第二小法廷判決・民集30巻7号768頁）からすると、遺留分権利者が取得する価額弁償金を相続税の課税価格に算入するときは、上記に述べたところと同様に、価額弁償金の額についての相続開始の時における金額を計算する必要があるものと解される。このことに加え、同法1041条所定の価額弁償金の額は、贈与又は遺贈の目的の価額を基に定められるものであること及び相基通11の2－10ただし書の（2）の定めの内容からすると、上記の計算は、相基通11の2－10ただし書の（2）の定めに準じて行うことが合理的であると考えられる。

ウ　前提事実及び証拠（甲1）によれば、別件訴訟の判決においては、本件相続に係る相続財産である不動産の一部の価額を基にして、原告らが取得すべき価額弁償金の額が定められたことが認められる（なお、その控訴審の判決においては、上記不動産の価額が「現時点」の価額である旨の判断が示されている（乙1）。）。そうすると、原告らが取得した価額弁償金について原告らの相続税の課税価格に算入すべき額は、被告の主張するとおり、相基通11の2－10ただし書の（2）の定めに準じて行い、価額弁償金の額に価額弁償の対象となった相続財産の相続税評価額がその財産の価額弁償金の額の決定の基となった価額に占める割合を乗じて計算すべきである。」

2　設例による解説　～ケーススタディー～

(1)　遺留分侵害額の支払請求があった場合の相続税の課税価格の計算

Q&A 62　遺留分侵害額の支払が確定した場合の相続税の課税価格の計算

Q

Ａ宅地を遺贈により取得したＸに対し、Ａ宅地の遺贈が遺留分を侵害するものとしてＹから遺留分侵害額の支払の請求があり、ＸはＡ宅地に係る遺留分侵害額として3,000万円を支払うことが確定しました。

なお、Ａ宅地の相続時の相続税評価額等は次のとおりです。

・相続時の相続税評価額　：１億6,000万円
・遺留分侵害額の決定の基となった相続時の価額：２億円
・上記以外に相続財産は、現金5,000万円があり、Ｙが全額を取得しました。

この場合、Ｘ及びＹの相続税の課税価格はいくらになりますか。

A

遺留分侵害額の支払があった場合のＸ及びＹの相続税の課税価格の計算は、以下のとおりとなります。

①　Ｘ（遺留分義務者）の課税価格：１億3,600万円
②　Ｙ（遺留分権利者）の課税価格：　7,400万円

【計　算】

①　Ｘ（遺留分義務者）の課税価格

Ａ宅地の価額		遺留分侵害額に相当する価額※		
１億6,000万円	－	2,400万円	＝	１億3,600万円

②　Ｙ（遺留分権利者）の課税価格

現金		遺留分侵害額に相当する価額※		
5,000万円	＋	2,400万円	＝	7,400万円

※遺留分侵害額に相当する価額　＝　3,000万円×$\frac{１億6,000万円}{２億円}$　＝　2,400万円

(2)　小規模宅地等の特例の適用がある場合

遺留分侵害額の支払請求により取得した宅地等に小規模宅地等の特例の適用を受ける場合の「遺留分侵害額に相当する価額」

Q

子Ｘは父からＡ宅地を遺贈により取得したが、当該Ａ宅地の遺贈が遺留分を侵害するものとして、子Ｙから遺留分侵害額の支払の請求を受けたため、遺留分侵害額に相当する金額を子Ｙに支払いました。

この場合、子Ｘが父の死亡に係る相続税において、Ａ宅地につき小規模宅地等の特例の適用を受ける場合、子Ｘの相続税の課税価格の計算上控除する「遺留分侵害額に相当する価額」を算出する際のＡ宅地の価額は、小規模宅地等の特例の適用前の価額と適用後の価額のいずれによるのでしょうか。

A

相続税の課税価格の計算

遺贈に係る遺留分侵害額の支払の請求に基づき支払うべき金額が確定した場合の相続税の課税価格の計算は、１の(3)のとおりであり、相続税の課税価格に加減算される「遺留分侵害額に相当する価額」は、原則として、次の算式により計算することとなります。

【算式】

$$\text{遺留分侵害額} \times \frac{\text{遺留分侵害額の支払の請求の基因となった遺贈に係る財産の相続開始の時における価額（相続税評価額）}}{\text{遺留分侵害額の支払の請求の基因となった遺贈に係る財産の遺留分侵害額の決定の基となった相続開始の時における価額（時価）}}$$

アドバイス　この場合、遺留分侵害額の支払の請求の基因となった遺贈に係る財産について小規模宅地等の特例の適用を受けるときに、上記算式の分子の金額を特例適用前の価額と適用後の価額のいずれの価額によるのか、疑問が生ずると思われます。

この点、小規模宅地等の特例は、一定の宅地等について、相続税の課税価格に算入すべき価額を、その宅地等の相続開始の時における価額に一定割合を乗じて計算した金額とするものであり、特例適用後の宅地等の価額は、当該宅地等の相続開始の時における価額を表すものではありません。

そして、上記算式は、当該請求に基づき支払うべき金額（遺留分侵害額）を、その算定の基礎となった財産の相続開始の時の相続税評価額に引き直すものであることからすれば、上記算式の分子の金額は、小規模宅地等の特例適用前の宅地等の価額によることが相当であると考えられます。

なお、上記は、遺贈に係る財産が措置法第69条の５《特定計画山林についての相続税の課税価格の計算の特例》の規定の適用を受ける財産や相続税法第26条《立木の評価》の規定の適用を受ける立木である場合についても同様とされています。

遺留分減殺に伴う修正申告及び更正の請求における小規模宅地の選択換えの可否（令和元年７月１日以前に開始した相続）

Q

被相続人甲(平成元年３月10日相続開始)の相続人は、長男乙と長女丙の２名です。乙は甲の遺産のうちＡ宅地(特定居住用宅地等)及びＢ宅地(特定事業用宅地等)を遺贈により取得し、相続税の申告に当ってＢ宅地について小規模宅地等の特例を適用して期限内に申告しました。

その後、丙から遺留分減殺請求がなされ、家庭裁判所の調停の結果、Ｂ宅地は丙が取得することになりました。

そこで、小規模宅地等の対象地を、乙は更正の請求においてＡ宅地と、丙は修正申告においてＢ宅地とすることができますか。(限度面積要件は満たしています。)

なお、甲の遺産のうち小規模宅地等の特例の対象となる宅地等は、Ａ宅地及びＢ宅地のみです。

（国税庁質疑応答事例より一部加工）

A

当初申告におけるその宅地に係る小規模宅地等の特例の適用について何らかの瑕疵がない場合には、その後、その適用対象宅地の選択換えをすることは許されないこととされていますが、ご照会の場合は、遺留分減殺請求という相続固有の後発的事由に基づいて、当初申告に係る土地を遺贈により取得できなかったものですから、更正の請求においてＡ宅地について同条を適用することを、いわゆる選択換えというのは相当ではありません。

したがって、乙の小規模宅地等の対象地をＡ宅地とする変更は、更正の請求において添付書類等の要件を満たす限り認められると考えられます。また、当初申告において小規模宅地等の対象地を選択しなかった丙についても、同様に取り扱って差し支えないと考えられます。（措法69の４）

アドバイス　上記《Q&A㊹》は、国税庁の質疑応答事例を基にしたものですが、この事例は民法改正前の「遺留分減殺請求権」を前提にしたものですから、改正後に開始した相続には当てはまらないと考えられます。

第4編　特例の適用手続

～申告手続を誤りなく処理するための留意事項～

この編でお伝えしたいこと

特例の適用を受けるには、どのような手続が必要なのか。また、未分割のまゝで当初申告をする場合の手続(３年以内の分割が見込める場合)や、当初申告から３年を経過しても未分割である場合の特例適用承認手続や書類の提出期限、承認申請書の提出を失念した場合の取扱い、更に申告書提出後、適用宅地を変更したい場合の手続の可否など、実務で遭遇する機会の多い事項について具体的に説明しています。

この編では、申告手続を誤りなく処理していただくための留意事項をお伝えしています。なお、後半部では、措置法通達のポイント解説と実務アドバイス、そして、非公表事例を含む裁決事例をアレンジしたQ&A方式による解説を付しています。

Ⅰ　特例の適用を受けるための申告手続

1　小規模宅地等の特例の適用を受けるための提出書類等

小規模宅地等の特例の適用を受けるためには、相続税の申告書に、この特例の適用を受ける宅地等についての課税価格の計算明細書（267～270ページの様式第11表の付表等参照）及びその他一定の書類（次ページの「提出書類等一覧」参照）を添付して、所轄税務署長宛に提出しなければなりません。(措法69の４⑦、措規23の２⑧)

ただし、相続税申告書の提出がなかった場合又は上記の計算明細書への記載もしくは添付がない相続税申告書の提出があった場合でも、その提出又は記載もしくは添付がなかったことについて、やむを得ない事情があると認められた場合には、後日、その記載をした書類並びにその計算明細書及び一定の書類の提出があった場合に限り、この特例の適用を受けることができます。(措法69の４⑧、措規23の２⑧)

一口メモ

小規模宅地等の特例は申告が要件とされていますので、特例適用後の課税価格算入額が基礎控除以下となる場合であっても、申告をする必要があります。申告がなければ、適用を受けることはできません。

■提出書類等一覧

<table>
<tr><th colspan="3">区　分</th><th>添付書類</th></tr>
<tr><td colspan="3">各特例宅地等に共通する必要書類</td><td>○申告書第11·11の２表の付表１
○申告書第11·11の２表の付表１(別表１)
○遺言書又は遺産分割協議書の写し及び印鑑証明書（原本）
○申告期限後３年以内の分割見込書
※申告期限後３年以内の分割見込みである場合に限ります</td></tr>
<tr><td>特定事業用宅地等</td><td colspan="2">特定事業用宅地等が平成31年４月１日以後に新たに被相続人等の事業の用に供されたもの</td><td>○申告書第11·11の２表の付表１(別表２)</td></tr>
<tr><td rowspan="3">特定居住用宅地等</td><td colspan="2">共　通</td><td>○特例の適用を受ける宅地等を自己の居住の用に供していることを明らかにする書類
※特例の適用を受ける人が被相続人の配偶者である場合又はマイナンバーを有する者である場合には提出不要です。</td></tr>
<tr><td rowspan="2"></td><td>被相続人の親族で、相続開始前３年以内に自己等の所有する家屋に居住したことがないことなど一定の要件を満たす人が、被相続人の居住の用に供されていた宅地等について特例の適用を受ける場合に必要な書類（270ページ参照）。</td><td>○相続開始前３年以内における住所又は居所を明らかする書類（特例の適用を受ける人がマイナンバー（個人番号）を有する者である場合には提出不要です。）
○相続開始前３年以内に居住していた家屋が、自己、自己の配偶者、三親等内の親族又は特別の関係がある一定の法人の所有する家屋以外の家屋である旨を証す書類
○相続開始の時において自己の居住している家屋を相続開始前のいずれの時においても所有していたことがないことを証する書類</td></tr>
<tr><td>被相続人が養護老人ホームに入所していたことなど一定の事由により相続開始の直前において被相続人の居住の用に供されていなかった宅地等について特例の適用を受ける場合に必要な書類</td><td>○被相続人の戸籍の附票の写し
○介護保険の被保険者証の写し、障害福祉サービス受給者証の写し等
○施設への入所時における契約書の写し等</td></tr>
<tr><td colspan="3">一定の郵便局舎の敷地の用に供されている宅地等で、特定事業用宅地等に該当する場合</td><td>○総務大臣が交付した証明書</td></tr>
<tr><td colspan="3">特定同族会社事業用宅地等に該当する場合</td><td>○法人の定款の写し
○法人の発行済株式の総数（又は出資の総額）及び被相続人等が有するその法人の株式の総数（又は出資の総額）を記載した書類でその法人が証明したもの</td></tr>
<tr><td rowspan="2">貸付事業用宅地等</td><td colspan="2">貸付事業用宅地等が平成30年４月１日以後に新たに被相続人等の特定貸付事業の用に供されたものであるとき</td><td>○過去４年分の所得税青色申告決算書（不動産所得用）の写しなど被相続人等が相続開始の日まで３年を超えて特定貸付事業を行っていたことを明らかにする書類</td></tr>
<tr><td colspan="2">貸付事業用宅地等（不動産貸付業、駐車場業、自転車駐車場業及び準事業）である場合</td><td>○収支内訳書（不動産所得用）
※特定事業用宅地等の適用不可</td></tr>
<tr><td rowspan="2">併用の場合</td><td colspan="2">居住用の部分と貸付用の部分があるマンションの敷地等についての面積をあん分</td><td>○賃貸借契約書等</td></tr>
<tr><td colspan="2">面積制限の計算</td><td>○申告書第11・11の２表の付表１</td></tr>
</table>

2　特定居住用宅地等の経過措置の適用がある場合の添付書類

(1)　平成30年4月1日～令和2年3月31日の間に相続等により経過措置対象宅地等を取得した場合

平成30年４月１日から令和２年３月31日までの間に相続又は遺贈等により取得した宅地等のうちに、平成30年３月31日において相続又は遺贈があったとした場合に平成30年改正前の要件を満たす宅地等に該当することとなる宅地等（以下「経過措置対象宅地等」といいます。）がある場合は、次に掲げる書類が必要です。

イ　平成27年４月１日から相続開始の日までの間における住所又は居所を明らかにする書類（特例の適用を受ける人がマイナンバー（個人番号）を有する者である場合には提出不要です。） ロ　平成27年４月１日から相続開始の直前までの間に居住していた家屋が、自己又は自己の配偶者の所有する家屋以外の家屋である旨を証する書類

(2)　令和2年4月1日以降に相続等により経過措置対象宅地等を取得した場合

令和２年４月１日以降に相続又は遺贈により経過措置対象宅地等を取得した場合で、同年３月31日において経過措置対象宅地等の上に存する建物の新築又は増築等の工事が行われており、かつ、その工事の完了前に相続又は遺贈があったときは、その相続税の申告期限までにその建物を自己の居住の用に供した場合には、次に掲げる書類が必要です。

イ　請負契約書その他の書類で、令和２年３月31日において経過措置対象宅地等の上に存する建物の工事が行われていたことを証するもの及び当該工事の完了年月日を明らかにするもの ロ　平成27年４月１日から平成30年３月31日までの間における次の事項を明らかにする書類 (イ)　その期間内における住所又は居所 (ロ)　その期間内に居住していた家屋が自己又は自己の配偶者の所有する家屋以外の家屋である旨

第11・11の2表の付表1　小規模宅地等についての課税価格の計算明細書

この表では、母（国税花子）が相続した自宅のある土地（宅地）について、小規模宅地等の特例を適用して課税価格に算入する価額を計算します。

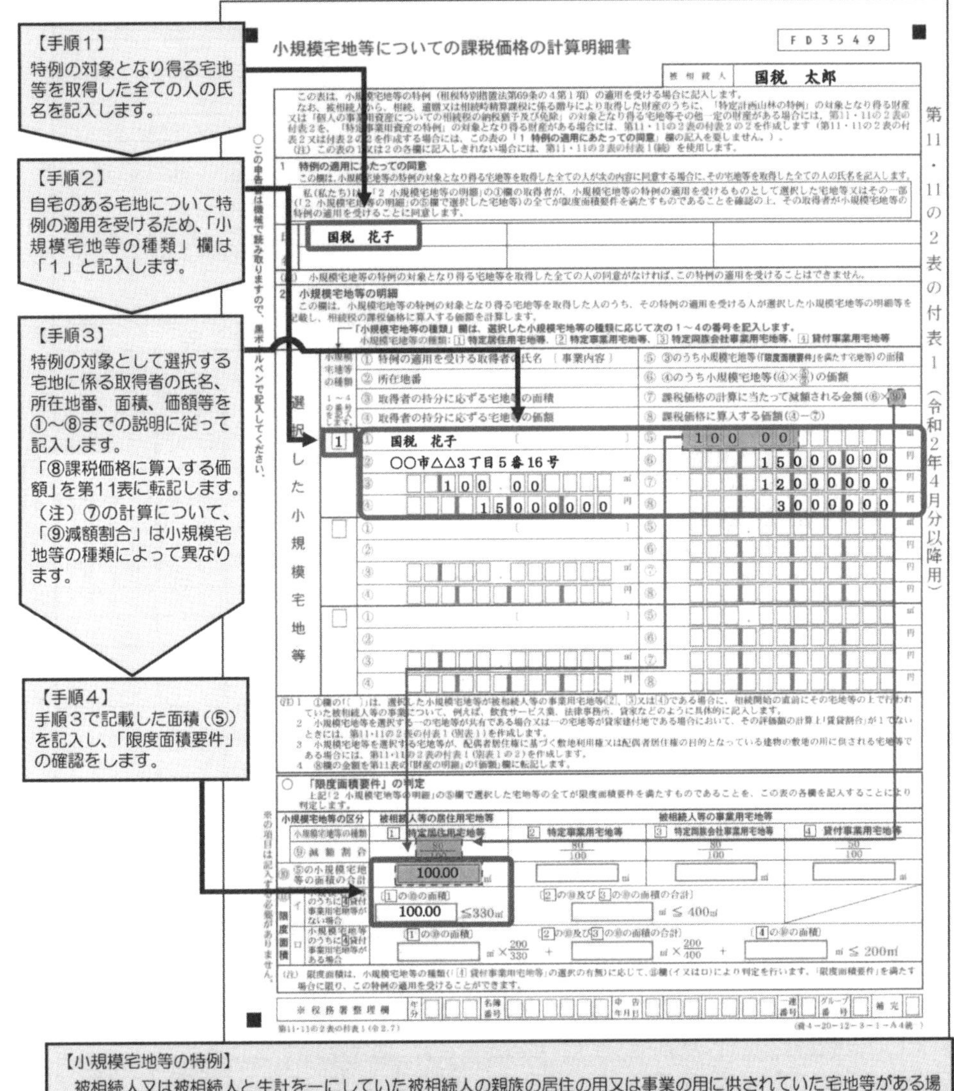

【手順1】
特例の対象となり得る宅地等を取得した全ての人の氏名を記入します。

【手順2】
自宅のある宅地について特例の適用を受けるため、「小規模宅地等の種類」欄は「1」と記入します。

【手順3】
特例の対象として選択する宅地に係る取得者の氏名、所在地番、面積、価額等を①～⑧までの説明に従って記入します。
「⑧課税価格に算入する価額」を第11表に転記します。
（注）⑦の計算について、「⑨減額割合」は小規模宅地等の種類によって異なります。

【手順4】
手順3で記載した面積（⑤）を記入し、「限度面積要件」の確認をします。

小規模宅地等についての課税価格の計算明細書　FD3549

被相続人　国税　太郎

第11・11の2表の付表1（令和2年4月分以降用）

この表は、小規模宅地等の特例（租税特別措置法第69条の4第1項）の適用を受ける場合に記入します。
なお、被相続人から、相続、遺贈又は相続時精算課税に係る贈与により取得した財産のうちに、「特定計画山林の特例」の対象となり得る財産又は「個人の事業用資産についての相続税の納税猶予及び免除」の対象となり得る宅地等その他一定の財産がある場合には、第11・11の2表の付表2を、「特定事業用資産の特例」の対象となり得る財産がある場合には、第11・11の2表の付表2の2を作成します（第11・11の2表の付表2又は付表2の2を作成する場合には、この表の「1 特例の適用にあたっての同意」欄の記入を要しません。）。
（注）この表の1又は2の各欄に記入しきれない場合には、第11・11の2表の付表1(続)を使用します。

1　特例の適用にあたっての同意
この欄は、小規模宅地等の特例の対象となり得る宅地等を取得した全ての人が次の内容に同意する場合に、その宅地等を取得した全ての人の氏名を記入します。
私（私たち）は、「2 小規模宅地等の明細」の①欄の取得者が、小規模宅地等の特例の適用を受けるものとして選択した宅地等又はその一部（「2 小規模宅地等の明細」の⑤欄で選択した宅地等）の全てが限度面積要件を満たすものであることを確認の上、その取得者が小規模宅地等の特例の適用を受けることに同意します。

氏名　国税　花子

（注）小規模宅地等の特例の対象となり得る宅地等を取得した全ての人の同意がなければ、この特例の適用を受けることはできません。

2　小規模宅地等の明細
この欄は、小規模宅地等の特例の対象となり得る宅地等を取得した人のうち、その特例の適用を受ける人が選択した小規模宅地等の明細等を記載し、相続税の課税価格に算入する価額を計算します。
「小規模宅地等の種類」欄は、選択した小規模宅地等の種類に応じて次の1～4の番号を記入します。
小規模宅地等の種類：1 特定居住用宅地等、2 特定事業用宅地等、3 特定同族会社事業用宅地等、4 貸付事業用宅地等

○この申告書は機械で読み取りますので、黒ボールペンで記入してください。

小規模宅地等の種類（1～4の番号を記入します。）	① 特例の適用を受ける取得者の氏名〔事業内容〕 ② 所在地番 ③ 取得者の持分に応ずる宅地等の面積 ④ 取得者の持分に応ずる宅地等の価額	⑤ ③のうち小規模宅地等（「限度面積要件」を満たす宅地等）の面積 ⑥ ④のうち小規模宅地等（④×⑤/③）の価額 ⑦ 課税価格の計算に当たって減額される金額（⑥×⑨） ⑧ 課税価格に算入する価額（④－⑦）
1	① 国税　花子〔　〕 ② ○○市△△3丁目5番16号 ③ 100.00 ㎡ ④ 15000000 円	⑤ 100.00 ㎡ ⑥ 15000000 円 ⑦ 12000000 円 ⑧ 3000000 円
	①〔　〕 ② ③ ㎡ ④ 円	⑤ ㎡ ⑥ 円 ⑦ 円 ⑧ 円
	①〔　〕 ② ③ ㎡ ④ 円	⑤ ㎡ ⑥ 円 ⑦ 円 ⑧ 円

選択した小規模宅地等

（注）1　①欄の〔　〕は、選択した小規模宅地等が被相続人等の事業用宅地等（2、3又は4）である場合に、相続開始の直前にその宅地等の上で行われていた被相続人等の事業について、例えば、飲食サービス業、法律事務所、貸家などのように具体的に記入します。
2　小規模宅地等を選択する一の宅地等が共有である場合又は一の宅地等が貸家建付地である場合において、その評価額の計算上「賃貸割合」が1でないときには、第11・11の2表の付表1（別表1）を作成します。
3　小規模宅地等を選択する宅地等が、配偶者居住権に基づく敷地利用権又は配偶者居住権の目的となっている建物の敷地の用に供される宅地等である場合には、第11・11の2表の付表1（別表1の2）を作成します。
4　⑧欄の金額を第11表の「財産の明細」の「価額」欄に転記します。

○「限度面積要件」の判定
上記「2 小規模宅地等の明細」の⑤欄で選択した宅地等の全てが限度面積要件を満たすものであることを、この表の各欄を記入することにより判定します。

小規模宅地等の区分	被相続人等の居住用宅地等	被相続人等の事業用宅地等		
小規模宅地等の種類	1 特定居住用宅地等	2 特定事業用宅地等	3 特定同族会社事業用宅地等	4 貸付事業用宅地等
⑨ 減額割合	80/100	80/100	80/100	50/100
⑩ ⑤の小規模宅地等の面積の合計	100.00 ㎡	㎡	㎡	㎡
⑪ 限度面積 イ 小規模宅地等のうちに4貸付事業用宅地等がない場合	（1の⑩の面積）100.00 ≦330㎡	（2の⑩及び3の⑩の面積の合計）㎡ ≦ 400㎡		
⑪ 限度面積 ロ 小規模宅地等のうちに4貸付事業用宅地等がある場合	（1の⑩の面積）㎡ × 200/330 ＋	（2の⑩及び3の⑩の面積の合計）㎡ × 200/400 ＋		（4の⑩の面積）㎡ ≦ 200㎡

（注）限度面積は、小規模宅地等の種類（「4 貸付事業用宅地等」の選択の有無）に応じて、⑪欄（イ又はロ）により判定を行います。「限度面積要件」を満たす場合に限り、この特例の適用を受けることができます。

※の項目は記入する必要がありません。

※税務署整理欄　年分　名簿番号　申告年月日　一連番号　グループ番号　補完

第11・11の2表の付表1（令2.7）　（資4－20－12－3－1－A4統一）

【小規模宅地等の特例】
被相続人又は被相続人と生計を一にしていた被相続人の親族の居住の用又は事業の用に供されていた宅地等がある場合には、一定の要件の下に、相続税の課税価格に算入すべき価額の計算上、一定割合を減額します。

（出典：国税庁「相続税の申告のしかた」）

（注）　上記のメモ【手順1】の記載欄に「適用を受けることに同意します」という文言があることに注意してください。この特例の適用に当たっては、相続人等の全員の同意が必要だということです。

小規模宅地等についての課税価格の計算明細書（続）

FD3550

被相続人

第11・11の2表の付表1（続）（令和2年4月分以降用）

○この申告書は機械で読み取りますので、黒ボールペンで記入してください。

1　特例の適用にあたっての同意

この欄は、小規模宅地等の特例の対象となり得る宅地等を取得した全ての人が次の内容に同意する場合に、その宅地等を取得した全ての人の氏名を記入します。

私(私たち)は、「2 小規模宅地等の明細」の①欄の取得者が、小規模宅地等の特例の適用を受けるものとして選択した宅地等又はその一部(「2 小規模宅地等の明細」の⑤欄で選択した宅地等)の全てが限度面積要件を満たすものであることを確認の上、その取得者が小規模宅地等の特例の適用を受けることに同意します。

氏名			

(注)　小規模宅地等の特例の対象となり得る宅地等を取得した全ての人の同意がなければ、この特例の適用を受けることはできません。

2　小規模宅地等の明細

この欄は、小規模宅地等の特例の対象となり得る宅地等を取得した人のうち、その特例の適用を受ける人が選択した小規模宅地等の明細等を記載し、相続税の課税価格に算入する価額を計算します。

「小規模宅地等の種類」欄は、選択した小規模宅地等の種類に応じて次の1～4の番号を記入します。
小規模宅地等の種類：1 特定居住用宅地等、2 特定事業用宅地等、3 特定同族会社事業用宅地等、4 貸付事業用宅地等

	小規模宅地等の種類（1～4の番号を記入します。）	① 特例の適用を受ける取得者の氏名〔事業内容〕 ② 所在地番 ③ 取得者の持分に応ずる宅地等の面積 ④ 取得者の持分に応ずる宅地等の価額	⑤ ③のうち小規模宅地等(「限度面積要件」を満たす宅地等)の面積 ⑥ ④のうち小規模宅地等(④×⑤/③)の価額 ⑦ 課税価格の計算に当たって減額される金額(⑥×⑨) ⑧ 課税価格に算入する価額(④－⑦)
選択した小規模宅地等	□	①〔　〕 ② ③ ㎡ ④ 円	⑤ ㎡ ⑥ 円 ⑦ 円 ⑧ 円
	□	①〔　〕 ② ③ ㎡ ④ 円	⑤ ㎡ ⑥ 円 ⑦ 円 ⑧ 円
	□	①〔　〕 ② ③ ㎡ ④ 円	⑤ ㎡ ⑥ 円 ⑦ 円 ⑧ 円
	□	①〔　〕 ② ③ ㎡ ④ 円	⑤ ㎡ ⑥ 円 ⑦ 円 ⑧ 円
	□	①〔　〕 ② ③ ㎡ ④ 円	⑤ ㎡ ⑥ 円 ⑦ 円 ⑧ 円

(注) 1　①欄の「〔 〕」は、選択した小規模宅地等が被相続人等の事業用宅地等(2、3又は4)である場合に、相続開始の直前にその宅地等の上で行われていた被相続人等の事業について、例えば、飲食サービス業、法律事務所、貸家などのように具体的に記入します。
2　小規模宅地等を選択する一の宅地等が共有である場合又は一の宅地等が貸家建付地である場合において、その評価額の計算上「賃貸割合」が1でないときには、第11・11の2表の付表1(別表1)を作成します。
3　小規模宅地等を選択する宅地等が、配偶者居住権に基づく敷地利用権又は配偶者居住権の目的となっている建物の敷地の用に供される宅地等である場合には、第11・11の2表の付表1(別表1の2)を作成します。
4　⑧欄の金額を第11表の「財産の明細」の「価額」欄に転記します。

※税務署整理欄	年分		名簿番号		申告年月日		一連番号		グループ番号		補完	

※の項目は記入する必要がありません。

第11・11の2表の付表1(続)(令2.7)　　(資4－20－12－3－2－A4統一)

小規模宅地等についての課税価格の計算明細書（別表1）

被相続人	

第11・11の2表の付表1（別表1）（令和2年4月分以降用）

この計算明細書は、特例の対象として小規模宅地等を選択する一の宅地等（注1）が、次のいずれかに該当する場合に一の宅地等ごとに作成します（注2）。
1　相続又は遺贈により一の宅地等を2人以上の相続人又は受遺者が取得している場合
2　一の宅地等の全部又は一部が、貸家建付地である場合において、貸家建付地の評価額の計算上「賃貸割合」が「1」でない場合
（注）1　一の宅地等とは、一棟の建物又は構築物の敷地をいいます。ただし、マンションなどの区分所有建物の場合には、区分所有された建物の部分に係る敷地をいいます。
2　一の宅地等が、配偶者居住権に基づく敷地利用権又は配偶者居住権の目的となっている建物の敷地の用の供される宅地等である場合には、この計算明細書によらず、第11・11の2表の付表1（別表1の2）を使用してください。

1　一の宅地等の所在地、面積及び評価額

一の宅地等について、宅地等の「所在地」、「面積」及び相続開始の直前における宅地等の利用区分に応じて「面積」及び「評価額」を記入します。
(1)　「①宅地等の面積」欄は、一の宅地等が持分である場合には、持分に応ずる面積を記入してください。
(2)　上記2に該当する場合には、⑪欄については、⑤欄の面積を基に自用地として評価した金額を記入してください。

宅地等の所在地		①宅地等の面積	㎡
相続開始の直前における宅地等の利用区分		面積（㎡）	評価額（円）
A	①のうち被相続人等の事業の用に供されていた宅地等 （B、C及びDに該当するものを除きます。）	②	⑧
B	①のうち特定同族会社の事業（貸付事業を除きます。）の用に供されていた宅地等	③	⑨
C	①のうち被相続人等の貸付事業の用に供されていた宅地等 （相続開始の時において継続的に貸付事業の用に供されていると認められる部分の敷地）	④	⑩
D	①のうち被相続人等の貸付事業の用に供されていた宅地等 （Cに該当する部分以外の部分の敷地）	⑤	⑪
E	①のうち被相続人等の居住の用に供されていた宅地等	⑥	⑫
F	①のうちAからEの宅地等に該当しない宅地等	⑦	⑬

2　一の宅地等の取得者ごとの面積及び評価額

上記のAからFまでの宅地等の「面積」及び「評価額」を、宅地等の取得者ごとに記入します。
(1)　「持分割合」欄は、宅地等の取得者が相続又は遺贈により取得した持分割合を記入します。一の宅地等を1人で取得した場合には、「1/1」と記入します。
(2)　「1 持分に応じた宅地等」は、上記のAからFまでに記入した一の宅地等の「面積」及び「評価額」を「持分割合」を用いてあん分して計算した「面積」及び「評価額」を記入します。
(3)　「2 左記の宅地等のうち選択特例対象宅地等」は、「1 持分に応じた宅地等」に記入した「面積」及び「評価額」のうち、特例の対象として選択する部分を記入します。なお、Bの宅地等の場合は、上段に「特定同族会社事業用宅地等」として選択する部分の、下段に「貸付事業用宅地等」として選択する部分の「面積」及び「評価額」をそれぞれ記入します。
「2 左記の宅地等のうち選択特例対象宅地等」に記入した宅地等の「面積」及び「評価額」は、「申告書第11・11の2表の付表1」の「2小規模宅地等の明細」の「③取得者の持分に応ずる宅地等の面積」欄及び「④取得者の持分に応ずる宅地等の価額」欄に転記します。
(4)　「3 特例の対象とならない宅地等（1－2）」には、「1 持分に応じた宅地等」のうち「2 左記の宅地等のうち選択特例対象宅地等」欄に記入した以外の宅地等について記入します。この欄に記入した「面積」及び「評価額」は、申告書第11表に転記します。

宅地等の取得者氏名			⑭持分割合	／		
	1　持分に応じた宅地等		2　左記の宅地等のうち選択特例対象宅地等		3　特例の対象とならない宅地等（1－2）	
	面積（㎡）	評価額（円）	面積（㎡）	評価額（円）	面積（㎡）	評価額（円）
A	②×⑭	⑧×⑭				
B	③×⑭	⑨×⑭				
C	④×⑭	⑩×⑭				
D	⑤×⑭	⑪×⑭				
E	⑥×⑭	⑫×⑭				
F	⑦×⑭	⑬×⑭				

宅地等の取得者氏名			⑮持分割合	／		
	1　持分に応じた宅地等		2　左記の宅地等のうち選択特例対象宅地等		3　特例の対象とならない宅地等（1－2）	
	面積（㎡）	評価額（円）	面積（㎡）	評価額（円）	面積（㎡）	評価額（円）
A	②×⑮	⑧×⑮				
B	③×⑮	⑨×⑮				
C	④×⑮	⑩×⑮				
D	⑤×⑮	⑪×⑮				
E	⑥×⑮	⑫×⑮				
F	⑦×⑮	⑬×⑮				

第11・11の2表の付表1（別表1）（令2.7）　（資4－20－12－3－5－A4統一）

特定事業用宅地等についての事業規模の判定明細

被相続人	

○　この表は、特定事業用宅地等として小規模宅地等の特例（租税特別措置法第69条の4第1項）の適用を受けようとする宅地等のうちに特定宅地等（相続開始前3年以内に新たに被相続人等[注1]の事業[注2]の用に供されたものをいいます。以下同じです。）[注3]が含まれる場合に、その特定宅地等に係る事業が租税特別措置法施行令第40条の2第8項に規定する規模以上のものであることを判定するために使用します。
○　特定宅地等が複数ある場合には、特定宅地等ごとに作成します。
（注）1　被相続人又はその被相続人と生計を一にしていたその被相続人の親族をいいます。
2　租税特別措置法第69条の4第3項第1号に規定する事業をいいます。
3　平成31年3月31日以前に新たに被相続人等の事業の用に供された宅地等は、特定宅地等には含まれません。

1　相続開始前3年以内に新たに被相続人等の事業の用に供された宅地等の明細

（注）「②①の宅地等の面積」欄は、その宅地等が数人の共有に属していた場合には、被相続人が有していた持分に応ずる面積を記入してください。

①特定宅地等を含む一の宅地等の所在地			②①の宅地等の面積	㎡
③事業主宰者の氏名		被相続人・生計一親族（いずれかに○）	④③の特定宅地等に係る事業内容	
相続開始の直前における宅地等の利用区分			面積（㎡）	相続開始時の価額（円）
⑤	②のうち④の事業の用に供されていた宅地等			
⑥	⑤のうち相続開始前3年以内に新たに事業の用に供された宅地等（特定宅地等）［事業の用に供された日：平成・令和　　年　　月　　日］			A

2　1④の事業の用に供されていた減価償却資産の明細等

（注）1　記入の対象となる減価償却資産は、1④の事業の用に供されていた次に掲げるもののうち1③の事業主宰者が有していたものに限ります。
⑴　1⑥の宅地等の上に存する建物（その附属設備を含む。）又は構築物
⑵　所得税法第2条第1項第19号に規定する減価償却資産で1⑥の宅地等の上で行われる1④の事業に係る業務の用に供されていたもの（⑴を除きます。）
2　「①相続開始時における価額」欄は、減価償却資産が数人の共有に属していた場合には、1③の事業主宰者が有していた持分に応ずる価額を記入してください。
3　「②事業専用割合」欄は、減価償却資産のうちに1④の事業の用以外の用に供されていた部分がある場合には、1④の事業の用に供されていた部分の割合を記入してください（それ以外の場合には、「$\frac{1}{1}$」と記入してください。）。

種類	細目	利用区分等	所在場所等	数量／固定資産税評価額	単価／倍数	①相続開始時における価額	②事業専用割合	③（①×②）
						円	――	円
							――	
							――	
							――	
							――	
							――	
							――	
							――	
							――	
							計	B

3　1④の事業が租税特別措置法施行令第40条の2第8項に規定する規模以上の事業であることの判定

（B＿＿＿＿＿円 ÷ A＿＿＿＿＿円）×100 ＝ ［　　．　　%］← 15%未満になった場合には、1⑥については特例適用不可

（令元．7）　　　　（資4－20－12－3－8－A4統一）

Ⅱ　未分割のまゝで申告する場合の手続

小規模宅地等の特例は、申告期限までに相続税の申告書（期限後申告書及び修正申告書を含みます）に、特例の適用を受ける旨の記載をし、かつ、小規模宅地等の特例の計算明細書等を添付することにより適用を受けることができます。

言い換えると、相続税の申告期限までに、共同相続人又は包括受遺者（相続人等）によって分割されていない宅地等については、小規模宅地等の特例を適用することはできないということです。（措法69の4④）

ただし、一定の手続を行うことによって、後日、この特例が適用できることになる次の例外規定が認められています。

1．当初申告書の提出後、3年以内の分割が見込める場合
2．当初申告書の提出後、やむを得ない事由により3年以内の分割が見込めなくなった場合

上記の例外的な規定は、次に掲げる相続税の特例についても、認められています。

① 配偶者に対する相続税額の軽減
② 特定計画山林についての相続税の課税価格の計算の特例
③ 特定事業用資産についての相続税の課税価格の計算の特例

1　申告期限後3年以内の分割が見込める場合の手続

申告期限までに分割できなかった場合でも、その分割されていない宅地等を、申告期限から3年以内に分割して特例の適用を受けようとする場合には、相続税の当初申告書に「申告期限後3年以内の分割見込書」（273ページの様式参照）を添付して、所轄税務署長宛に提出することによって、この特例の適用を受けることができます。（措法69の4④ただし書）

「申告期限後3年以内の分割見込書」の記載事項は、次の3点です。（措規23の2⑧六）

■分割見込書の記載事項

① 分割されていない理由
② 分割の見込みの詳細
③ 適用を受けようとする特例等の名称

⑴ 「分割」とは

「分割」とは、相続開始後において相続又は包括遺贈により取得した財産を現実に共同相続人又は包括受遺者に分属させることをいい、その分割の方法が現物分割、代償分割若しく

は換価分割であるか、またその分割の手続が協議、調停若しくは審判による分割であるかを問いません。

ただし、当初の分割により共同相続人又は包括受遺者に分属した財産を分割のやり直しとして再配分した場合には、その再配分により取得した財産は、特例適用対象とはならないことに注意する必要があります。（相基通19の２－８）

■分割方法

①現物分割	通常の分割方法
②代償分割	共同相続人又は包括受遺者のうちの１人又は数人が相続又は包括遺贈により取得した財産の現物を取得し、その現物を取得した者が他の共同相続人又は包括受遺者に対して債務を負担する分割の方法
③換価分割	共同相続人又は包括受遺者のうちの１人又は数人が相続又は包括受遺贈により取得した財産の全部又は一部を金銭に換価し、その換価代金を分割する方法

⑵ 「代償分割」と「換価分割」の違い

代償分割と換価分割は、一見してどちらに該当するのか判断に迷うことがあり、解釈するためには慎重を期すことが重要です。

例えば、遺産分割協議書において「兄が被相続人の自宅であった建物及びその敷地の全部を相続し、その後１年以内に自宅を売却して、その譲渡代金の50%を弟に支払う」といったような場合、譲渡代金の50%を支払うということですから、代償分割ではなく換価分割であると考えることができます。

そうすると、本特例の適用を受けることのできる兄が自宅を相続し、申告期限後になって売却したとするとその敷地全部について小規模宅地等の特例の適用は受けることはできないと考えられます。すなわち、敷地の50%相当が「特定居住用宅地」の対象になると考えられます。（相基通19の２－８（注））

通信日付印の年月日	確認印		名簿番号
年　月　日			

被相続人の氏名 ＿＿＿＿＿＿＿＿

申告期限後３年以内の分割見込書

相続税の申告書「第11表（相続税がかかる財産の明細書）」に記載されている財産のうち、まだ分割されていない財産については、申告書の提出期限後３年以内に分割する見込みです。

なお、分割されていない理由及び分割の見込みの詳細は、次のとおりです。

1　分割されていない理由

2　分割の見込みの詳細

3　適用を受けようとする特例等

⑴　配偶者に対する相続税額の軽減（相続税法第19条の２第１項）
⑵　小規模宅地等についての相続税の課税価格の計算の特例
（租税特別措置法第69条の４第１項）
⑶　特定計画山林についての相続税の課税価格の計算の特例
（租税特別措置法第69条の５第１項）
⑷　特定事業用資産についての相続税の課税価格の計算の特例
（所得税法等の一部を改正する法律(平成21年法律第13号)による改正前の租税特別措置法第69条の５第１項）

（資４－21－Ａ４統一）　（平28.6）

（裏）

記載方法等

この書類は、相続税の申告書の提出期限までに相続又は遺贈により取得した財産の全部又は一部が分割されていない場合において、その分割されていない財産を申告書の提出期限から３年以内に分割し、①相続税法第19条の２の規定による配偶者の相続税の軽減、②租税特別措置法第69条の４の規定による小規模宅地等についての相続税の課税価格の計算の特例又は③租税特別措置法第69条の５の規定による特定事業用資産についての相続税の課税価格の計算の特例の適用を受けようとする場合に使用してください。

1　この書類は、相続税の申告書に添付してください。

2　「1 分割されていない理由」欄及び「２分割の見込みの詳細」欄には、相続税の申告期限までに財産が分割されていない理由及び分割の見込みの詳細を記載してください。

3　「3 適用を受けようとする特例等」欄は、該当する番号にすべて○を付してください。

4　遺産が分割された結果、納め過ぎの税金が生じた場合には、分割の日の翌日から４か月以内に更正の請求をして、納め過ぎの税金の還付を受けることができます。また、納付した税金に不足が生じた場合には、修正申告書を提出することができます。

5　申告書の提出期限から３年以内に遺産が分割できない場合には、「遺産が未分割であることについてやむを得ない事由がある旨の承認申請書」をその提出期限後３年を経過する日の翌日から２か月以内に相続税の申告書を提出した税務署長に対して提出する必要があります。

この承認申請書の提出が期間内になかった場合には、相続税法第19条の２の規定による配偶者の相続税の軽減、租税特別措置法第69条の４の規定による小規模宅地等についての相続税の課税価格の計算の特例及び租税特別措置法第69条の５の規定による特定事業用資産についての相続税の課税価格の計算の特例の適用を受けることはできません。

2　やむを得ない事由により３年以内の分割が見込めない場合の承認手続

⑴　承認を受けるための要件

前記１の「申告期限後３年以内の分割見込書」の提出後３年を経過しても、やむを得ない事由によりその宅地等が分割できなかった場合には、申告期限後３年を経過する日の翌日から２か月を経過する日までに「遺産が未分割であることについてやむを得ない事由がある旨の承認申請書」（277ページの様式参照）を納税地の所轄税務署長宛に提出して承認を受けることによって、遺産分割確定後に、この特例の適用を受けることができます。

この場合の「やむを得ない事由」とは、申告期限の翌日から３年を経過する日において次のような状況にあることをいいます。（措法69の４④、措令40の２㉓㉔、相令４の２①、相基通19の２－15）

■「やむを得ない事由」とは

①	その相続又は遺贈に関し訴えの提起がされている場合 その相続または遺贈に関する和解又は調停の申立てがされている場合において、これらに申立ての時に訴えの提起がされたものとみなされるときを含みます。
②	その相続又は遺贈に関し和解、調停又は審判の申立てがされている場合
③	その相続又は遺贈に関し遺産の分割が禁止されている場合
④	その相続又は遺贈に関し相続の承認若しくは放棄の期間が伸長されている場合 その相続又は遺贈に関する調停又は審判の申立てがされている場合において、その分割を禁止をする旨の調停が成立し、又はその分割の禁止若しくはその期間の伸長をする旨の審判若しくはこれに代わる裁判が確定したときを含みます。
⑤	申告期限から３年を経過する日までに分割されなかったこと及びその財産の分割が遅延したことについて、税務署長においてやむを得ない事情があると認める場合 ・行方不明（生死不明）で財産管理人が選任されていない場合 ・精神又は身体の重度の障害室病のため加療中である場合 ・勤務等の都合で帰国できない場合　…等

⑵　承認申請書を提出する際の注意点

①　承認申請書の申請期限及び提出先

「遺産が未分割であることについてやむを得ない事情がある旨の承認申請書」は、申告期限後３年を経過する日の翌日から２か月を経過する日までに、被相続人の相続開始時の住所地を所轄する税務署長宛に提出し、その承認を受ける必要があります。

②　承認又は却下の処分

承認申請書の承認又は却下の処分については、その申請書の提出があった日の翌日から２か月を経過する日までに承認又は却下の処分がないときは、その日に自動承認があったものとみなされます。

③　**承認申請書の記載事項**

承認申請書の記載事項は、次のとおりです。

・被相続人の住所・氏名
・相続開始の日
・相続税の申告書の提出日
・遺産が未分割であることについてのやむを得ない理由
・相続人等申請者の住所・氏名等
・相続人等の代表者の氏名

④　**添付書類**

承認申請書には、やむを得ない事情に応じた、それを証する書類を添付する必要があります。例えば、次の事例のような場合には、それぞれに掲げる書類が必要とされます。

【例】　・遺言無効の訴えがなされている場合　➡ 訴状
　　　　・遺産分割調停が行われている場合 ➡ ➡ 遺産分割申立書の控え

⑤　**留意点**

特例の適用を受ける相続人等が２人以上のときは、連署して申請しますが、共同して提出することができないときは、各相続人等が別々に申請書を提出することもできます。

例えば、相続人がA、B、Cの３人いる場合、そのうちのAのみから業務委託を受けていた税理士が、Aの「承認申請書」を作成して提出し、BとCは「承認申請書」を提出しなかった場合、Aは小規模宅地等の減額特例を適用することができますが、BとCは特例を適用できないこととなります。

⑶　**「承認申請書」の提出を失念した場合の取扱い**

「遺産が未分割であることについてやむを得ない事情がある旨の承認申請書」には、宥恕規定はありません。したがって、「申告期限後３年を経過する日の翌日から２か月を経過する日」を１日でも経過してしまうと、遺産分割が成立しても特例の適用を受けることはできません。（平成13年７月24日裁決）

税理士がこの承認申請書の提出を失念した場合には、税理士職業損害賠償請求の対象となり得ますので、未分割で提出した相続税の申告書に関しては、継続管理をすることが重要です。

税務署
受付印

遺産が未分割であることについてやむを得ない事由がある旨の承認申請書

※欄は記入しないでください。

＿＿年＿＿月＿＿日提出

〒
住　所
(居所) ＿＿＿＿＿＿＿＿＿＿

＿＿＿＿＿＿税務署長

申請者　氏　名 ＿＿＿＿＿＿＿＿＿＿ ㊞

(電話番号　　－　　－　　)

遺産の分割後、
- ・配偶者に対する相続税額の軽減（相続税法第19条の２第１項）
- ・小規模宅地等についての相続税の課税価格の計算の特例（租税特別措置法第69条の４第１項）
- ・特定計画山林についての相続税の課税価格の計算の特例（租税特別措置法第69条の５第１項）
- ・特定事業用資産についての相続税の課税価格の計算の特例（所得税法等の一部を改正する法律（平成21年法律第13号）による改正前の租税特別措置法第69条の５第１項）

の適用を受けたいので、

遺産が未分割であることについて、
- ・相続税法施行令第４条の２第２項
- ・租税特別措置法施行令第40条の２第19項又は第21項
- ・租税特別措置法施行令第40条の２の２第８項又は第10項
- ・租税特別措置法施行令等の一部を改正する政令（平成21年政令第108号）による改正前の租税特別措置法施行令第40条の２の２第19項又は第22項

に規定する

やむを得ない事由がある旨の承認申請をいたします。

1　被相続人の住所・氏名

住　所＿＿＿＿＿＿＿＿＿＿　氏　名＿＿＿＿＿＿＿＿

2　被相続人の相続開始の日　　平成＿＿年＿＿月＿＿日

3　相続税の申告書を提出した日　　平成＿＿年＿＿月＿＿日

4　遺産が未分割であることについてのやむを得ない理由

………………………………………………

………………………………………………

………………………………………………

(注) やむを得ない事由に応じてこの申請書に添付すべき書類
① 相続又は遺贈に関し訴えの提起がなされていることを証する書類
② 相続又は遺贈に関し和解，調停又は審判の申立てがされていることを証する書類
③ 相続又は遺贈に関し遺産分割の禁止，相続の承認若しくは放棄の期間が伸長されていることを証する書類
④ ①から③までの書類以外の書類で財産の分割がされなかった場合におけるその事情の明細を記載した書類

○　相続人等申請者の住所・氏名等

住　所（居　所）	氏　　名	続　柄
	㊞	
	㊞	
	㊞	
	㊞	

○　相続人等の代表者の指定　　代表者の氏名＿＿＿＿＿＿＿＿＿＿

関与税理士	㊞	電話番号	

※	通信日付印の年月日	確認印	名簿番号
	年　月　日		

(資４－22－１－Ａ４統一)　(平30.6)

（裏）

記載方法等

この承認申請書は、相続税の申告書の提出期限後３年を経過する日までに、相続又は遺贈により取得した財産の全部又は一部が相続又は遺贈に関する訴えの提起などのやむを得ない事由により分割されていない場合において、その遺産の分割後に①相続税法第19条の２の規定による配偶者に対する相続税額の軽減、②租税特別措置法第69条の４の規定による小規模宅地等についての相続税の課税価格の計算の特例、③租税特別措置法第69条の５の規定による特定計画山林についての相続税の課税価格の計算の特例又は④所得税法等の一部を改正する法律（平成21年法律第13号）による改正前の租税特別措置法第69条の５の規定による特定事業用資産についての相続税の課税価格の計算の特例の適用を受けるために税務署長の承認を受けようとするとき、次により使用してください。

なお、小規模宅地等についての相続税の課税価格の計算の特例、特定計画山林についての相続税の課税価格の計算の特例又は特定事業用資産についての相続税の課税価格の計算の特例の適用を受けるためにこの申請書を提出する場合において、その特例の適用を受ける相続人等が２人以上のときは各相続人等が「○相続人等申請者の住所・氏名等」欄に連署し申請してください。ただし、他の相続人等と共同して提出することができない場合は、各相続人等が別々に申請書を提出することもできます。

1　この承認申請書は、遺産分割後に配偶者に対する相続税額の軽減、小規模宅地等についての相続税の課税価格の計算の特例、特定計画山林についての相続税の課税価格の計算の特例又は特定事業用資産についての相続税の課税価格の計算の特例の適用を受けようとする人が納税地（被相続人の相続開始時の住所地）を所轄する税務署長に対して、申告期限後３年を経過する日の翌日から２か月を経過する日までに提出してください。

　このため、提出先の「税務署長」の空欄には、申請者の住所地（居所）地を所轄する税務署名ではなく、被相続人の相続開始時の住所地を所轄する税務署名を記載してください。

　なお、この承認申請書は、適用を受けようとする特例の種類（配偶者に対する相続税額の軽減・小規模宅地等についての相続税の課税価格の計算の特例・特定計画山林についての相続税の課税価格の計算の特例・特定事業用資産についての相続税の課税価格の計算の特例）ごとに提出してください。このとき｛　｝内の該当しない特例の文言及び条項を二重線で抹消してください。

2　「4　遺産が未分割であることについてのやむを得ない理由」欄には、遺産が分割できないやむを得ない理由を具体的に記載してください。

3　「(注) やむを得ない事由に応じてこの申請書に添付すべき書類」欄は、遺産が分割できないやむを得ない事由に応じて該当する番号を○で囲んで表示するとともに、その書類の写し等を添付してください。

Ⅲ　申告書提出後の選択特例対象宅地等の変更

相続税の申告後に遺産分割協議が成立した場合や、遺留分侵害額が確定したことにより既に確定した相続税額に不足が生じたため、再度、申告書を提出することになった場合や、既に確定した相続税額が過大になった場合は、その確定したことを知った日の翌日から４か月以内に修正申告又は期限後申告及び更正の請求をすることができます。（相法30、31、32）

1　更正の請求

遺産の帰属や小規模宅地等の特例の適用宅地等が確定しないため未分割で申告をしたところ、当初申告よりも課税価格が減少した結果、納付すべき相続税額が減少する場合などには、特例適用に当たって更正の請求をすることができます。

更正の請求には、①国税通則法23条に規定されたものと、②個別税法（相続税法、租税特別措置法）に規定されたものがありますので、それぞれについて次にその要点を説明します。

一口メモ

未分割で当初申告を行った場合の更正の請求については、Ⅱ**《未分割のまゝで申告する場合の手続》**（271ページ）に掲げる手続や書類の提出期限にご留意ください。

⑴　国税通則法による更正の請求

①　通常の更正の請求

納税申告書に記載した課税標準等又は税額等が、次のイ～ハに掲げる事由に該当する場合には、原則として、その法定申告期限から５年以内に限り、税務署長に対し、その申告した課税標準等又は税額等について、納付すべき税額の減額の更正を求めることがでます。この手続を「更正の請求」といいます。（通法23①）

イ　納付すべき税額が過大であるとき
ロ　還付金の額に相当する税額が過少であるとき
ハ　純損失などいわゆる赤字金額が過少であるとき

②　後発的事由による更正の請求

上記①の法定期限から５年経過後であっても、次のイ～ハに掲げる事由が生じたことにより申告に係る税額等が過大となった場合などには、その事由の発生後２か月以内であれば、例外的に更正の請求を行うことが認められています。（通法23②）

イ　その申告、更正又は決定に係る課税標準等又は税額等の計算の基礎となった事実に関する訴えについての判決により、その事実が当該計算の基礎とした事実と異なることが確定したとき

ロ　その申告又は決定を受けた者に帰属するとされていた課税物件が他の者に帰属するとの更正決定があったとき

ハ　上記イ又はロに類するやむを得ない事由があるとき

⑵　個別税法による更正の請求

相続税の申告期限までに宅地等が未分割であるため特例適用宅地等が確定できず、小規模宅地等の特例の適用を受けることができない場合であっても、次の①又は②に掲げる事由に該当する場合には、それぞれに掲げる手続をすることによって、小規模宅地等の特例の適用を受けることができます。

①	当初申告時に「申告期限後３年以内の分割見込書」を提出しておき、申告期限から３年以内に分割された場合（271ページのⅡの１参照）
②	上記①の期間内に分割が確定しないため、「遺産が未分割であることについてやむを得ない事由がある旨の承認申請書」を提出して、税務署長の承認を受けた場合（275ページのⅡの２参照）

上記②により、税務署長の承認を受けて３年経過後に分割された場合には、小規模宅地等の特例の適用を受けることができ、その適用により相続税額が減少するときは、分割されたことを知った日の翌日から４か月以内に更正の請求をすることによって、本特例の適用を受けることができます。（措法69の４④⑤、措令40の２㉓、相法32①ハ）

２　更正の請求書の提出期限の留意点

前記１の規定により、申告期限後に遺産分割などが成立したことによって、小規模宅地等の特例の適用を受けるためには、分割成立の日の翌日から４か月以内に更正の請求をしなければなりません。この更正の請求手続は、申告期限から５年を経過した後でもすることができますが、分割成立の日の翌日から４か月という期間内に行う必要があります

したがって、法定申告期限から５年以内に遺産分割協議などが成立した場合であっても、分割が成立した日の翌日から４か月以内に更正の請求を行わねばならず、単に、５年以内ならよいというものではありません。ご注意ください。

一口メモ

配偶者に対する相続税の軽減の場合の更正の請求は、５年間することができます。すなわち、遺産分割などの成立の日から４か月以内と、法定申告期限から５年のいずれか遅い時点まで、更正の請求をすることができるという小規模宅地等の特例とは異なりますので、注意してください。

Ⅳ　措置法通達のポイント

ポイント55

限度面積要件を満たさない場合～再掲～

措置法通達 69の4－11	特例適用要件の一つとして、選択特例対象宅地等のすべてについて限度面積要件を満たすことが必要ですが、限度面積要件を満たしていない場合は、限度面積を超える部分について特例の適用がないのではなく、そのすべてについて、特例適用がありません。 この場合、期限後申告書又は修正申告書で改めて選択した選択特例対象宅地等について、要件を満たせば特例の適用があります。

アドバイス　ここで注意すべきことは、限度面積を満たしていない場合には、限度面積を超える部分についてのみ特例の適用ができないというのではなく、そのすべてについて、特例が適用できなくなるということです。ご注意ください。

ポイント56

申告書の提出期限後に分割された特例対象宅地等について特例の適用を受ける場合

措置法通達 69の4－26	相続税の申告書の提出期限後に分割された特例対象宅地等の全部又は一部については、その分割された日において、他に分割されていない特例対象山林があったことにより特例の適用を受けようとする特例対象宅地等の選択ができず、この特例の適用を受けていなかった場合においても、その全部または一部が分割された日の翌日から４月以内に更正の請求をしなければなりません。

アドバイス　ここで注意すべきことは、既に分割された特例対象宅地等について、相続税の申告期限までに特例対象山林の全部又は一部が分割されなかったために、特例対象宅地等の選択ができず、特例の適用を受けなかったが、申告期限から３年以内にその特例対象山林の全部又は一部が分割されたことにより、この特例の選択ができることになり、更正の請求をしようとする場合であっても、更正をすることができるのは、その分割された日の翌日から４か月以内の請求に限られるということですから、請求可能機関には十分配慮する必要があります。

この４か月を過ぎると、特例の適用を受けることはできなくなります。宥恕期間の定めはありません。

V 設例による解説

健康を害していたという事情は「やむを得ない事情」にあたるか

Q

小規模宅地等の特例の適用を受けようとする遺産が未分割であることについて、請求人が脳梗塞で倒れ入院していたことなどにより、共同相続人と遺産分割について協議できる状態になかったような場合は、「遺産が未分割であることについてやむを得ない事情がある旨の承認申請書」に係る「やむを得ない事情」にあたりますか。

A

税務署長は、相続人等が精神又は身体の重度の障害疾病のため加療中である場合には「やむを得ない事情」を認めることができますが、この場合には事実関係を総合的に判断して判定されます。

上記【設例】の基になった裁決事例においては、共同相続人と遺産分割について十分に協議できる状態になかったことはうかがえるものの、次に掲げる事由からから、却下処分は適法であるとされています。（平成13年５月30日裁決（非公表）参照）

① 相続税法施行規則第１条の３第２項第４号に規定する書類等を承認申請書に添付又は提出をしていなかったことが認められること

② 遺産が未分割であることについて相続に関する訴えの提起、和解、調停の申立てなどのやむを得ない事情があったと認めるに足りる証拠はないこと

③ 調停の申立ては相続税の申告期限の翌日から３年を経過した後にされたものであること

多忙及び通院加療等の「やむを得ない事情」の該当性

Q

小規模宅地等についての相続税の課税価格の計算の特例の適用を受けようとする遺産が未分割であることについて、次のような事情があった場合、これらの事情は相続税の申告期限の翌日から３年以内に遺産の分割ができなかったことについてのやむを得ない事情に該当しますか。

①　被相続人が税理士として関与していた法人と原処分庁との間の訴訟が係属中であること

②　相続人は自らが当事者となった訴訟事案等を数多く抱えて多忙であったこと

③　定期預金等の一部について分割を了するなど、相続人は分割協議の完了に向けて努力していること

④　共同相続人の１人が通院加療中であり、同人に対して配慮する必要があったこと

A

【設例】のような事由は、いずれも措令第40条の２第12項で準用する相令第４条の２第１項第１号ないし第３号に規定する本件相続に関する訴えの提起、和解、調停の申立て等の事由には該当しません。また、同項第４号に規定する「税務署長においてやむを得ない事情がある場合」については、個々の具体的事例に即し、税務署長が客観的な事実に基づいて認定することとなり、その判断のよりどころとして相続税法基本通達19の２－15（275ページ）において例示を掲げているところ、その取扱いは相当であると認められるので、請求人が主張する上記事情について、これに照らして判断すると、次のとおりとなります。

①ないし③の事情は、当該事情が未分割の前提としてあったとしても、いずれも本件通達に定めるような客観的に遺産分割ができないと認められる事情には該当しません。

④の事情は、共同相続人のうちの１名が病気療養中であったとはいえ精神的又は身体の重度の障害疾病のため遺産分割ができなかったとはいえず、本件通達に定めるような客観的に遺産分割ができないと認められる事情には該当しません。

【設例】の裁決事例の場合は、以上のとおり、本件特例の適用を受けようとする遺産が未分割であることについて、相令第４条の２第１項各号に規定するやむを得ない事情があったとは認められませんでした。（平成19年５月15日裁決（裁決事例集No.73）参照）

67 客観的に遺産分割ができないと認められる「やむを得ない事情」

Q **次のような場合に、申告期限３年経過後について「やむを得ない事由」は認められますか。**

①申告期限３年経過日の前に本件相続に係る共同相続人の範囲や本件相続に係る遺産の範囲は確定していた。

②遺産分割協議において協議された事項は、別件第一次相続により取得した預金の一部に係る返済の問題、本件相続に係る遺産のうち賃貸不動産からの収入の清算等の問題、本件相続に係る代償金の額の問題（本件相続に係る代償金の額の決定に当たり、その対象不動産の評価額は算定されていたにもかかわらず、当該価額に納得しない者がいた。）であった。

A 「税務署長においてやむを得ない事由があると認められる場合」に該当するか否かは、相続に係る財産が当該相続に係る相続税の申告期限の翌日から３年を経過する日において、客観的に遺産分割ができないと認められる状態にあったといえるか否かにより行うことが相当であるところ、**【設例】**のようなケースは、申告期限３年経過日において、客観的に遺産分割ができないと認められる状態にあったとはいえず、申告期限３年経過日までに分割されなかったことにつき、「税務署長においてやむを得ない事情があると認められる場合」には該当しないとされました。（平成19年５月15日裁決（裁決事例集No.73）、裁決要旨一部編集》

《参照条文等》 旧措法（平成22年３月法律第６号による改正前のもの）69の４④、旧措令（平成22年３月政令第58号による改正前のもの）40の２⑪、相令４の２①四、相基通19の２－15

Q&A 68 更正の請求の起算日　～調停の場合⑴～

Q **小規模宅地等についての相続税の課税価格の計算の特例に係る更正の請求の期限は、更正の請求の事由が生じたことを知った日から４か月以内となっていますが、特例の適用対象土地を含む相続財産に係る調停が成立した場合の知った日は、調停の成立した日ですか？それとも、その調停に基づいて、その後すべての相続財産の分割を決めた遺産分割協議の日となりますか？**

A 小規模宅地等の特例は、特例の適用対象宅地である土地の遺産分割がされれば、特例の適用手続をすることができるものであり、調停証書の記載は、調停において当事者間に合意が成立したものであって、裁判上の和解と同一の効力を有するものですから、土地の遺産分割は、調停の成立により分割が確定されたものであると認められます。そうすると、「更正の請求の事由が生じたことを知った日」は、調停が成立した日となるため、特例に係る更正の請求の期限は、その日の翌日から４月以内となります。（平成15年３月20日裁決（非公表）参照）

Q&A 69 更正の請求の期限の起算日　～調停の場合⑵～

Q **遺産分割の調停の申立てがされている場合で、共同相続人の一人である被相続人の配偶者が死亡したことにより原処分庁から相続税の納税義務の承継通知があった場合には、更正の請求の起算日は、その通知を受けた日から起算して算定することはできますか。**

A **【設例】**は、遺産分割の調停の申立てがされていることを理由として、調停が調い、遺産が分割された後に、小規模宅地等についての相続税の課税価格の計算の特例の適用を受けるために「遺産が未分割であることについてやむを得ない事由がある旨の承認申請書」を提出したことを前提にしたものです。

このような場合でも、「遺産が未分割であることについてやむを得ない事由がある旨の承認申請書」は、提出期限を徒過して提出されており、また、提出期限までに承認申請書の提出がなかった場合に税務署長の裁量により申請を認めることができる旨を定めた法令の規定はありませんから、特例を適用することはできません。（平成18年５月８日裁決（非公表）参照）

更正の請求の起算日　～調停の場合(3)～

Q

相法第32条（更正の請求の特則）によれば、相続税又は贈与税について申告書を提出した者又は決定を受けた者は、一定の事由が発生した場合において、当該事由が生じたことを知った日の翌日から四月以内に限り更正の請求をすることができると規定されています。

一方、旧措令（平成25年政令第169号による改正前のもの。）第40条の２《小規模宅地等についての相続税の課税価格の計算の特例》第13項が準用する相令第４条の２《配偶者に対する相続税額の軽減の場合の財産分割の特例》第１項第２号は、「分割ができることとなった日」について、調停の取下げの日と規定していることから、相法第32条に基づく更正の請求を行う場合の「事由が生じたことを知った日」も、調停を取り下げた日であると考えることができますか。

A

相令第４条の２第１項は、旧措法（平成25年法律第５号による改正前のもの。）第69条の４《小規模宅地等についての相続税の課税価格の計算の特例》第４項の「分割できることとなった日」について規定したものにすぎず、同項の要件を充足し、更正の請求が可能となった場合における相法第32条所定の「事由が生じたことを知った日」は、飽くまでも、現実に遺産分割が行われたことにより、既に申告した相続税に係る課税価格及び相続税額が過大となったことを知った日、すなわち遺産分割の日となります。（平成29年１月６日裁決（非公表）参照）

添付書類の不備⑴（特別受益証明書）

Q **相続登記などの際に特別受益証明書（相続分不存在証明書や相続分皆無証明書などとも呼ばれます。）を使用することがあるそうですが、小規模宅地等の特例を受ける際の「財産の取得の状況を証する書類」として遺産分割協議書の代わりに、これを使用することができますか。**

A 特別受益証明書は、相続分不存在証明書や相続分皆無証明書とも呼ばれ、被相続人から生前相当額の贈与を受けたので、民法903条の超過特別受益者に該当し、相続人自らが自己の相続分の財産は取得しないとする趣旨の書面です。

特別受益証明書は、原則として、財産の取得状況を証する書類には該当しません。

ただし、その特別受益証明書が特別受益者の法定相続分を超える特別受益を受けているという事実に基づいて作成されており、かつ特別受益証明書に基づいて各財産が取得されていることが客観的にわかる書類を提出しているときは、財産の取得状況を証する書類に該当します。

客観的に確認できる書類とは、①特別受益財産の明細を記載した書類、②登記事項証明書など各財産が相続人に名義変更されたことが確認できる書類をいいます。

【参考法令】

民法第903条（特別受益者の相続分）　共同相続人中に、被相続人から、遺贈を受け、又は婚姻若しくは養子縁組のため若しくは生計の資本として贈与を受けた者があるときは、被相続人が相続開始の時において有した財産の価額にその贈与の価額を加えたものを相続財産とみなし、前３条の規定により算定した相続分の中からその遺贈又は贈与の価額を控除した残額をもってその者の相続分とする。

2　遺贈又は贈与の価額が、相続分の価額に等しく、又はこれを超えるときは、受遺者又は受贈者は、その相続分を受けることができない。

添付書類の不備⑵（遺産分割協議書）～申告書の共同作成の事実～

Q **修正申告書の作成にあたって、共同相続人が共同で作成し、その記載内容の大半は、その後に成立した遺産分割調停の調停条項にそのまま定められており、当該修正申告書が提出された後、調停の成立時までに共同相続人らが修正申告書に記載された分割内容に異議を述べた形跡もありません。このように、申告書の内容と後の遺産分割協議書の内容が同じである場合には、遺産分割協議書そのものが添付されていなくても、本件特例を適用することはできますか。**

A 修正申告書は飽くまで税務に係る申告書であり、遺産分割を成立させる旨の記載があるわけではありません。このため、これを遺産分割協議書とみなして遺産分割が成立したと直ちに認めることはそもそも困難です。

また、**【設例】**の場合は、共同相続人間においては、３度にわたり遺産分割協議書を作成していることからして、遺産分割協議書の作成をもって遺産分割協議を成立させるとの意思を有していたものと推認されるという事情があります。また、原処分庁に対し、被相続人に係る遺産分割書は、現在作成中のため出来上り次第提出することを確約する旨の記載のある「確約書」と題する書面が提出されていることや、調査担当職員に対して遺産分割協議書がいまだ作成されていない旨の説明をしていたこと、本件修正申告書の提出時点では遺産分割協議書は作成されていないと推認されること、本件修正申告書の記載内容と上記調停の調停条項に異なる点があることなどの事情を総合勘案した結果、更正処分の時点においては、本件修正申告書の記載内容どおりの遺産分割が確定的には成立していなかったと事実認定がなされたものです。

したがって、小規模宅地等の特例の適用を認めることはできないとされました。（平成21年３月30日裁決（非公表）参照）

73 添付書類の不備(3)（遺産分割協議書）～相続人間の手紙～

Q　遺産分割協議に当たって、相続人同士が手紙でやり取りし、一方の相続人が相続放棄をする旨を通知している場合、その手紙に記された意思に基づいて遺産分割協議は成立しています。このような場合、遺産分割協議書に代えて、その手紙を以て、添付書面とすることはできますか。

A　特例の適用を受けるためには、下記のいずれかの書類を添付する必要があります。

①　遺言書の写し

②　財産の分割の協議に関する書類（すべての共同相続人が自署及び自己の印を押しているものに限る。）の写し（当該自己の印に係る印鑑証明書が添付されているものに限る。）

③　その他の財産の取得の状況を証する書類

【設例】の場合、各手紙の写しは、上記①の遺言書の写しに該当しないことは明らかです。次に、各手紙は、共同相続人間の私信にすぎず、上記③の「財産の取得の状況を証するその他の書類」にも当たりません。さらに、各手紙は、一方相続人が、相続分を放棄する旨を一方的に通知したものにすぎず、すべての相続人が自署押印したものではありませんから、上記②の「財産の分割の協議に関する書類」にも当たりません。

もっとも、本件各手紙の写しと本件協議書の写しを合わせれば、上記②の「財産の分割の協議に関する書類の写し」に当たると解する余地はあるかもしれません。しかし、措置法規則は、財産の分割の協議に関する書類の写しについて、印鑑証明書の添付のあるものに限る旨規定しているところ、本件ではその添付がなく、法定の要件を満たしません。したがって、当該手紙を添付書類として小規模宅地等の特例の適用を受けることはできません。（平成22年2月17日裁決（非公表）参照）

Q&A 74 地積変更に基づく更正の請求の可否

Q

申告時点においては対象土地（ビルの敷地）の実測がなされておらず、固定資産税の課税明細書の地積に基づいて特例適用していました。しかし、後になって実測したところ、課税明細書に「公衆用道路」と記載されていた部分の一部がビルの敷地であることが判明しました。このような場合でも、対象土地の選択替えであるとして、更正の請求は認められないのでしょうか。

A

【設例】のケースは、申告時点においてはビルの敷地の実測図を所有しておらず、小規模宅地特例を適用する宅地の選択に当たり、固定資産税の課税明細書によってしか選択できなかったことが認められ、課税明細書には、選択しなかったＡ土地は公衆用道路となっていたことが認められるような事情があります。このような場合においては、当初申告において、ビルの敷地としてＡ土地について選択しなかったとしてもやむを得なかったといわざるを得ないでしょう。

また、そもそも特例対象土地として加えられるＡ土地は、ビルの敷地の一部ですから事実上、ビルの敷地の地積の変更であると認められます。そうすると、小規模宅地等の選択換えという場所の変更を行うものではありませんから、やむを得ない事情があるものとして、本特例の適用は認められると考えられます。（平成14年11月19日裁決（非公表）参照）

Q&A 75 税理士の説明不足による同意要件の不備

Q

申告書に小規模宅地等の計算明細書は添付していましたが、共同相続人のうち一人が取得した宅地のみを記載したものでした。これは、税理士の説明がなかったためであり、当初申告書に記載されている土地を特例適用の対象土地とすることに同意してはいません。このような同意のない場合には、本件特例の適用は、対象となる宅地を相続した相続人全員に均等に適用することはできませんか。

Ａ　小規模宅地等の特例を適用するに当たっては、小規模宅地等の計算明細書に特例の適用を受けようとする宅地等の明細を記載することが要件とされているところ、**【設例】**の場合、計算明細書には、共同相続人のうち一人が取得した宅地のみが記載されているのですから、その前提を欠くものといわざるを得ません。

また、措置法第69条の３に規定するやむをえない事情に該当するか否かについては、たとえ税理士から特例の適用について説明がなかったとしても、申告書には小規模宅地等の計算明細書が添付されており、請求人が申告書に押印する前に、税理士に質問なり異議を申し立てるなどして、特例の対象となる宅地を変更することもできたはずですから、やむをえない事情があったとは認められず、特例を適用することは認められません。

このような事例の場合には、税理士の責任問題に発展する可能性があります。（平成15年３月３日裁決（非公表）参照）

一部から全部への特例対象宅地の選択替えと更正処分

Ｑ　相続税の期限内申告において、相続財産である貸家建付地について、特定貸付事業宅地等の特例対象宅地等として特例を部分的に選択適用する旨の意思を表示していたのですが、税務調査によって、他に選択適用していた宅地等に本件特例が適用されないこととなりました。このような場合に、当初の貸家建付地について貸付事業用宅地等の限度面積要件200㎡まで特例を適用することはできますか。

Ａ　その適用を受けようとする者の相続税の申告書に本件特例の適用を受けようとする旨を記載し、本件特例の計算に関する明細書その他の措置法施行規則23条の２第７項で定める書類の添付がある場合に限り適用する旨規定していることから、いずれの宅地等に本件特例を適用するかは納税者の選択によるものであると解されます。そして、税務署長は、納税者の選択に基づいてされた相続税の申告について、本件特例の適否を判断するものであって、税務署長に対して、本件特例の適用を受けようとする旨記載し上記所定の書類を添付した相続税の申告書が提出されていない場合に、本件特例を適用して更正処分をすることを義務付ける旨の法令の規定はありません。（平成25年10月25日裁決（非公表）参照）

第5編　特例の沿革

この編でお伝えしたいこと

この編では、小規模宅地等の特例が昭和50年に個別通達として誕生した後、８年後に租税特別措置法として法制化され、その後、様々な変遷を経て現在の取扱いに至るまでの移り変わりを編年史風にたどり、その間に、どのような改正が行われてきたかを検証しています。

時代の流れの中で、小規模宅地等の特例が、どのような形に変わりつつ現在に至っているのかについてご確認ください。

～ 個別通達から法律へ ～

Ⅰ　個別通達（昭和50年６月20日直資５－17）の創設

当該（昭和50年６月20日直資５－17）個別通達によれば「事業又は居住の用に供されていた宅地のうち最小限必要な部分については、相続人等の生活基盤維持のために欠くことのできないものであって、その処分について相当の制約を受けるのが通常である。このような処分に制約のある財産について通常の取引価額を基とする評価額をそのまま適用することは、必ずしも実情に合致しない向きがあるので、これについて評価上、所要のしんしゃくを加える」ことと定められ、昭和50年１月１日～昭和57年12月31日の間に相続又は遺贈により取得した財産に係る相続税の課税価格に算入すべき価額について、これらの宅地等のうち、一定のもの（適用上限地積200㎡）については、評価通達の定めにより評価した価額の80%に相当する金額によって評価することとされました。

すなわち、制度の趣旨は「処分に制約」のある財産だからです。

Ⅱ　租税特別措置法に法律化されて創設（昭和58年度改正）

個人が相続又は遺贈により財産を取得した場合において、その財産のうちに、その相続の開始の直前において被相続人等の事業の用又は居住の用に供されていた宅地等があるときは、その相続又は遺贈により財産を取得した者のすべての宅地等の200㎡までの部分のうちその個人が取得した宅地等については、相続税の課税価格に算入すべき価額は、通常の方法によって評価した金額に、次表に掲げる区分に応じてそれぞれに掲げる割合を乗じた金額を減額した金額とされました。

■減額割合

区分			減額割合
①	200㎡までの部分の宅地等のすべてが事業の用に供されていた宅地等である場合		40%
②	200㎡までの部分の宅地等の一部が事業の用に供されていた宅地等である場合	事業の用に供されていた宅地等	40%
		居住の用に供されていた宅地等	20%
③	200㎡までの部分の宅地等の全てが居住の用に供されていた宅地等である場合		30%

Ⅰの個別通達の取扱いとは異なり、次のようになりました。

①「事業」と称するに至らない不動産の貸付けその他これに類する行為で相当の所得を得る目的で対価を得て継続的に行われるものも含むこととされ、

② 被相続人の事業の用又は居住の用に供されていた宅地等のほか、被相続人の親族で被相続人と生計を一にしていたものの事業の用又は居住の用に供されていた宅地等も本特例の対象とすることができることとされました。

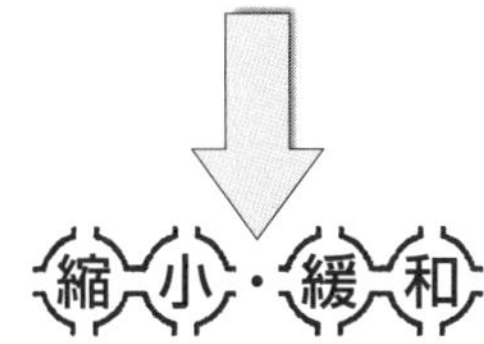

Ⅲ 昭和63年度改正

1 不動産貸付けの除外（縮小）

改正により、事業に準ずるものの用に供されていた宅地等（不動産貸付け）はこの特例の対象外とされましたが、特定郵便局の敷地が本特例の対象とされました。

2 特例の減額割合の引上げ（緩和）

被相続人等の事業が、被相続人等又は国の事業（特定郵便局の用に供されているものをいいます。）に改められ、次表のように特例の減額割合が引き上げられました。

■減額割合

区分			改正前	改正後
①	被相続人等（又は国）の事業の用に供されていた宅地等		40%	60%
②	被相続人等（又は国）の事業の用に供していたものと居住の用に供していたものとがある場合	事業用部分	40%	60%
		居住用部分	20%	40%
		（減額最低保証）	(30%)	(50%)
③	被相続人等の居住の用に供されていた宅地等		30%	50%

Ⅳ　平成４年度改正

土地の相続税評価の適正化（※）に伴う負担調整に際して、居住用及び事業用の特例の減額割合が引き上げられました。

※公的土地評価の均衡化・適正化によって、相続税評価額の水準が地価公示価格水準の80%程度へと引き上げられました。

■減額割合

<table>
<tr><th colspan="3">区分</th><th>改正前</th><th>改正後</th></tr>
<tr><td>①</td><td colspan="2">被相続人等（又は国）の事業の用に供されていた宅地等</td><td>60%</td><td>70%</td></tr>
<tr><td rowspan="3">②</td><td rowspan="3">被相続人等（又は国）の事業の用に供していたものと居住の用に供していたものとがある場合</td><td>事業用部分</td><td>60%</td><td>70%</td></tr>
<tr><td>居住用部分</td><td>40%</td><td>50%</td></tr>
<tr><td>（減額最低保証）</td><td>(50%)</td><td>(60%)</td></tr>
<tr><td>③</td><td colspan="2">被相続人等の居住の用に供されていた宅地等</td><td>50%</td><td>60%</td></tr>
</table>

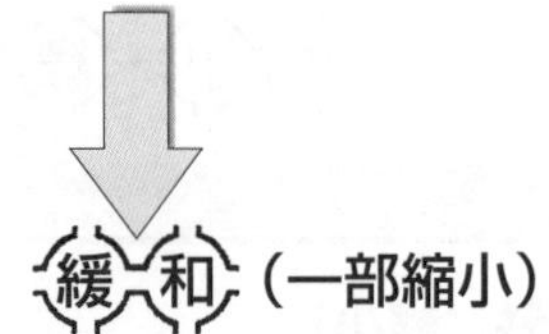

Ⅴ　平成６年度改正

1　適用対象である宅地等の範囲の見直し

⑴　準事業への適用の復活

昭和60年度の改正で適用対象から除外された事業と称するに至らない不動産の貸付けその他これに類する行為で相当の対価を得て継続的に行われる被相続人の貸付事業（準事業）の用に供されている宅地等が含まれることになりました。

⑵　適用区分の細分化

課税特例の適用対象である宅地等の範囲が下表のとおり細分化されました。

<特例の対象となる宅地等の範囲>

①…被相続人等の事業用宅地等
②…特定同族会社事業用宅地等
③…被相続人等の居住用宅地等
④…国の事業用宅地等
⑤…上記以外の小規模宅地等

2　小規模宅地等の価額を課税価格に算入する場合の減額割合の改正

小規模宅地等の区分ごとの課税価格の算入割合が下表のとおり改正されました。

■減額割合

【改正前】

区　分	減額割合
被相続人等の事業用宅地等	70%
被相続人等の居住用宅地等	60%
国の事業用宅地等	70%

➡

【平成６年度改正後】

区　分	減額割合
①特定事業用宅地等	一律80%
②特定同族会社事業用宅地等	
③特定居住用宅地等	
④国営事業用宅地等	
⑤上記以外の小規模宅地等	一律50%

3　未分割宅地等についての特例の不適用

特例の適用を受けるためには、特例の対象となる宅地等が共同相続人又は包括受遺者によって分割されていることが必要であり、相続税の申告期限から３年以内に分割されていない宅地等については、原則として特例の適用がないこととされました。

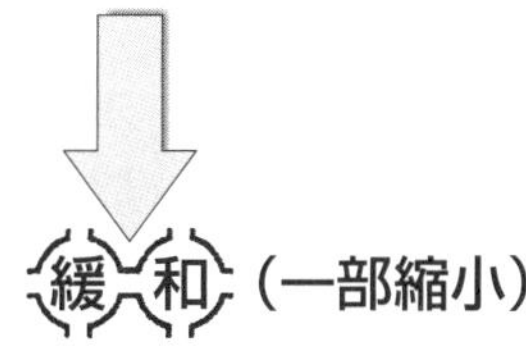

Ⅵ　平成11年度改正

1　限度面積の拡大

特定事業用宅地等、国営事業用宅地等及び特定同族会社事業用宅地等に係る特例の適用上限面積が下表のとおり引き上げられました。

■限度面積

区分	改正前	改正後
特定事業用宅地等	200㎡	330㎡
特定同族会社事業用宅地等		
国営事業用宅地等		

2　いわゆる「家なき子」の判定における親族の範囲の見直し（措法69の3③二ロ（現措法69の4③二ロ））

特定居住用宅地等に係る要件の「相続開始の直前において被相続人の居住の用に供していた家屋に居住していた親族がいない場合」の親族の範囲が、民法第5編第2章の規定による相続人（相続の放棄があった場合には、その放棄がなかったものとした場合における相続人）とされました。

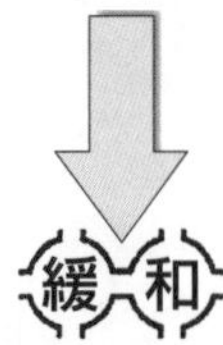

Ⅶ　平成13年度改正

小規模宅地等の限度面積が宅地等の区分に応じ、次表のとおり拡大されました。

■限度面積

	区　分	改正前	改正後
①	特定事業用宅地等	330㎡	400㎡
	特定同族会社事業用宅地等		
	国営事業用宅地等		
②	特定居住用宅地等	200㎡	240㎡
③	上記①、②以外の特例対象宅地等	200㎡	200㎡

Ⅷ　平成14年度改正

1　特定事業用資産についての相続税の課税価格の計算の特例との関係

イ　特定事業用資産についての相続税の課税価格の計算の特例（措法69の5）が創設され、その特例の適用対象となる特例対象株式等及び特例対象山林との選択制となりました。

ロ　上記イの新設に伴って、相続税の申告期限までに小規模宅地等については遺産分割等により取得者が確定したものの、特定事業用資産については遺産分割等による取得者が確定しなかったため、小規模宅地等の課税の特例の適用を受けなかった場合における事後の更正の請求に関する規定が設けられました。

2　小規模宅地等の特例の適用について同意を要する者の範囲

小規模宅地等の特例の適用を受ける宅地等を取得した者のほかに相続又は遺贈により特例対象株式等又は特例対象山林を取得した個人がいる場合には、その取得した個人全員の同意も併せて必要とされました。

Ⅸ　平成15年度改正

1　特定同族会社の要件の改正

特定同族会社事業用宅地等の判定の基となる法人が「相続開始直前に被相続人及び当該被相続人の親族その他当該被相続人と特別の関係がある者が有する株式の総数又は出資の金額の合計額が当該株式又は出資に係る法人の発行済株式の総数又は出資金額の10分の５を超える法人」とされました。すなわち、被相続人と「生計を一にする」という要件がなくなり、「一定の特別の関係がある者」が加えられるとともに、改正前は「10分の５以上」であったものが「10分の５を超える」とされたものです。

この場合、「10分の５」を超えるかどうかの判定に当たっては、株式若しくは出資又は発行済株式若しくは出資金額には、議決権に制限のある株式又は出資として財務省令で定めるものは含まれないこととされました。

2　特定事業用資産の課税価格の計算の特例との関係

平成14年度の創設時には容認されていなかった本特例と特定事業用資産についての相続税の課税価格の計算の特例の併用について、一定の要件を見たす場合にはそれぞれの特例の併用が認められることとされました。

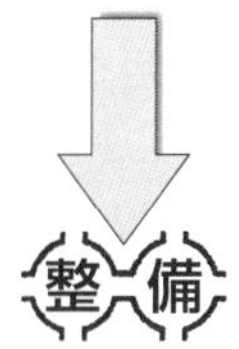

X 平成16年度改正

被相続人である特定贈与者から相続時精算課税の適用を受けるものに係る贈与により財産を取得した個人が、特定事業用資産についての相続税の課税価格の計算の特例の適用を受けている場合には、当該被相続人に係る相続税の申告期限までに特例対象株式等又は特例対象山林の全部又は一部が分割されなかったことにより当該期限までに分割された特例対象宅地等について本特例の選択がされず、本特例の適用を受けていなかった場合であっても、当該分割された特例対象宅地等について更正の請求により本特例の適用は受けられないこととされました。

XI 平成18年度改正

1 特定物納制度との関係の整備

平成18年度の税制改正によって特定物納制度が創設されましたが、小規模宅地等の課税特例の適用を受けた宅地等は、特定物納の対象とされる財産には該当しないものとされました。

2 特定同族会社の範囲の見直し

平成18年度の税制改正については、特定同族会社事業用宅地等の対象となる法人から相続税の申告期限において清算中の法人が除かれることとなりました。

なお、特定同族会社事業用宅地等について本特例の適用を受ける場合の添付書類に当該法人の定款の写しが追加されました。

XII 平成19年度改正

特定郵便局の事業の用に供されている土地等について、国営事業用宅地等としての本特例の適用は平成19年９月30日で廃止されました。

郵政民営化法の施行日である平成19年10月１日以後に相続等により取得した郵便窓口業務を行う郵便局の敷地等の用に供されている一定の土地等については、特定事業用宅地等に該当する特例対象宅地等とみなして、原則400㎡までの部分について80%の減額を受けることができる経過措置が設けられました。

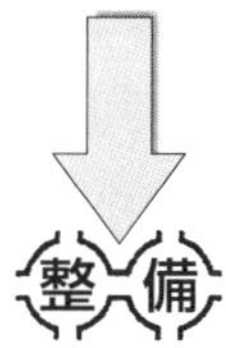

XIII 平成21年度改正

1　特定事業用資産についての相続税の課税価格の計算の特例の改正

「非上場株式等についての相続税の納税猶予の特例」の創設に伴い、「特定（受贈）同族会社株式等に係る課税価格の計算の特例」は、平成21年３月31日をもって廃止されました。

区分	改正前	改正後
措置法69の５の条文名	特定事業用資産についての相続税の課税価格の計算の特例	特定計画山林についての相続税の課税価格の特例
適用対象財産	・特定同族会社株式等 ・特定受贈同族会社株式等 ・特定森林施業計画対象山林 ・特定受贈森林施業計画対象山林	・特定森林施業計画対象山林 ・特定受贈森林施業計画対象山林

2　特定計画山林と本特例との併用

小規模宅地等と特定計画山林については、原則として、相続税の課税価格の計算の特例を重複適用をすることができず、納税者の選択により、そのうち一つの特例だけを選択できることとされました。この場合において、納税者が選択した小規模宅地等の面積がその限度に満たない場合には、選択適用の例外として、その満たない面積に相当する部分を限度として特定計画山林の特例の適用を選択できることとされました。本特例を選択した者が特定計画山林の特例を選択する場合の計算式は次に定めるとおりです。

$$\text{特定（受贈）森林施業計画対象山林である選択特定計画山林の価額} = \frac{400㎡-\text{小規模宅地等の面積}}{400㎡} \times \text{特定（受贈）森林施業計画対象山林の価額の合計額}$$

（注）非上場株式等についての相続税の納税猶予等と相続税の課税価格の計算の特例とは、完全併用することができます。

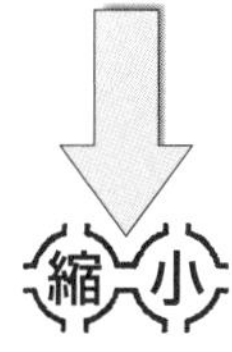

XIV　平成22年度改正

平成22年度税制改正においては、相続人等による事業又は居住の継続への配慮というこの特例の制度趣旨等を踏まえ、その趣旨に必ずしも合致しない相続人等が事業又は居住を継続しない部分については、適用対象から除外する見直しが行われました。

また、被相続人等が居住の用に供していた宅地等が二以上ある場合には、相続人による居住の継続への配慮という制度の趣旨や創設時の経緯から、適用対象となるのは主として居住の用に供されていた一の宅地等に限られるものとであるとして、文言上も明確化されました。

このように、平成22年度改正は、制度の趣旨を徹底し、併せて租税回避的な利用を排除するためのものですから、改正点についても納税者の相続税の負担増につながるものとなっています。本特例は、これまで緩和の方向で改正が重ねられてきましたが、ここにきて大きな方向転換がなされました。

改正項目は、次表のとおりです。

<改正点>

(1)	相続人等が相続税の申告期限まで事業又は居住を継続しない宅地等を適用対象から除外する。
(2)	一の宅地等について共同相続（共有）があった場合には、取得した者ごとに適用要件を判定する。
(3)	１棟の建物の敷地の用に供されていた宅地等のうちに特定居住用宅地等の要件に該当する部分とそれ以外の部分がある場合には、部分ごとにあん分して軽減割合を計算する。
(4)	特定居住用宅地等は、主として居住の用に供されていた一の宅地等に限られることを明確化する。

1　事業又は居住継続要件を充足しない場合の適用除外

特例の対象となる宅地等は、個人が相続又は遺贈により取得した宅地等のうち、相続の開始の直前において、被相続人等の事業の用又は居住の用に供されていた宅地等で一定の建物又は構築物の敷地の用に供されていたもので、特定事業用宅地等、特定居住用宅地等、特定同族会社事業用宅地等又は貸付事業用宅地等に該当する部分に限ることとされました（措置法69の４①、③)。すなわち、「相続人等による事業又は居住の継続への配慮」から、相続人等が相続税の申告期限までに事業又は居住を継続しない宅地等については、課税特例の適用対象から除外されました。

(1)　特定事業用宅地等の要件

特定事業用宅地等とは、被相続人等の事業（貸付事業を除きます。）の用に供されていた宅地等で、次表の**要件**①又は**要件**②のいずれかを満たすその被相続人の親族が相続又は遺贈により取得したもの（その親族が相続又は遺贈により取得した持分の割合に応ずる部分に限ります。）をいうこととされました。（措法69の４③一、措令40の２⑤）

要件①	その親族が、相続開始のときから申告書の提出期限（申告期限）までの間にその宅地等の上に営まれていた被相続人の事業を引き継ぎ、申告期限まで引き続きその宅地等を所有し、かつ、その事業を営んでいること。
要件②	その親族が被相続人と生計を一にしていた者であって、相続開始のときから申告期限まで引き続きその宅地等を所有し、かつ、相続開始前から申告期限まで引き続きその宅地等を自己の事業の用に供していること。

また、改正前は取得した親族のうちに一人でも上記表の**要件**①又は**要件**②を満たす者がいる場合には、その宅地等の全体が特定事業用宅地等に該当するものとされていましたが、改正後は要件を満たす親族の持分に対応する部分のみが減額対象となりました。

⑵ 特定同族会社事業用宅地等の要件

特定同族会社事業用宅地等とは、相続開始の直前において①被相続人、②その被相続人の親族、③その他その被相続人と特別の関係がある者が有する株式の数又は出資の額がその株式又は出資に係る法人の発行済株式の総数又は出資の総額10分の５を超える法人の事業（※１）の用に供されていた宅地等で、その宅地等を相続又は遺贈により取得したその被相続人の親族（※２）が、相続開始の時から申告期限（※３）まで引き続き有し、かつ、申告期限まで引き続きその法人の事業の用に供されているもの（※４）をいうこととされました。（措法69の４③三、措令40の２⑪、措規23の２④）

※１　貸付事業を除きます。

※２　申告期限においてその法人の役員（清算人を除きます。）である者に限ります。

※３　その親族が申告期限前に死亡した場合には、その死亡の日となります。

※４　その法人（申告期限において清算中の法人を除きます。）の事業の用に供されていた宅地等のうち、要件を満たす親族が相続又は遺贈により取得した持分の割合に応ずる部分に限ります。

この改正により、上記の**要件**②と同様、継続要件を満たさない小規模宅地等については、本特例の適用がないこととされました。（措法69の４①）

また、改正前は取得した親族のうちに一人でも要件を満たす者がいる場合にはその宅地等の全体が特定同族会社事業用宅地等に該当するものとされていましたが、改正後は要件を満たす親族の持分に対応する部分のみが減額対象となりました。

⑶ 貸付事業用宅地等について

平成22年度の改正により、貸付事業の用に供されていた宅地等であっても継続要件を満たす者については、従来どおり適用対象とすることとされました。貸付事業用宅地等の範囲から特定同族会社事業用宅地等が除かれていますが、これは、特定同族会社事業用宅地等は被相続人等が同族会社に「貸し付けている宅地等」であることから、貸付事業用宅地等の規定との重複を排除し、特定同族会社事業用宅地等の規定が優先されることを明らかにしたものです。（措法69の４③四かっこ書）

(4)　特定居住用宅地等の要件

特定居住用宅地等とは、被相続人等の居住の用に供されていた宅地等で、その被相続人の配偶者又は次の①から③までに掲げる要件のいずれかを満たすその被相続人の親族（被相続人の配偶者を除きます。以下ハにおいて同じです。）が相続又は遺贈により取得したものをいうこととされました。

ただし、被相続人の配偶者が相続又は遺贈により取得した持分の割合に応ずる部分又は次の①から③までに掲げる要件に該当する被相続人の親族が相続又は遺贈により取得した持分の割合に応ずる部分に限ります。（措法69の４③二、措令40の２⑦）

要件①	その親族が、相続開始の直前においてその宅地等の上に存する被相続人の居住の用に供されていた家屋に居住していた者であって、相続開始の時から申告期限まで引き続きその宅地等を所有し、かつ、その家屋に居住していること。
要件②	その親族（※１）が相続開始前３年以内に国内にあるその者又はその者の配偶者の所有する家屋（※２）に居住したことがない者であり、かつ、相続開始の時から申告期限まで引き続きその宅地等を所有していること（※３）。 （※１）被相続人の居住の用に供されていた宅地等を取得した者に限られる。 （※２）相続開始の直前において被相続人の居住の用に供されていた家屋を除く。 （※３）被相続人の配偶者又は民法第５編第２章の規定による同居の相続人（相続の放棄があった場合には、その放棄はなかったものとした場合における相続人）がいない場合に限られる。
要件③	その親族が、被相続人と生計を一にしていた者であって、相続開始の時から申告期限まで引き続きその宅地等を所有し、かつ、相続開始前から申告期限まで引き続きその宅地等を自己の居住の用に供していること。

■減額割合一覧

宅地等			改正前		改正後	
		条　件	上限面積	減額割合	上限面積	減額割合
事業用		事業継続	400㎡	▲80%	400㎡	▲80%
		非 継 続	200㎡	▲50%	適用不可	
	貸付事業用	事業継続	200㎡	▲50%	200㎡	▲50%
		非 継 続	200㎡	▲50%	適用不可	
居住用		居住継続	240㎡	▲80%	240㎡	▲80%
		非 継 続	200㎡	▲50%	適用不可	
		配偶者取得	240㎡	▲80%	240㎡	▲80%
		家なし親族	240㎡	▲80%	240㎡	▲80%

2　一の宅地等について共同相続があった場合の適用要件

改正前は特例適用対象宅地等を複数人で取得した場合、取得者のうち１人でも特例適用の要件を満たす者が存するときは、その宅地等の全体が特例適用の対象となりましたが、平成22年の改正によって、一の宅地等について共同相続（共有）があった場合には、取得した者ごとに特例の適用要件を判定することになりました。

■減額割合

被相続人の居住用宅地等の取得者	改正前		改正後	
	判定	減額割合	判定	減額割合
配偶者	適用可	▲80%	適用可	▲80%
同居していない子	適用可	▲80%	適用不可	—

3　1棟の建物の敷地の用に供されていた宅地等の取扱いの見直し

1棟の建物の敷地の一部が特定居住用宅地等に該当するときは、その1棟の建物の敷地の用に供されていた宅地等のうち、被相続人等の事業の用及び居住の用以外の用に供されていた部分は、この特例の対象となる宅地等に含まれ（旧措置法施行令40の2②後段かっこ書）、敷地全体が特定居住用宅地等に該当するものとされていましたが、平成22年の改正によって、1棟の建物に被相続人等の居住部分（特定居住用宅地等の要件を満たす部分）と他の用途に供されている部分がある場合には、その1等の建物の敷地については用途ごとに床面積の割合であん分してこの特例を適用することとなりました。

<減額割合のイメージ>

【改正前】

4階	居住用	▲80%
3階	未利用	
2階	貸付	
1階	事業用	
敷地全体が特例対象		

➡

【改正後】

4階	居住用	▲80%
3階	未利用	—
2階	貸付	▲50%
1階	事業用	▲80%
用途ごとに床面積の割合であん分しての特例適用		

4　居住の用に供されていた宅地等が二以上ある場合の扱い

被相続人等が居住の用に供していた宅地等が二以上ある場合には、相続人の居住の継続という制度の趣旨から、主として居住の用に供されていた一の宅地等に限るものと解されているところでしたが、それを法令の規定上も明確にするため、対象となる宅地等は次の宅地等であることが示されました（措令40の2⑥）。

■被相続人等が居住の用に供していた宅地等が二以上ある場合

区分		特例適用対象	
イ	被相続人の居住の用に供されていた宅地等が二以上ある場合	その被相続人が主としてその居住の用に供していた一の宅地等（※1）ハの場合を除きます。	
ロ	被相続人と生計を一にしていたその被相続人の親族の居住の用に供されていた宅地等が二以上ある場合（※1）	その親族が主としてその居住の用に供していた一の宅地等（※2）その親族が二人以上ある場合には、その親族ごとにそれぞれ主としてその居住の用に供していた一の宅地等になります。	
ハ	被相続人及びその被相続人と生計を一にしていたその被相続人の親族の居住の用に供されていた宅地等が二以上ある場合 （イ）その被相続人が主としてその居住の用に供していた　の宅地等とその親族が主としてその居住の用に供していた一の宅地等とが同一である場合 （ロ）（イ）に掲げる場合以外の場合	（イ）	その一の宅地等
		（ロ）	その被相続人が主としてその居住の用に供していた一の宅地等及びその親族が主としてその居住の用に供していた一の宅地等

(注) 上記の改正は１人の者の居住の用に供されていた宅地等は１カ所に限られるというものであり、要件を満たす親族が二人以上ある場合などは、限度面積要件の範囲内で合計２カ所の宅地等が特定居住用宅地等に該当する場合があります（上記ロ（※２）及びハ（ロ））。

XV　平成25年度改正

平成25年度の税制改正において、平成27年以降の相続税について基礎控除が引き下げられ、最高税率も引き下げられた結果、地価の高い都市部に土地を有する者の負担が増すことが想定されるところ、宅地は生活や事業の基盤であることなどから、一定の配慮が必要であるとして本特例の見直し（特定居住用宅地等の適用面積の拡充・限度面積要件の緩和）が行われることとなりました。

1　特定居住用宅地等の適用対象面積の見直し

大都市圏においてこの特例を適用している事案の平均的な宅地面積が360㎡であることや、全国の居住用の土地面積の平均が300㎡であることなどから、特定居住用宅地等の適用対象面積の上限が、330㎡（改正前：240㎡）と拡充されました。

■上限面積

宅地等の区分	改正前	改正後
特定居住用宅地等	240㎡	330㎡
特定事業用宅地等	400㎡	400㎡
特定同族会社事業用宅地等		
貸付事業用宅地等	200㎡	200㎡

2　限度面積の調整

(1)　適用対象地が特定事業用宅地等と特定居住用宅地等である場合

特定事業用宅地等（特定事業用宅地等又は特定同族会社事業用宅地等）及び特定居住用宅地等はそれぞれの限度面積（特定事業用等宅地等400㎡、特定居住用宅地等330㎡）まで適用が可能（完全併用）とされました。このため、併せて最大730㎡まで適用できることになりました。

(2)　適用対象地に貸付事業用宅地等が含まれる場合

貸付事業用宅地等を選択する場合の限度面積は、次の算式で求めた面積までとなります。

【算式】

$$A \times \frac{200}{400} + B \times \frac{200}{330} + C \leqq 200㎡$$

A：選択特例対象宅地等である特定事業用宅地等又は特定同族会社事業用宅地棟の面積の合計

B：選択特例対象宅地等である特定居住用宅地等の面積の合計

C：選択特例対象宅地等である貸付事業用宅地等の面積の合計

3　いわゆる二世帯住宅の取扱いの明確化

⑴　区分所有建物の場合

区分所有建物とは、いわゆる分譲マンションのように、１棟の建物全体を１個の所有権の対象とするのではなく、構造上区分された建物の部屋ごとに所有権が設定され、複数の所有権の目的とされるものです。

区分所有建物の場合、例えば同じ分譲マンションの101号室に被相続人、707号室に親族が居住していたとしても、それぞれの専有部分が別々に取引される権利ですから、いわゆる二世帯住宅とは同視できず、特例の適用に当たっては各専有部分ごとに判断されることになりました。（措令40の２④）

⑵　建物が区分所有されていない場合

いわゆる二世帯住宅において、改正前は、例えば入口が別で２階へは外階段でしか移動できないような完全分離型の場合は、被相続人が居住する部分についてしか特定居住用宅地等特例は適用できませんでした。

しかし、改正後は、１棟の建物に、被相続人とその親族が居住していた場合には、完全分離型でも、居住の形態にかかわらず親族が居住していた部分も特定居住用宅地等特例の適用対象とされることとなりました。すなわち、被相続人が所有していた建物に、相続で当該土地等を取得する親族が居住していたか否かで同居要件が判定され、建物の構造上、内部で行き来できるか否かにかかわらず、全体として二世帯が同居しているものとしてこの特例の適用が可能とされるよう法令上明確化されました。（措令40の２④）

⑶　老人ホームに入居している場合の適用

介護保険法に規定する要介護認定又は要支援認定等を受けた被相続人が、特別養護老人ホームや有料老人ホーム等に入居あるいは入所していたため、相続開始の直前において被相続人の居住の用に供されていなかった場合でも、居住の用に供されなくなる直前にその被相続人の居住の用に供されていた宅地等を、相続開始の直前において被相続人の居住の用に供されていた宅地等として本特例を適用することとされました。

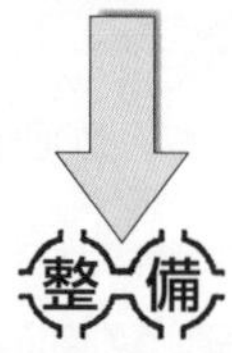

XVI 平成27年度改正

1　個人番号（マイナンバー）の導入に伴う添付書類の省略

個人番号（マイナンバー）が導入されることに伴い、申告があった場合に税務署長が行政手続きにおける特定の個人を識別するための番号の利用等に関する法律の規定により氏名及び住所等を確認することができることになったことから、住民票の写しや戸籍の附票の写しの添付を要しないこととされました。（措規23の２⑧二、三）

2　国外居住者に対する対応

本特例は、国外に居住する者であっても要件を満たせば特例の適用が可能であることから、その者が個人番号を有しない可能性もあり、税務署長が個人番号で居住の事実を確認できない場合があることから、個人番号を有しない者にあっては、その者が特定居住用宅地等である小規模宅地等を自己の居住の用に供していることを明らかにする書類等を提出する必要があります。（措規23の２⑧ニロ～ニ、三イ）

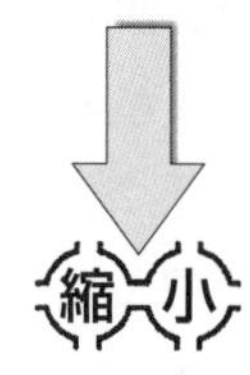

XVII 平成30年度改正

1 特定居住用宅地等に係る改正

⑴ 趣旨

改正前は、特定居住用宅地等の要件のうち、勤務の都合等により被相続人と同居できず、かつ、持ち家を持たない相続人が被相続人の死亡後に被相続人が居住の用に供していた家屋に戻る場合を想定した要件について、既に自己の名義の家屋を持っている相続人が、その家屋を譲渡や贈与により自己又はその配偶者以外の名義に変更し、居住関係は変わらないまま、持ち家がない状況を作出して被相続人が居住の用に供していた宅地等について本特例を適用することも可能となっていました。

また、自らは家屋を所有しない孫に対して被相続人が居住の用に供していた宅地等を遺贈することにより本特例を適用するケースも指摘されていました。

相続人の居住の継続のためという本特例の趣旨に照らすと、このようなケースは自己が居住する家屋を実質的に維持したまま、被相続人が居住していた宅地等の課税価格を減額するものであり、制度の趣旨を逸脱しているとみることもできます。

そこで、平成30年度税制改正では、本特例の趣旨に即した要件となるよう見直されたものです。

⑵ 改正の概要

① 持ち家がない相続人等（家なき子）の要件の見直し

上記⑴の趣旨から、特定居住用宅地等の要件のうち、自己又は自己の配偶者の所有する家屋に居住したことがない親族の要件が、次のとおり見直されました。

すなわち、その親族（被相続人の居住の用に供されていた宅地等を取得した一定の者に限ります。）が、次に掲げる要件の全てを満たすことが必要であるとされました。

ただし、被相続人の配偶者又は被相続人と同居していた民法第５編第２章の規定による相続人（相続の放棄があった場合には、その放棄がなかったものとした場合における相続人）がいない場合に限ります。

イ　相続開始前３年以内に相続税法の施行地内にあるその親族、その親族の配偶者、その親族の三親等内の親族又はその親族と特別の関係がある法人が所有する家屋（ただし相続開始の直前においてその被相続人の居住の用に供されていた家屋を除きます。）に居住したことがないこと

ロ　その被相続人の相続開始時にその親族が居住している家屋を相続開始前のいずれの時においても所有していたことがないこと

ハ　相続開始時から申告期限まで引き続きその宅地等を有していること

なお、上記イとロは要件として重複している部分がありますが、これは、上記イの要件だ

けでは規定されている者に類似する者が相続した場合（事前に家屋を親族等以外の関係者に譲渡する場合等）には対応できず、逆に上記ロの要件だけでは孫に遺贈するような場合には対応できないことから、両方の要件が定められているものです。

②　介護医療院の追加

被相続人が介護医療院に入所したためその居住の用に供されなくなった家屋の敷地の用に供されていた宅地等について、相続開始の直前において被相続人の居住の用に供されていたものとして本特例を適用することとされました。（措令40の２ ②一ロ）

「介護医療院」とは、要介護者であって主として長期にわたり療養が必要である者に対し施設サービス計画に基づいて、療養上の管理、看護、医学的管理の下における介護及び機能訓練その他必要な医療並びに日常生活上の世話を行うことを目的とする施設として都道府県知事の許可を受けたものをいいます。

2　貸付事業用宅地等に係る改正

⑴　趣旨

貸付事業用宅地等の軽減措置については、相続開始前に貸付用不動産を購入することにより金融資産を不動産に組み替えると、金融資産で保有する場合に比し、相続税評価額が圧縮され、かつ、小規模宅地等の特例も適用できるという節税策が雑誌などで盛んに紹介され、低金利も背景に賃貸アパートの購入又は建築が増加する状況となっていました。またタワーマンションでは、金融資産との評価差額が大きく、その減額効果が大きくなるといわれています。会計検査院による随時報告「租税特別措置（相続税関係）の適用状況等について」（平成29年11月）においては、申告期限経過後短期間で本特例の適用を受けた宅地等を譲渡している事例も多く、譲渡している事例のうち貸付用不動産が多数を占めることが指摘されていました。

このような状況に対応するため、平成30年度税制改正では、相続開始前３年以内に貸付用不動産を取得した場合には、貸付事業用宅地等の特例は適用できないこととされました。ただし、３年以上継続的に事業的規模で不動産貸付けを営んでいる場合は、金融資産を不動産に組み替えて節税策を講じるものともいえないことから、適用対象から除外されません。

⑵　改正の概要

平成30年４月１日以後の相続又は遺贈により取得した宅地等については、「３年以内貸付宅地等（注１、２）」を除くことになりました。

（注）１　相続開始前３年以内に新たに貸付事業の用に供された宅地等であっても、相続開始の日まで３年を超えて引き続き特定貸付事業（貸付事業のうち準事業（※）以外のものをいいます。以下同じです。）を行っていた被相続人等のその特定貸付事業の用に供された宅地等については、

３年以内 貸付宅地等に該当しません。

※「準事業」とは事業と称するに至らない不動産の貸付けその他これに類する為で相当の対価を得て継続的に行うもの（措令40の２①）とされていることから、準事業以外の貸付事業とは事業と称することのできる規模での不動産の貸付けとなります。

（注）２　所得税法等の一部を改正する法律（平成30年法律第７号）附則により、平成30年４月１日から平成33年（2021年）３月31日までの間に相続又は遺贈により取得した宅地等のうち、平成30年３月31日までに貸付事業の用に供された宅地等については、３年以内貸付宅地等に該当しないものとする経過措置が設けられています。

3　適用時期

平成30年４月１日以後に相続又は遺贈により取得する財産に係る相続税について適用されます。ただし、上記①の改正は、施行日から平成32年３月31日までの間に相続又は遺贈により取得する財産については、施行日の前日において従前の要件に該当すれば適用することができます。上記②の改正は、同日前から貸付事業の用に供されている宅地等については、適用されません。（平30改法附118①～④）

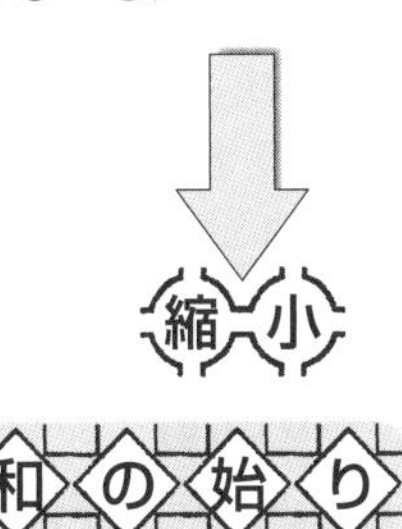

平成の終り令和の始り

XVIII　平成31年度（令和元年度）改正

1　趣旨

小規模宅地等の特例は、被相続人の有していた宅地等を相続又は遺贈により取得した相続人の事業又は生活を維持するために設けられているものです。こうした制度趣旨に合うものとするため、平成22年度改正においては、相続後に事業・居住を継続しない場合の50%減額措置を廃止するとともに、取得者の持分に応じた部分に適用対象を限定するなどの改正が行われ、また平成30年度の改正においては、特定居住用宅地等に係る特例（いわゆる「家なき子特例」）の持ち家要件の厳格化や貸付事業用宅地等について相続開始前３年以内に貸し付けた宅地等を特例の対象外とする等の見直し（制度の適正化）が行われてきました。

平成31年度改正においては、個人事業者に係る事業承継税制の創設についての議論が行われましたが、その際、この特例について次のような問題点も指摘されたところです。

① 相続税の申告期限後短期間で売却できる。
② 債務を利用した節税の余地がある。
③ 事業を承継する者以外の者の税負担を軽減している。

こうした指摘も踏まえ、平成31度改正においては、平成30年度において講じた貸付事業用宅地等に係る見直しにならい、特定事業用宅地等について、節税を目的とした駆け込み的な適用など、本来の趣旨を逸脱した適用を防止するための措置が講じられました。更に、上記の問題点を解消するため、特定事業用宅地等及び貸付事業用宅地等に係るこの特例について、引き続き検討を行っていく旨が与党税制大綱に記載されたところです。

【参考】平成31年度税制改正大綱（抄）自由民主党・公明党（平成30年12月14日）

第一　平成31年度税制改正の基本的考え方
（中略）
2　デフレ脱却・経済再生、地方創生の推進
(2)　中堅・中小・小規模事業者の支援
①　個人事業者の事業承継に対する支援
（前略）更に、現行の事業用の小規模宅地等の特例について、貸付事業用の小規模宅地等の特例について、貸付事業用の小規模宅地等の特例の例にならい、節税を目的とした駆け込み的な適用など、本来の趣旨を逸脱した適用を防止するための最小限の措置を講ずる。その上で、本特例については、相続後短期間での資産売却が可能であること、債務控除の併用等による節税の余地があること、事業を承継する者以外の相続人の税額に効果が及ぶことなどの課題があることを踏まえ、事業承継の支援という制度趣旨を徹底し、制度の濫用を防止する観点から、同様の課題を有する貸付事業用の小規模宅地等の特例とあわせて、引き続き検討を行っていく。

2　平成31年度（令和元年度）改正の概要

～特定事業用宅地等の範囲から、相続開始前３年以内に新たに事業の用に供された宅地等を除外～

特定事業用宅地等の範囲から、相続開始前３年以内に新たに事業の用に供された宅地等が除外されました。ただし、その宅地等の上で事業の用に供されている次に掲げる資産で、被相続人等が有していたものの相続開始の時の価額が、その宅地等の相続開始の時の価額の15%以上である場合は適用があります。この場合において、除外されるのはその事業の用以外の用に供されていた部分に限ります（注)。（措法69の４③一、措令40の２⑧)

① その宅地等の上に存する建物（その附属設備を含みます。）又は構築物

② 所得税法第２条第１項第19号に規定する減価償却資産でその宅地等の上で行われるその事業に係る業務の用に供されていたもの（イに掲げるものを除きます。）

（注）これは、小規模宅地等の特例の平均的な減税効果（宅地価額の概ね15%程度と推計）を上回る程度の投資を行った事業者については特例が認められるよう配慮したものです。

ただし、被相続人が相続開始前３年以内に開始した相続又はその相続に係る遺贈により事業の用に供されていた宅地等を取得し、かつ、その取得の日以後その宅地等を引き続き事業の用に供していた場合におけるその宅地等については、被相続人が相続により取得した事業用宅地等の上で事業を営んでいた期間が３年未満の場合であっても特定事業用宅地等の範囲

から除外されません。（措令40の２⑨）

なお、小規模宅地等の特例の適用を受けようとする宅地等が相続開始前３年以内に新たに被相続人等の事業の用に供されたものである場合には、その事業の用に供されていた上記イ及びロに掲げる資産の相続開始の時における種類、数量、価額及びその所在場所その他の明細を記載した書類でその資産の相続開始の時の価額がその宅地等の相続開始の時の価額の15%以上である事業であることを明らかにするものを相続税の申告書に添付しなければなりません。（措規23の２⑧）

著者紹介　**吉 村　一 成（よしむら　かずなり）**

税理士・不動産鑑定士・１級FP技能士
芦屋大学客員教授
昭和34年　大阪市に生まれる
昭和59年　同志社大学商学部卒業
昭和60年　大阪国税局採用
以後、評価公売専門官（徴収担当）、統括国税調査官（資産税担当）等を歴任
平成24年７月　大阪国税局辞職
不動産鑑定士登録後、吉村鑑定事務所開設
同　年　９月　税理士登録後、吉村鑑定税理士事務所開設
平成29年４月　芦屋大学客員教授就任

【著書】
「税務署を納得させる 不動産評価の実践手法」（実務出版　共著）
「取引相場のない株式の評価と対策」（清文社　著）
「広大地の評価はこう変わる」（清文社　著）
「2020年版 不動産コンサル過去問題集」（住宅新報出版　共編）

《執筆協力》　菊 池　幸 夫（きくち　ゆきお）

平成12年　信州大学経済学部経済学科卒業
平成19年　大原簿記専門学校（相続税法担当講師）退社
平成24年　税理士登録
現　在　税理士

相続対策としての

小規模宅地等特例の効果的活用法

令和３年４月30日　初版発行　著　者　吉村　一成
発行者　池内　淳夫

発行所　実務出版株式会社
〒542-0012 大阪市中央区谷町9丁目2番27号　谷九ビル6F
電話　06(4304)0320／FAX　06(4304)0321／振替　00920-4-139542
https://www.zitsumu.jp/

＊落丁、乱丁本はお取替えいたします。　印刷・製本　㈱NPCコーポレーション

ISBN978-4-910316-00-0